颠覆：我们所认为的"**教育真理**"，可能都是错的。

糟糕的教育

揭穿教育中的神话

Bad Education：
Debunking Myths in Education

[英] 菲利普·阿迪 （Philip Adey）
贾斯廷·狄龙 （Justin Dillon） 主编
杨光富 主译

华东师范大学出版社

图书在版编目(CIP)数据

糟糕的教育：揭穿教育中的神话/(英)菲利普·阿迪，(英)贾斯廷·狄龙主编；杨光富等译.—上海：华东师范大学出版社，2017

ISBN 978-7-5675-7257-7

Ⅰ.①糟… Ⅱ.①菲…②贾…③杨… Ⅲ.①教育研究 Ⅳ.①G40-03

中国版本图书馆 CIP 数据核字(2018)第 062846 号

糟糕的教育：揭穿教育中的神话

主　　编	[英]菲利普·阿迪(Philip Adey)　贾斯廷·狄龙(Justin Dillon)
译　　者	杨光富　等
策划编辑	彭呈军
特约审读	余　猗
责任校对	张　雪
装帧设计	高　山

出版发行	华东师范大学出版社
社　　址	上海市中山北路 3663 号　邮编 200062
网　　址	www.ecnupress.com.cn
电　　话	021-60821666　行政传真 021-62572105
客服电话	021-62865537　门市(邮购)电话 021-62869887
地　　址	上海市中山北路 3663 号华东师范大学校内先锋路口
网　　店	http://hdsdcbs.tmall.com

印刷者	常熟市文化印刷有限公司
开　　本	787×1092　16 开
印　　张	17.75
字　　数	294 千字
版　　次	2018 年 5 月第 1 版
印　　次	2018 年 5 月第 1 次
书　　号	ISBN 978-7-5675-7257-7/G·10820
定　　价	48.00 元

出版人　王　焰

(如发现本版图书有印订质量问题，请寄回本社客服中心调换或电话 021-62865537 联系)

此书献给阿耶莎(Ayesha)、卡米拉(Kamilah)、萨芙蓉(Saffron)和利奥(Leo),他们代表所有正在经历当前教育制度的孩子们。

Bad Education: Debunking Myths in Education
Philip Adey & Justin Dillon
ISBN: 978-0335246014
Copyright © 2012 McGraw-Hill Education
All Rights Reserved. No part of this publication may be reproduced or transmitted in any form or by any means, electronic or mechanical, including without limitation photocopying, recording, taping, or any database, information or retrieval system, without the prior written permission of the publisher.
This authorized Chinese translation edition is jointly published by McGraw-Hill Education and East China Normal University Press Ltd. This edition is authorized for sale in the People's Republic of China only, excluding Hong Kong, Macao SAR and Taiwan.
Copyright © 2018 by McGraw-Hill Education and East China Normal University Press.

版权所有。未经出版人事先书面许可,对本出版物的任何部分不得以任何方式或途径复制传播,包括但不限于复印、录制、录音,或通过任何数据库、信息或可检索的系统。

本授权中文简体字翻译版由麦格劳-希尔(亚洲)教育出版公司和华东师范大学出版社合作出版。此版本经授权仅限在中华人民共和国境内(不包括香港特别行政区、澳门特别行政区和台湾)销售。

版权© 2018 由麦格劳-希尔(亚洲)教育出版公司与华东师范大学出版社所有。

本书封面贴有 McGraw-Hill Education 公司防伪标签,无标签者不得销售。

上海市版权局著作权合同登记 图字:09-2016-298号

目录

为本书点赞 / 1
译者前言 / 3
作者简介 / 7
序　保罗·布莱克 / 11
导言　菲利普·阿迪　贾斯廷·狄龙 / 15

第一部分
学校组织

第一章　有"好"学校和"坏"学校吗？　狄伦·威廉 / 3
第二章　职业教育是为能力低的人准备的吗？
　　　　盖伊·克拉克斯顿　比尔·卢卡斯 / 14
第三章　学校中的能力分组　埃德·贝恩斯 / 28
第四章　班级规模：小一点比较好？　彼得·布莱奇福特 / 45
第五章　辅助性学习：助教的效果如何？
　　　　罗伯·韦伯斯特　彼得·布莱奇福特 / 62

第二部分
教学方法

第六章　传统主义教育VS进步主义教育　玛格瑞特·布朗 / 77

第七章　原音拼合法：阅读之路？　　贝森·马歇尔 / 91

第八章　非正式教育优于正式教育？　　贾斯廷·狄龙 / 108

第九章　社会和情感方面的学习(SEAL)计划　　尼尔·汉弗莱 / 120

第十章　计算机好，计算器坏？　　杰里米·霍金 / 135

第三部分
学习者

第十一章　左脑、右脑、大脑游戏和游戏袋：教育中的神经神话
　　　　　科琳·里德　迈克·安德森 / 151

第十二章　从固定智力到多元智能　　菲利普·阿迪 / 168

第十三章　不可靠、无效、不切实际却仍广泛利用的学习风格
　　　　　弗兰克·科菲尔德 / 182

第十四章　电视儿童：更少的情感，更多的科学！
　　　　　安妮特·卡米洛夫·史密斯 / 198

第十五章　与情绪为伍：为什么情绪素养胜过情绪智力
　　　　　布莱恩·马修斯 / 209

第十六章　关于阅读障碍的讨论　　朱利安·艾略特　西蒙·吉布斯 / 223

索引 / 235

为本书点赞

作为教育政策的制定者,很难抵制我们自己舒适的经验、本能的直觉或民粹主义的诱惑。《糟糕的教育》这本书是无价神话的克星,因为它消除了人们常见的误解,并提供确凿的事实。在政治意义上说,这是一个令人不快的指南,这些证据将挑战决策者、新闻媒体和学生们的家长。

——戴尔·巴塞特(Dale Bassett),AQA 公共政策研究部主任

肯尼斯·贝克(Kenneth Baker)在他的论文集里提到了玛格丽特·撒切尔(Margaret Thatcher)在制定教育政策时是如何受到她理发师的影响,这种影响也有可能来自她的清洁工。最近通过选择性地使用研究,来证明所制定的政策是合理的,试图为政策的改变提供合法的依据。

《糟糕的教育》这本书旨在解决教育所面临的一些最重要的问题,而不是借助于意识形态、华丽的辞藻或详细的统计分析。相反,在面对教育的每一个问题上,专家都仔细审视现有的证据。这些问题范围涉及从学校是如何组织起来的,到教学方法和学习。所研究的每一个问题都有许多与之相关的"神话"。

本书的作者们以一种清晰的、令人信服的方式说明:学校里正在做的太多的事情,是基于对证据的选择性使用而做出的决定。职业教育、能力分组、班级规模、教学助理的使用、原音拼合法(synthetic phonics)、学习方式、大脑训练与读写困难等,这些只是通过证据所呈现出来的一些问题。在吸引眼球及非常容易的做法中,应该注意这些教育的结论。在某些情况下,是有一些有帮助的、确凿的证据。而在另外的情况下,有些证据又是不确定和混乱的。

我们不断地重新定义下一批儿童接受最好的教育是什么,什么是最适合孩子接受的教育。在这本可读性很强的书中,阿迪(Adey)和狄龙(Dillon)为我们

提供了证据,说明什么在确实起作用。有可能最重要的是,他们把辩论从本能和神话转到了看证据。

这本书应该成为一个让我们变革教育的宣言,来确保我们的孩子不再接受坏的教育。每位校长都应该为教师们购买这本书,同时我也期望有人把这本书放置在教育部长的圣诞树上。

——格雷·菲利普斯(Gray Phillips),莉莲·贝利斯(Lillian Bayliss)学校校长

"这是一本受人欢迎、非常重要的著作。它剖析了教育中的一些神话,人们对这些神话有着坚定的信念、简单的假设,并且政治家和教师对这些神话有着人们常见的偏见及一些非理性的因素。承认教育本身不是科学,但它却显示出神经科学和心理学对教育政策制定与实践是有帮助的。它应该为所有影响我们学校的人提供养料及更细致、更广博的思想。"

——索思沃克的佩里男爵(Baroness Perry of Southwark)

(杨光富 译)

译者前言

在法国导演吕克·贝松执导的好莱坞电影《超体》(又名《露西》)中,神经病理学家诺曼教授在大礼堂发表了这样的演讲:"人类的大脑只使用了10%左右,大脑尚有90%的潜力等待开发。"在影片中,当女主角露西的大脑被开发至20%的时候,她已表现得像个超人。随着剧情的发展,露西大脑的开发率越来越高,甚至连时空都成为她手中的玩具,可以任意操控。这个说法暗示着我们具有变得更聪明、更成功的巨大潜力,因为人类可以好好开发、利用剩余的大脑。

这确实激动人心,但事实真的是这样吗?遗憾的是,它并不科学。

剑桥大学神经心理学教授芭芭拉·萨哈基安说:"人类只用到大脑10%的说法是非常荒谬的。无论何时,整个大脑都是活跃的,其神经细胞都在工作中,因为一旦神经细胞闲下来,那就说明它退化或死亡了。"[1]他指出,我们还可以用功能性磁共振成像技术观测大脑的活动,当一个人在做事情或想问题的时候,任何一个简单的动作,比如握手或读单词,都需要10%以上的大脑参与。即便一个人什么事也不做,大脑也处于忙碌状态,因为它需要控制身体的一些基本功能,比如呼吸和心率。

不知从何时起,我们的学校教育中充斥着诸多这样的神话。如在学期教育领域,"关键期"的观点非常流行。"关键期假设"主张,儿童在成长过程中存在几个关键时期,错过了这个时机,某些学习不会有效。我们也经常听到"脑力游戏让人更加聪明"的说法,导致现在的很多家长,在孩子很小的时候就开始让他们接触一些脑力游戏,如积木、拼图等。我们还经常会听到这样一种说法:"你并

---

[1] 刘彬:《人类对大脑的误解》,《百科知识》2015年第3期,第4页。

不是学习不好,只是没有找到适合自己的学习方法。"①另外,还有很多人认为多训练使用左手,可以开发右脑以提高自己的逻辑思维能力,因为左右脑的分工各有不同,左脑主导感性认识,右脑主导逻辑思维。除此之外,还有诸如经常饮用含咖啡因的饮料会降低我们思维的灵活性、早期经验决定论、右脑开发等等论调。②

上述这些类似的说法不仅在学生和家长中流传甚广,很多教师对此也深信不疑。因此,这些所谓的教育神话被很多人视为"教育真理",然而大多数都没有得到充分的科学证明。2002 年,世界经济合作与发展组织的大脑与学习项目(OECD's Brain and Learning Project)首次把这类没有多少科学依据、所谓的"教育真理"称之为"神经迷思"(neuromyths)。③ 它虽然具有一定的科学依据,但有很多已经被证实是错误的。

2014 年,英国心理学作家克里斯蒂安·杰瑞特(Christian Jarrett)写了一本有关大脑的书,名为《大脑的重大"迷思"》(Great Myths of the Brain),他采用最新研究成果,对现代神经科学中的虚构和事实进行了分析。在这本书中,他列举了人们对大脑的 10 个重大误解,这些误解正在产生不可忽视的负面作用。它们不仅伤害着我们的孩子,也威胁着我们的健康、商业和真正的神经科学研究。

人类的大脑重量不过 1 400 克左右,却产生了记忆、感知,塑造了人的个性。但不幸的是,对大脑的无知也导致了各种各样的误解和神话。在取得每一项真正突破的同时,也伴随着挥之不去的骗局。甚至连一些科学家和教育学家也无意或者故意错误地使用大脑的研究结果,这使得大脑研究在大众眼中被严重曲解。2017 年 3 月 12 日,英国《卫报》(The Guardian)发表了一封公开信,它是由来自美国和英国高校和科研机构神经科学、心理学和教育学 30 位知名学者联名撰写的。在信中,他们表达了对于当前在学校教育中流传较广的"神经迷思"的担忧,如认为学生可以通过自己偏好的学习方式取得更好的成绩的"学习风格"

---

① 徐蕾:《神话?谣言?学校教育中的"神经迷思"》,《上海教育》2017 年第 20 期,第 42 页。
② 子涵:《关于大脑的 10 个误区》,《大科技·百科新说》2016 年第 6 期,第 22—24 页。
③ Sanne Dekker, Nikki C. Lee, Paul Howard-Jones and Jelle Jolles. Neuromyths in education: Prevalence and predictors of misconceptions among teachers. Frontiers in Psychology. Volume 3, 2012: 429.

论。他们认为,这样的一些传闻不仅会浪费资源,甚至会影响到学生调整自身学习方式以适应学习环境的内在动力。①

本译著的书名为《糟糕的教育:揭穿教育中的神话》,全书分为"学校组织"、"教学方法"和"学习者"三个部分,共有16章内容。主要揭穿了当前教育领域中广泛存在的所谓"真理"和"神话",各章通过大量的数据与事实进行了全面的剖析与揭露。书中的每一章都涉及教育中一个流传久远的神话,如:所有的父母都想让他们的孩子在学校里有好的表现,人们很自然地认为,孩子在"好"的学校将会有较好的表现,这是真的吗?职业教育是为能力低的人准备的吗?规模小的班级要比大班更好吗?学生是否应该根据他们的能力进行分组?非正式教育优于正式教育吗?我们仅仅使用了我们大脑的10%吗?我们是否应该根据孩子们的学习风格进行教学?……

在揭示这些神话时,来自世界各国的教育界顶级专家们通过大量的研究证据来直面这些问题,并剖析出这些教育神话流传的背后原因。在分析时,作者们呈现出的一些观点往往会使读者大开眼界。如狄伦·威廉指出,学校的不同表现在许多方面,有些对艺术表演表现活跃,有些有特殊的体育设施,因此"好学校"和"坏学校"之间想象上的差异远远小于一般人所认为的。彼得·布莱奇福特的研究得出,小班对低年段学生(0—7岁)影响最有益,一般人误认为小班学生一定比大班学生学习更好是没有科学依据的。有人认为,孩子们在很小的时候就开始使用计算器,那他们很可能变得对计算器过于依赖。针对这一观点,杰里米·霍金指出,对于小学生,应该教会他们如何使用计算器,而不是禁止。安妮特·卡米洛夫·史密斯拒绝认为电视对孩子有害,她建议父母最好了解如何为孩子选择合适的电视和光盘节目,而不是一味地禁止孩子看电视。

本书的主编和各章的作者主要来自英国伦敦大学国王学院与教育学院、温彻斯特大学、科林伍德学院、西澳大利亚大学等,研究领域主要涉及神经科学、心理学和教育学。本书16章内容涉及16个教育神话,每章作者在论述时都注重运用大量的证据对司空见惯的教育现象进行揭示。在书中所提到的教育神话及

---

① No evidence to back idea of learning styles. https://www.theguardian.com/education/2017/mar/12/no-evidence-to-back-idea-of-learning-styles.

所揭示出来的结论值得每一位家长、教育工作者、教育政策制定者、教育管理者等各界人士的深思。正如莉莲·贝利斯(Lillian Bayliss)学校校长格雷·菲利普斯(Gray Phillips)在书中所说的,"这本书应该成为一个让我们变革教育的宣言,来确保我们的孩子不再接受坏的教育。每位校长都应该为教师们购买这本书……"

参与本书翻译的人员有华东师范大学教育学部教育学系的杨光富副教授,华东师范大学计算机科学与软件工程学院的张宏菊老师,华东师范大学教育学部硕士研究生陈凡、于婷、郑丽、卢纪垒、钱黎、李玲。全书翻译的具体分工如下:封面、为本书点赞、作者简介、序、导言、第一章、第四章,杨光富;第二章,陈凡;第三章、第五章,李玲;第六章、第十章,钱黎;第七章、第八章、第九章,卢纪垒;第十一章、第十二章、第十四章,郑丽;第十三章、第十五章、第十六章,于婷;索引,杨光富、张宏菊。全书由杨光富负责审校。感谢卢纪垒、郑丽、李茂菊、张丹宁、张婷妹、戴元智等多位研究生在书稿校对方面所做的工作。

感谢华东师范大学出版社教育心理分社社长彭呈军老师的信任,将此书稿交由我来组织团队进行翻译,感谢出版社各位编辑认真的校对及对译稿提出中肯的修改意见。由于本书涉及神经科学、心理学中的诸多概念和专有词汇,限于专业和能力的局限,加之翻译时间紧迫,书中的错漏和存在的问题在所难免,敬请各位同仁和读者批评指正。

华东师范大学教育学部基础教育改革与发展研究所、教育学系　　杨光富

2018年1月26日

作者简介

菲利普·阿迪（Philip Adey）是伦敦大学国王学院认知科学与教育名誉教授。他曾在一所中学教化学，之后主要从事儿童科学概念理解方面的研究。他曾是认知加速项目（cognitive acceleration programs）的发起人。

迈克·安德森（Mike Anderson）是温思罗普（Winthrop）教授。现为西澳大利亚大学神经认知发展部（NDU）主任、KID项目主任。1992年，他发表了关于智力发展的专著，这为他及在NDU他很多学生的研究提供了一个蓝图。在过去18年里，迈克和他的同事们开发了一种独特的儿童友好的研究方法，调查学龄儿童的认知、社会和情感的发展。这个研究项目被称为儿童认知发展研究（KIDS，Kids Intellectual Development Studies）项目，这个项目已经研究了2 500多名儿童。

埃德·贝恩斯（Ed Baines）是伦敦大学教育学院心理教育学高级讲师。他在教育和心理研究方面有着丰富的经历，他对课程情境的教与学有着长期的兴趣。埃德从事中小学分组实践的研究，他曾是SPRinG项目的主要研究人员，研究主要致力于提高班级学生分组学习的有效性，受到了ESRC教与学研究项目的资助。埃德为教育工作者合著了一本提高班级学生分组学习效率的专著。他也研究并撰写了关于学生在学校休息—午餐中同伴关系方面的著作。

保罗·布莱克（Paul Black）是伦敦大学国王学院教育学名誉教授。他为纳菲尔德（Nuffield）项目的科学课程的开发作出了许多贡献。20世纪80年代，他还担任APU科学调查的负责人。1988年，担任评估和测试工作组（Task Group on Assessment and Testing）主席，并为国家新的评估系统的制定提供建议。他是斯坦福大学访问学者，曾在美国国家研究理事会任职。他和狄伦·威廉（Dylan Wiliam）及国王学院同事所做的形成性评估工作已经产生了广泛的影响。

彼得·布莱奇福特(Peter Blatchford)是伦敦教育学院心理与教育学教授。他已经收到研究委员会、政府及慈善信托机构大量的研究资助。现已经出版了10本专著及70多篇同行评议的期刊论文。他最近负责一项关于学校助教(support staff)调度及影响的大型研究(DISS项目研究)。在此之前,他主持了一项关于班级不同规模教育影响开创性的纵向研究(CSPAR研究)。他还和他人合作开展了ESRC资助的一项关于学校学生合作学习发展与评估的大规模的研究(SPRinG项目)。他在学校社会生活及学校休息时间方面的研究是众所周知的。

玛格瑞特·布朗(Margaret Brown)是伦敦大学国王学院数学教授,成为两个主要政党领导下的英国国家数学课程委员会成员已有20多年时间。她在小学和中学都教过书,然后转向教师培训与研究领域。她曾经主持超过25项学校学习、教学与评估方面的研究项目,这些研究涉及从幼儿到大学,包括成人计算能力等所有阶段的教育。

盖伊·克拉克斯顿(Guy Claxton)是温彻斯特大学学习科学教授,真实世界的学习中心主任。他是多本专著的作者,内容涉及学习、创新和可扩展的智能,包括《兔脑》、《乌龟意识》、《任性的思维》及《学校有什么意义?》等。合著(与比尔·卢卡斯和其他人合著)《创新思维计划》、《新型智能与学习动力学校》。

弗兰克·科菲尔德(Frank Coffield)是伦敦大学教育学院名誉教授。他和同事们一起对学习风格作出了系统而富有批判性的评论。他最近与比尔·威廉森(Bill Williamson)一起出版了《从考试工厂到发现社区:民主的路线》(From Exam Factories to Communities of Discovery: The Democratic Route),该书由伦敦大学教育学院于2012年出版。

贾斯廷·狄龙(Justin Dillon)是伦敦大学国王学院科学和环境教育学教授。他于1989年入职国王学院,之前在伦敦的一所学校任教10年。贾斯汀是国王学院科学技术教育研究团队的负责人,他的研究兴趣包括学校的科学教学和课堂内外的学习。他主编了许多著作,包括《成为一名教师》(OUP, 1995、2001、2007、2011)、《参与环境教育:学习文化和机构》(Sense, 2010)及《科学教学的专业知识基础》(Sprinter, 2010)。他还是《国际科学教育杂志》的编辑及岸边开放空间信托公司(Bankside Open Spaces Trust)的秘书。

朱利安·艾略特(Julian Elliott)是科林伍德学院(Collingwood College)校长、杜伦大学(Durham University)教育学教授。在1990年进入高校学习之前，他最初是从事教育心理方面咨询的一名教师。他是特许心理学家和社会科学院院士。他经常出现在主流媒体中，讨论包括阅读障碍、特殊教育需求和儿童行为问题管理等多方面的问题。

西蒙·吉布斯(Simon Gibbs)成为教育心理学家已经有25年了。他现在是教育心理学阅读者项目主任，负责纽卡斯尔大学教育心理学家的培训工作。他参与了约克大学同事们的阅读干预领域的研究(他是约克大学的荣誉研究人员)。目前正在调查教师对课堂效能和福祉的看法。

杰里米·霍金(Jeremy Hodgen)在加入伦敦大学国王学院之前，他曾在中小学担任数学老师。目前他正致力于改善数学的教学和学习。他的研究兴趣包括评估、学习与教学、代数、乘法推理及数学教育的国际比较等。目前正在协调ESRC的科学和数学有针对性的实施计划。

尼尔·汉弗莱(Neil Humphrey)是曼彻斯特大学教育心理学教授。过去五年来，他一直在积极研究并撰写教育背景下的社会和情感学习与心理健康促进等问题。为了这个目的，他已经领导了(或涉及了)大量的主要研究，包括最初的SEAL项目小组工作要素的国家评估、中学SEAL项目及学校针对性的心理健康等。

安妮特·卡米洛夫·史密斯(Annette Karmiloff-Smith)是伦敦大学伯贝克(Birkbeck)脑认知发展中心专业研究员，获得日内瓦大学糖尿病专业方向的博士学位，师从瑞士著名的心理学家皮亚杰(Piaget)。她出版了超过200章的10本专著，在科学期刊发表多篇论文。同时，她撰写了一系列关于胎儿、婴儿和儿童发育封面的小册。她现在有两个成年的女儿及七个孙辈。

比尔·卢卡斯(Bill Lucas)是温彻斯特大学真实世界学习中心教授兼主任。他出版了很多专著，内容涉及创造力、学习与变革，如《如何在疯狂的时代茁壮成长，让你的心灵充满活力》，合著《创新思维计划》、《新型智能与学习动力学校》(和盖伊·克拉克斯顿合著)。

贝森·马歇尔(Bethan Marshall)是教育学高级讲师。她专门从事与英语教学和评估有关问题的研究，写了很多这方面的东西，如她与人的合著：《英语教师：非官方指南与测试英语：英语形成性与终结性实践》。她还合著了《学习评估：在教室、学校和网络中付诸实践，并学会如何学习》。她希望研究英格兰和苏格兰英语教学中的差异问题。

布莱恩·马修斯(Brian Matthews) 曾在伦敦的几所中学担任科学教师有19年，然后在伦敦大学金史密斯学院(Goldsmiths) PGCE 中心及国王学院培训科学教师。在接近平等机会的同时，他一直在寻找提高学生对科学兴趣的方法。他研究了在科学课堂上培养情感素养的方法，并出版了《参与教育》。他还与麦格劳希尔集团(McGraw-Hill/OUP)一起出版了《发展情感素养，公平和共同教育》。他还开始从事教育咨询工作(详见网址：www.engagingeducation.co.uk)来帮助这些地区的学校。

科琳·里德(Corinne Reid) 是西澳大利亚大学心理学院副教授，KIDS项目临床主任。作为临床心理学家，科琳为儿童发育轨迹的调查提供了实用的专业知识。目前在KIDS项目中，她正在对糖尿病1型患儿进行研究，这些儿童出生时体重极低，心理状况和神经病学条件复杂。她与四个偏远土著社区合作，帮助家长和老师训练孩子，为入学做好准备。科琳还训练艺术和科学方向的研究生，让他们与家庭和孩子一起工作。

罗伯·韦伯斯特(Rob Webster) 是伦敦大学教育学院的研究员。他致力于后勤人员的配置与影响(the Deployment and impact of Support Staff)项目(世界上最大的项目)的研究，以及一项后续的研究：助教配置的有效性。目前，他正在和多所学校及政府机构合作，改善助教的配置方式。罗伯曾在伦敦及东南部的小学、中学及特殊学校担任助教长达6年时间。

狄伦·威廉(Dylan Wiliam) 是伦敦大学教育学院教育评价专业名誉教授。2006至2010年，他是教育学院的副主任。在他一生多样的职业生涯中，他曾在内城州立学校任教，主持过大型测试项目，在高校管理中担任多个角色，如教育学院的主任。他最近的工作是将课堂评估的力量作为教师专业发展和学校改进的重点。

（杨光富　译）

序

为了开场,我不能超过本·戈尔达莱(Ben Goldacre)的《糟糕的科学》这本书导言中所说的:

"让我们告诉你情况变得有多么糟糕。"[1](p. ix)

不管它在医学上是多么糟糕——戈尔达莱主要关注的话题——在教育决策的情况下,这当然是不好的。关于教育部长意见的一些例子有助于表达我所关注的问题。有关部门准备投资开发一项提高学生推理能力的计划,但教育部长驳回了提交给他的关于"愚蠢理论"(Barmy theories)的建议,虽然它得到了视察团的支持。该案例是基于迈克尔·沙尔(Michael Shayer)和菲利普·阿迪(Philip Adey)的工作,他们提供了大量该计划能增强学生成绩的定量证据。

"复杂的废话"(Complicated nonsense)是另一个部长对 SAT 第一次试验所产生的轻蔑的反应,这个试验是由大学领衔联盟根据合同实施的:他们围绕着构建任务,用问题来激发、激励年轻学习者,要求他们在数学与识字方面运用他们的技能。这些都不是部长认为的适当测试,所以合同被取消,适当的测试在学校中占主导地位。

"……其做法可疑"是玛格丽特·撒切尔(Margaret Thatcher)对评估和测试任务组(Task Group on Assessment and Testing)报告的反应。[2]这儿,有她给出怀疑的重要原因:

"肯恩·贝克(Ken Baker)热烈欢迎这份报告。他是否已经正确阅读它,我们并不知道:如果他对自己的耐力说了很多话。当然,在同意它出版之前，我没有机会这么做……随后它受到了工党的欢迎，全国教师联合会和时代教育副刊（Times Educational Supplement）足以让我们相信，它的观点是值得怀疑的（pp. 594－5）。"³

这本书各个章节反映出很多这种类型的例子。"愚蠢理论"的表现是，如果不同意某人的偏见，证据将被驳回——这让人啼笑皆非，至少可以这么说。每个老师的中心任务之一就是在证据和推理论证的基础上，来挑战学生的先入之见。"复杂的废话"同样令人担忧。在关于设计一座新的吊桥，或在使用新的癌症药物治疗建议等方面，专家的意见将是值得信赖的。复杂性必须合理，但是如果没有仔细考虑它的理由就驳回结果，这是极其危险的。很多明显简单的问题不能给出一个简单的答案。比如这样的问题："您孩子选择的学校对他们未来的成功有影响吗？"（见第一章），或者"学校之间或校内的环境设置和按能力分组可以改善学生的表现吗？"（见第三章）。仔细的答复必须讲清楚各种类型的证据以及质量的差异，在作出判断时，往往要附上一些保留意见。如果要求一个字来答复，这个情况的答复将是"不"，但这将令人误解，对任何批评家选择一项特定的研究来说都是太容易了。或者，可悲的是，更多的是一些个人的轶事，认为这样的结论必然是错误的。这种行为的一个原因是，决策者和公众都渴望得出简单的结论，这个结论求助于"常识"，并做出正面的新闻报道。驳回学术界判断的相关原因是，他们永远不会简单地回答给予他们（危险简单）的问题。

另一个困难的原因是时间表的问题。当选政客不得不担心下一次选举。然而，有充分的证据表明，设计和实施任何改革都需要几年时间，更不用说评估其长期的影响了。在我的形成性评估领域，苏格兰政府首先咨询了伦敦大学国王学院的研究小组，他们对证据进行了研究，并对六所可能实施的学校进行了为期两年的试点研究。然后，他们选择了苏格兰的少数学校，进行了为期两年的试验，并借鉴了研究人员和英国教师的个人贡献。然后由另一个研究小组进行评估，当这个研究小组描述了非常积极的结果时，他们用试验学校的教师实施了一项传播计划。⁴第九章描述了可能破坏这种良好战略的两种诱惑：一个是超越了证据，使创新看起来更有吸引力；另一项是在试验研究的证据可以被评估之前进行试验并开始试验。

这是一本重要的且受人欢迎的书籍。通过各章的内容，读者可以看到简单的判断，忽视证据，解雇研究人员等一系列错误。不明智的举措表现在学生学习质量等至关重要的方面。这的确是众多教师的功劳，但他们已经忽视了这些功劳及一些所取得的某种创新。他们应该做得更好，得到更好的信息与支持。然而这是一项艰巨的任务。下面是戈尔达莱（Goldacre）经常提出的原因：

"你不能让人们摆脱他们没有理解的立场。但在这本书的结尾处，你将拥有胜利的工具——或者至少理解——你选择发起的任何争论……（p. xii）"

然而，这句话也表达了他对这本书的希望，支持我对这本书的希望。事实上，我会更加积极，但也会更加谨慎，我将用诗来表达我们的希望，向希拉里·贝洛克（Hilaire Belloc）道歉：[5]

应该考虑这些研究结果
必须高度重视
每个都有权力
搞乱教育的人
必须认真对待

保罗·布莱克
伦敦大学国王学院教育学名誉教授
（杨光富　译）

注释

1. Goldacre, B. (2008) *Bad Science*. London: Fourth Estate.
2. DES(1988) *Task Group on Assessment and Testing: A Report*. London: Department of Education and Science and the Welsh Office.

3. Thatcher, M. (1993) *The Downing Street Years*. London: Harper Collins.
4. The approach used for the same innovation in England lacked most of these positive features, and its effects were never evaluated.
5. Belloc, H. (2004) The Bad Child's Book of Beasts in *Cautionary Verses*. London: Red Fox Books.

导言

2008年1月1日星期二,英国《卫报》(the Guardian)发表了来自贾斯廷·狄龙(Justin Dillon)的一封信,此信是为了回应《卫报》专栏作家塔尼娅·戈尔德(Tanya Gold)的一篇文章,在塔尼娅的文章中,她指出:在快速交友的聚会上,她会假装很聪明,而在一个"锁和钥匙"(a lock and key party)的舞会上又会装得很傻。她得出结论,男人希望女人是迟钝的。在她指出愚蠢可能比聪明更有说服力之后,我们问道,是否到用不良的社会科学专栏来补充本·戈尔达莱(Ben Goldacre)糟糕的社会科学栏目的时候了。三年后,在一个关于本书阅读研讨会议的一次对话中,菲奥纳·里奇曼(Fiona Richman)指出:"本书中可能很好地揭露了教育中各种的神话(如学习方式、基于大脑的学习计划等)。"她甚至建议本书的书名为《糟糕的教育》,并鼓励我们建立一个团队,让我接受这个想法。我们接受了她的建议。

这本书还有另外一个起源。作为教育改革浪潮中的观察者(及参与者),我们已经看到并听到很多让我们感到沮丧、恼怒、恼火的东西,这些偶尔也让我们深受启发。在序中,保罗·布莱克(Paul Black)提出,当政客们拿出不支持他们政策的证据时,经常表现出来的无知令人震惊。作为"疯疯癫癫的"理论(barmy theories)和"复杂的废话",驳回成功教育举措的可靠证据可能使外人问人们,为什么要劳神做教育研究?但我们都知道,有参与过教育研究的人真正看重证据,即使意味着他们持有作为一个不变的真理开始显示错误的迹象。我们也意识到,有些人想用"事实"来支持他们认为正确的事情,而有些人觉得他们需要知道得更多,以便参与有关教育的辩论,这真的很重要。因此,我们这本书的目的是研究一些常见的教育神话,并揭露它们是什么,也探讨了它们为什么是引人注目的,它们是否有我们关注的道理,它们以什么样的方式引导我们更深入地思考教育的过程。

尽管，一些教育工作者和决策者用证据对基础教育的实践表达出值得称赞的要求，但必须承认教育本身不是一门科学。人们不能合理地期望教育实践完全由经验建立的原则来驱动。如果你想建一座桥，或者把一个人放在月球上，你正在和人们的生命下很高的赌注，但你也有完善、可靠的物理定律，它允许我们设计一个几乎完全可预测的结构或火箭。教育不是那么简单。生命可能不会岌岌可危，任何教育实践具体结果的可预测性普遍较低。在 20 世纪 50 年代至 60 年代期间，斯金纳（Skinner）和他的同事们相信，他们建立了与牛顿运动定律相似可靠的学习规律，但这却是幻觉。混乱复杂的人性与情感与态度不断破坏了行为主义者关于学习的乌托邦观点，因为小黑盒子所产生的对刺激可靠的反应，并没有被情感或社会互动所破坏。

然而，"教育"确实要借鉴科学，尤其是科学心理学和目前日益增长的神经科学。"糟糕教育"一个丰富的来源是对这些科学的误用、歪曲或过度诠释。例如，通过灌输一个十分空洞的概念，如学习风格，但它的信度和效度也经不起推敲。或简单地认为，大脑的不同部位做不同的事情，然后毫无理由地推断这一多元智能的理念。我们可以从这些滥用及超出真正科学证据的案例中得到借鉴，但是我们可能要问，为什么教育工作者如此容易受骗？这不仅仅是无视相信某事科学依据的问题，而且是这个结果：(1)只是一厢情愿的，老师们想要相信的（例如"每个人都擅长某事"），并且(2)懒惰的想法，准备接受那些经过美好包装的理论，并承诺简单的改善学习的方法（例如"根据孩子喜欢的方式去教他们"）。这些滥用证据的行为同时也是对统计资料的滥用。统计资料显示，班级人数与学生成绩呈负相关，那就是说，大的班级学生成绩比小班班级高。但是看看这个例子：在大多数学校，顶级能力集通常很大，因为他们的行为更好，更容易教。然而小班级的学生，由于某种或另一个原因，非常具有挑战性。并不是班级规模影响学业成绩，而是班级规模是由对学业的期望决定的。

糟糕教育的另一个根源是哲学的（或至少是逻辑的）而不是经验的。狄伦·威廉（Dylan Wiliam）过去常常开玩笑说，"一夜之间提高教育标准的方法是把所有的学校变成女孩的天主教学校"。这是由当时的总理主张的反证法的结论，即我们应该有更多的教会学校，因为他们可以获得更好的分数（并且制服也比较时髦)。这种不合乎逻辑的思想有相当丰富的脉络可供挖掘。

教育中的许多神话来自简单的分类和刻板的印象。我们大概都有"传统教育"或"进步教育"的概念,但是,如果要厘清哪一派教育观念更有效,作出有意义的比较,就不能满足于一个模糊的概念。每个特征需要描述,每个特征对教育成果的影响需要单独地评估。它可以证明,由"进步"或"传统"界定的主要特征受到的真正影响的因素是偶然发生的。我们避免创建简单的标题来误导大众媒体。但是我们应该通过提出比他们真正复杂的研究结论来提防他们。

在过去25年里,教师受到了越来越多的指示、指导、建议和法定的监管,所有的这些都是由政府设计的,他们似乎觉得课堂生活的细节可以完全被控制。通过这些尝试越来越详细地告诉教师该如何教、教什么,这样反而使得教师们更缺乏专业化素养了。国家课程研究项目、工作计划、算术与识字策略及法定的评估只是向教师发出大量的基本指令。所有这些都有助于减少他们自由行使自己的判断力,削弱他们的专业能力。政府和监察机构的行为就好像教学过程可以减少到只需要机械应用的一套规则。如果一个人年复一年地被一个又一个"创新"(或指令)轰炸。几乎没有时间在一个大想法和下一个主意之间呼吸。是否有什么奇迹让你在没有足够批判性反思情况下拥抱似乎有吸引力的想法——特别是当这些想法,如"情感智力",似乎得到政府的支持呢?

我们很幸运地组织了一群杰出的作者,每个人都是各领域中的国际专家,他们似乎很享受有这样的机会直接记录关于教育神话的根源。反过来,他们对教育中一些有害的神话发出怀疑的声音,但他们也指出了一个更现实、更复杂的教育方案。亚瑟王宫廷或独角兽的神话有某种现实的成因,这些教育神话也经常(不是总是)蕴含其真相。然而,这已被夸大或扭曲。这个真相值得寻找,其原因就像一个旅行者在迷路时,最明智的做法是他折回最后走错的路口,从相对的位置探索真正的道路在哪个方向。现实通常比虚构的版本更复杂和混乱。这可能不适合头条作家(或一些决策者),但教育太重要了,要减少"两条腿坏的,四条腿好的"一套规则。

本书很随意地分为三个部分,加强对个别学生特殊情况的探讨。在学校组织层面,狄伦·威廉(Dylan Wiliam)指出,"好学校"和"坏学校"之间想象上的差异远远小于一般人所认为的。盖伊·克拉克斯顿(Guy Claxton)和比尔·卢卡斯(Bill Lucas)指出,身体能力至少与精神体操一样聪明。埃德·贝恩斯(Ed Baines)提出的证据表明,按照学生的能力分组,这对学生没有任何好处。彼得·布莱奇福特(Peter Blatchford)指出,一般人错误地认为小班学习必须比大班学习更好。罗伯·韦伯斯特(Rob Webster)和彼得·布莱奇福特质疑教学助理有效性的观点。谈到教学方法,玛格瑞特·布朗(Margaret Brown)认为,传统教学与进步教学之间的简单分歧是非常无聊的。贝森·马歇尔(Bethan Marshall)探究了阅读"最佳"教学方法的教条主义问题。贾斯廷·狄龙(Justin Dillon)质疑对非正规和课外教育经验经常不加批判就加以认可。尼尔·汉弗莱(Neil Humphrey)批评政府的社会和情感方面的学习(SEAL)计划。杰里米·霍金(Jeremy Hodgen)认为,计算器和电脑本身是"不好的"或"糟糕的",这就涉及如何使用它们的问题。在本书的最后一部分,我们看看学习者的各种假设特征:迈克·安德森(Mike Anderson)和科琳·里德(Corinne Reid)揭露了一些脑科学应用于教育的常见神话。菲利普·阿迪(Philip Adey)责备说,智慧大部分是固定的,可供替代的是大量的独立智能。弗兰克·科菲尔德(Frank Coffield)揭露了孩子们有不同的学习风格的想法。安妮特·卡米洛夫·史密斯(Annette Karmiloff-Smith)拒绝认为电视对孩子有害。朱利安·艾略特(Julian Elliott)和西蒙·吉布斯(Simon Gibbs)质疑关于阅读障碍而构建的神话。

  我们要感谢开放大学出版社的几个同事,尤其要感谢菲奥纳·里奇曼(Fiona Richman),他为我们打开门,鼓励我们组建一个写作团队,当我们开始编辑这本书时,我们有了共同的梦想。这本书的实力在于作者的观点,他们严肃的态度和及时的写作速度,让书稿如期完成。他们使我们的工作比通常书的编辑出版更容易、更愉快。我们和他们都做了最大的努力。

菲利普·阿迪 贾斯廷·狄龙
伦敦大学国王学院
2012年10月

(杨光富 译)

第一部分

学校组织

第一章 有"好"学校和"坏"学校吗?

狄伦·威廉

所有的父母都想让他们的孩子在学校里有好的表现。人们很自然地认为,孩子在"好"的学校将有较好的表现。这大概就是为什么不同肤色的政客都做这样一件大事,那就是给父母们各种各样的机会,为自己的孩子选择学校读书。这也是父母花那么多时间选择学校的原因。乍一看,学校之间似乎存在着巨大的差异。

2010年,在英格兰的一所特殊的学校(particular school),只有29%的学生在普通中等教育证书考试(GCSE)中获得五门好等级成绩,在这些学生当中,只有三分之二的学生英语和数学同时获得好成绩。另一个方面是,英格兰有287所学校,每个学生在GCSE考试中均获得五门好等级。有111所学校,每个学生获得五门好等级,只在英语和数学两门学科得了"C"等级。[1]因此很容易得出这样一个结论,任何学校中的学生只要能在GCSE考试中取得五门好成绩,它一定是一所非常好的学校。如果5个学生中有4个学生不能取得这样的好成绩,那它一定是一所非常糟糕的学校。但我们应当看到,事情并没有那么简单。要知道为什么,这类似于医院的护理,具体内容请看下文。

评估医院

不妨假设一下,有人想选择一所医院为自己做一个严重的手术,如冠状动脉搭桥术。那么这个人该如何选择医院呢?也许一个明显的方式是,选择死亡率最低的医院。但这将有可能导致一个坏的选择——没人选择去小医院做心内直视手术(open-heart surgery),这仅因为最近没有人死在那里。因为人们普遍认为,原始的死亡率统计并没有给公众所需要的信息,因此英国国民保健服务体系(NHS)采用所谓的医院标准化死亡率(the Hospital Standardized Mortality Ratio)作为参考。医院标准化死亡率是指除因自然疾病死亡外,医院在指定时间段内死亡人数的实际数量与预期死亡人数之间的比例。"福斯特博士"(Dr. Foster)的研究小组采用此方法,他们首先考虑最初的诊断,把病人送到 56 所不同诊断类别医院中的一所,这些医院死亡的病人占整个英格兰医院的 80%。然后,他们进行了一系列的调整,即要考虑这样一个事实,56 个诊断类别中每一类也会有不同的结果。比如,年纪较小的病人可能比年老的病人要好。在一些条件下,男性和女性的结果也有可能不同。很明显,调查结果对那些遭受多种疾病的病人有可能是不利的。每年实际死亡病人的数量除以预期死亡病人的数量,再乘以 100,这就得出了医院标准化死亡率,或称为 HSMR。这个平均值大约为100(因为所有医院的实际死亡率和可能死亡基本持平),2010 年全英国医院的标准化死亡率为 70—120。

正如人们预料的一样,大多数医院的标准化死亡率近乎合理地接近平均值。在英格兰,2010 年大约三分之二医院的 HSMR 在 90—120 之间。考虑到就诊于这些医院的病人,这些医院病人平均的死亡率从低于 10% 到预期的 10% 以上。然而,一些医院的 HSMR 大约为 70,这意味着这所医院病人的死亡概率为 30%,这低于预期值,这是病人可以接受的概率。当然,现在低死亡率的原因并不是医院所提供的服务质量,而是归功于某些原因,如很多病人并没有像他表现出来的那么严重。同样,一些医院的死亡率为 20%,这高于人们的预期。我们不能确定这是由于低质量的护理,还是由于其他没有考虑到的因素。然而,HSMR 的计算并没有考虑社会经济水平的贫困、病人的种族以及其他方面的原因。为此,HSMR 的值为 120,从表面上确凿的证据表明,它的护理水平差于其他的医院,至少值得进一步的调查。

本章的目的主要是阐述在计算医院死亡率时必须考虑三个重要的特征:首先,计算是复杂的。用于计算预期死亡率实际的统计方法被称为逻辑回归,然而我并没有调查英国的总人口,但我在学校教统计学的经验表明,只有不超过 1% 的人知道逻辑回归到底是什么,更不用说让他们理解这是怎么计算的。我们能用一些不那么复杂的技术或只是用一些原始的死亡率统计方法,但如果这么做,我们将做出糟糕的决定。一般的医院会建议将重症病人转到更专业的医院进行治疗,因此这些一般的医院看起来比他们实际上好多了,因为他们把他们所有的危重病例直接转移到其他医院了。然而接受这些重症病人的全国最优秀的医院却看起来比他们实际上糟糕多了,因为这些医院是挽救他们生命所采取的"最后的手段",这些都是非专业医院做不了的或不愿意做的。过去用于评估医院成熟的统计技术并不适合这一复杂性,但它需帮助人们弄清楚哪所医院更好,这种判断不要经过相关的专业训练,如这些病人到医院时身体状况如何。

第二个困难是,获得标准化死亡率的原始资料是很难的。所要做的工作就是广泛地获得每所医院的标准化死亡率,同时要考虑医院接纳病人数量的不同。这当然可能被看作是家长作风的一种形式:拒绝非专业人士可能感到困惑的公共信息,或者他们可能更相信数据,而不是授权。然而,在这方面的政府政策,似乎可以接受的观点是,给予公众的最有用资料就是统计数据,这些统计考虑到了不同医院接纳病人数量的不同。第三个问题是不同医院之间的标准化死亡率统计区别很大。例如,可以想一想,一个只有30%存活率的疾病(或换句话说,它有70%的死亡率),假设一下,对这种疾病的治疗符合医院平均水平,在最好医院里的存活率超过50%,但在最差医院里却不到六分之一。[2]最终的结果有巨大的差异。

评估学校

病人需要关于不同医院提供优质服务的有价值信息。同样,家长也需要关于不同学校教育质量的有价值信息。没有这些信息,在选择医院或学校时,病人和家长不可能做出明智的选择。但其他人对通过税收所提供的服务质量也有合法的权益。最终,所有纳税的人或受益于从政府所得的税收购买服务的人都有权知晓这笔钱花得是否很明智。那么,我们应该如何让教师、学校和地方当局对公立学校的质量负责呢?

我们看到,对医院来说,对医院原始"结果"的评价——死亡率——并没有采用。相反,公布的统计数据是标准化的,考虑到医院接纳病人数量的不同,这对学校也同样适用。本章剩余部分内容侧重于中学,特别是11至16岁的学生的表现,这主要基于两个方面的原因。首先,择校问题上中学比小学更为明显。当然,历届政府改变各类学校(城市技术学院、补助学校、专科学校、自由学校)的努力几乎都集中在中学。侧重于中学的第二个原因是数据的质量较好。几乎所有16岁的学生都必须接受一个客观理智的学业高风险评估。同样重要的是,全国11岁儿童测试成绩可以让我们衡量其是否能进入中等学校学习。[3]当然,11岁儿童测试的确能给我们关于一所小学的"输出"情况,但关于孩子成绩的资料却来自他们的老师。目前,没有任何机制可以确保不同地区、不同教师能采取同样的标准来评估他们的学生的成绩。

正如在本章开头中所介绍的,不同学校学生的成绩差别很大。2010年,英国2 905所中学11至16岁或18岁的中学生[4]参加了普通中等教育证书(GCSE)或相类似的考试。正如我们以前看到的,在英格兰的一所学校里,只有29%的学生在GCSE考试中取得五门的好成绩,而英格兰有287所学校里所有的学生都取得了五门GCSE的好成绩。其他的学校怎么样?有一半的学校,获得五门GCSE好成绩的成功比例为78%或更多,而有一半的学校是78%或低于这个比例(按照统计术语,我们说,2010年该项考试的成功率中位数为78%),很多学校的成功比例接近这一数字。所有中学有一半的成功率的范围从69%到87%不等。然而,当我们衡量学生获得五优成绩包括英语和数学时,成功率却相当低:中位值为54%,有一半的中学是在44%至64%之间。事实上,英格兰大约有五分之一的学生取得五门GCSE好成绩,但这并不包括英语和数学学科,这意味着,比较不同学校之间的成绩,并不像上面所说的那样简单。在一所学校里,比如,每个学生都能获得五门GCSE好成绩,但仅有45%的学生五优包括英语和数学。在其他的学校,获得五门GCSE好成绩的比例几乎是相同的,关键问题是这是否包括英语和数学两科。现在我们有可能同意这样一个观点,那就是学生在选择学习GCSE科目时,应该考虑自己的兴趣与能力。它确实突出了以考试成绩来比较学校的困难。学生学习他们自己所选择的科目,他们的学习兴趣和动机有可能更高。因此,相比他们学习不感兴趣的科目,他们可能会取得更好的成绩。允许学生选择GCSE考试科目进行学习,对不同学校学生的成绩进行比较,很难有不同的理由。渴望提高成绩的学校可能说服学生选择被认为是更容易的科目,或引导他们学习相当于GCSE考试的科目,但这一个要求较少,或考试允许更大数量的课程。在某些情况下,学校和学生的利益可能是一致的——对学生有利就是对学校有利。然而,在其他情况下,学校通过引导学生学习较为容易的科目,这样就可以在所谓的考试成绩"联盟表"上提高自己的地位,但从长远来看,这对学生并没有什么帮助。

然而,比较学校成绩的一个更重要的问题是,学生不随机分配到学校。如果他们被随机分配的话,那么我们可以肯定的是,成绩差异是由受教育质量的差异决定的。有些学校,如英国保留下来的164所文法明确这样的事实,那就是他们选择学生要么基于他们目前的成绩,要么基于他们将来可能做得好的一些预测上。但也有较少的公开形式的选择。例如,有项研究发现,100所最具社会性的重点学校中的17所——这类学校有更多的社会经济方面的优势,而不是靠地域的优势来吸引学生——这样的学校就是文法学校。实际上,至少有50所非文法学校比英国的文法学校更有学术选择性(在这50所非文法学校中,将近一半的学校是教会学校)。[5]即使学校被称为"综合学校",然而,我们却不能确定这是否正确地描述了他们接纳学生的情况。为了了解什么样的学校是好学校,我们需要弄清楚学生在学校真正学到了多少东西。

什么样的学校是最好的?

一所学校所有的学生都能获得五门GCSE的好成绩可能就是个好学校,但是对大多数的重点学校来讲,如果不是令人失望,它将是一个相当谦虚的结果。事实上,在很多文法学校,大多数学生都能得到A和A*等级的成绩。但即使这可能是一个温和的表现,如果学校是高度选择性的,采取文法中学的做法,只有5%最优秀学生在学校的所在区域。因此,一个明显方法是,了解学生现在在学校是如何学习的以及他们在11岁时的成绩水平,并与他们16岁时所取得的成绩进行比较,这是他们从学校得到的所谓的"增值"——这就是学生实际上学到了多少知识。换句话说,这就像医院一样,我们根据他们在11岁时的成绩,来计算他们在16岁时的预期成绩,并与GCSE考试的实际成绩进行比较。因为不同学校的学生都会参加不同数量的GCSE考试,学生在GCSE考试中8门最好科目的成绩作为成绩评估的依据。其结果再乘以1 000就是学校的"增值"

指数。

如医院所做的那样,增值的计算不仅仅考虑学生一开始在学校时的成绩,也要考虑大量的被称为"背景"的因素。比如,中学里的女生的进步要比男生更大,因此在计算女生的预期成绩时,我们应该与其他女生入学时的成绩进行比较,而不是男生女生混合在一起的成绩。这似乎对女校不公平,因为他们必须让他们的学生达到更高的成绩水平,以显示大于平均值的增值。然而,这样做的原因很简单。如果某个学校学生成绩好的原因是它的学生都是女生,学校就不应该因此而得到声望。同样重要的是,为女儿选择学校的父母们需要知道其他女生在那所学校表现如何。另外,正如医院所做的那样,一系列其他的背景因素,如种族、学生生活地区的贫困情况以及学生是否有特殊的需要,这些都要考虑进去。由此产生的学生成绩通常被称为一个学校的"背景增值"(Contextualized Value Added,CVA)。

学校 CVA 的计算不像医院标准化死亡率那么一目了然,因为最终的测量结果——GCSE 的考试成绩——不是像一个病人是否生或死那么明确。很明显,我们只能看学生在 GCSE 考试中的成绩,但一些学生参加其他相当于 GCSE 的考试。例如,许多学校里学术水平低的学生只参加 BTEC[6] 应用科学考试,而不是 GCSE 考试。然而,BTEC 应用科学考试的标准相当于 GCSE 考试。BTEC 课程会提供更多的连续评估,因此很难确定这些所谓的相当于"GCSE 的考试"难度是否是相同的。事实上,许多不同的考试委员会提供的 GCSE 考试,也让学校"货比三家"去寻找最适合学生的课程。这并不意味着找到更容易的课程,但很明显,学校不太可能从一个考试系统改为另一个考试系统,除非他们认为学生的成绩会提高。这就是说,各机构的确试图确保不同的课程被视为是等效的(GCSE 由不同的考试委员提供,BTEC 也是如此),这些课程的要求应该是同样的。

然而,CVA 的计算有一个严重的缺点,那就是要考虑到每一个学生是否有特殊的教育需要。显然,仅凭直觉,我们不应该期望有特殊需要的学生制定与无特殊需要的学生同样的进步计划。但在 CVA 的计算中,默许学生仅仅是因为学校说有问题的学生中有特殊的需要。正如所料,在一所学校的学生被视为有特殊需要的比例差别很大。2010 年,七所综合学校中有一半以上的学生有特殊的教育需要,246所学校中有超过四分之一的学生有特殊的教育需要,但由于涉及外部机构所确定的学生中有特殊需要学生的比例要低得多,这就增加了一些学校试图"赌博"考试系统的可能性。

由于选择更容易,较少的考试限制及贴上有特殊需求学生的标签,这些都可能为这些学生降低了门槛,因此CVA并不能完美地检测学生究竟在学校学了多少东西。但它确实提供了一个很好的迹象表明学生取得了多少进步。而当我们详细观察这一点时,我们发现了一些与正常的预期相反的发现。

学校之间有多少不同?

如上文提到的,CVA平均每年设定为1 000。对CVA级别进行分类,其中1 048分代表一个学校的每个学生在GCSE考试中每一个科目的成绩都比获得平均分值学校的每一个学生高出一个等级。2010年,最低的增值分刚刚超过900,而高的增值分仅低于1 100。这两所学校分别表现为很差或很好。普通学校能拿到8个C成绩的学生,在最差的学校最终只能拿到8个E的成绩。而在最好的学校,同样的学生却能拿到8个A。然而,大多数学校的CVA基本接近1 000。实际上,英国几乎一半的中学的CVA分值都太接近1 000,以致差异无统计学意义。[7]换句话说,英国大约一半的中学和一般中学没有什么不同。此外,即使学校有明显的好或坏,绝大多数的差距也是很小的。

2010年,英国80%的中学的CVA分值在976至1 024之间。这意味着,在英国每五所中学中有四所,去一个学校而不是另外一所学校的选择,是根据GCSE考试中不同科目的成绩低于一个等级做出决定的。考虑这一点的另一个方法是根据他们的绩效将学校分为五个同等大小的群体:非常低,低,一般,高和非常高。去一所表现不佳的学校和一所高水平学校之间的差别就是每个学科的成绩不低于一个等级。大多数人发现这些结果后感到惊讶、与正常预期相反的,甚至难以置信。虽然CVA在测量学校质量方面并不是完美的,这儿的"标题的结果"(headline result)——绝大多数学校学生取得的进步非常相似——是由使用其他数据的研究范围支持的。

比如,每三年,经济合作与发展组织(OECD)会通过国际学生评估项目

(PISA)对经合组织国家15岁学生的英语、数学和科学进行随机抽样测试。在一些国家,不同学校之间学生的分数差距很大,但在大多数经合组织国家(包括英国),同一所学校的不同学生要比不同学校学生之间差距要大得多。即使学校之间存在差异,其中大部分是由招收学生数量的差异造成的。当考虑到学校的社会组成的差异后,我们发现,只有7%的学生考试成绩的变化归因于他所在的学校,其他93%归因于学校外部因素的影响。似乎难以置信,然而事实仍然如此,只要你去学校读书,但去哪所学校并不重要。[8]

12　到目前为止,我们已经研究了学校的国家差异,当我们看这个国家最好的和最差的学校时,可以看出一些体制内的变化,但这与家长们却没有多大的关系。我们想要知道的是如何在离家合理的距离内选择学校。丽贝卡·艾伦(Rebecca Allen)和西蒙·伯吉斯(Simon Burgess)看到了学校的选择对学生的GCSE考试成绩的影响。他们所做的就是看学生2009年GCSE的考试成绩,然后看看他们去其他地区的学校的成绩,看看其他学校的学生有多好。

他们发现,家长在2004年是否选择在2009年已经证明是最好的学校,这些学校与在该地区的学校的平均水平相比,他们的学生的学术素养表现较好,在GCSE考试中每科成绩大约是前三分之一的等级。[9]用另一种方式来思考,是根据学生要达到的一定"门槛",如在GCSE考试中获得五门好成绩。事实证明,只有10%的学生是足够接近这个门槛,来选择他们的学校的。对其他90%的学生来讲,他们要么远远超过这个门槛,即使他们去了普通学校,他们仍然会得到五门好成绩,或远远低于这个门槛。即使他们去最好的学校,他们仍然会功亏一篑。另一种选择就是一些家长可以做出是否把孩子送到私立学校或公立学校系统的决定,可以看到,这种差异小于许多人的想象。在英国,私立学校的学生比公立学校的学生大约早两年,这早于其他任何一个国家。然而,通过控制学生的社会阶层,英国公立学校和私立学校的学生的表现是相同的——事实上,没有单一的经合组织国家在控制社会阶层后,私立学校学生的表现要比公立学校学生好。

这不意味着家长把他们的孩子送到私立学校是在浪费金钱。高成绩学生的存在提高了班里的其他学生的成绩,所以同一个学生在重点私立学校的成绩会更好,但原因是同伴群体,而不是教学质量。相反,PISA的数据表明,私立学校的平均教学质量比公立学校实际上要差一些。正如我们所看到的,因为控制班级学生的社会阶层,他们的表现是相同的,并且班级规模比私立学校要小得多(在英国,州立学校普通班级的规模是25人,私立学校为13人)。读者可以参考第四章关于班级规模影响的相关内容。

结论

学校的不同表现在许多方面。有些对艺术表演表现活跃,有些有特殊的体育设施。在高度结构化的环境中,一些学生可能会做得更好。而有些人会发现,有学校的约束,并有更多的个人自由时,学生会做得更好。学生在学校感到安全,这一点也很重要。对有些学生来讲可能也很重要,因为至少他们的一些朋友将要到同一所学校读书。在择校中,要考虑这些所有的重要因素。

然而,在政坛上,从历届政府的政策可以看出,似乎学校的学术表现是唯一重要的东西。学校里只有不到35%的学生取得五门的好成绩,这被指责是很糟糕的。尽管在很多情况下,这些学校的学生比目前仍存在的164所文法学校的学生取得的进步更大。

有些人,包括目前英国教育部长迈克尔·戈夫(Michael Gove)认为,利用增值(value-added)来衡量学校的表现是"不道德的",因为它消除了激励学校服务弱势群体的动力,以期望最高标准。然而,同样的争论却没有发生在医院风险调整的统计上。

大奥蒙德街儿童医院(Great Ormond Street Hospital for Children)的原始死亡率高于大多数的医院,因为他们承担了其他医院无法帮助的病人。从来没有人认为使用医院标准化的死亡率来比较医院是不道德的,因为它消除了激励医生尽一切可能拯救重病的儿童的动力。

然而,在我看来,把一些学校提高到比其他学校更高的标准是很不道德的,因为它们位于社会经济的不利的地位。有些学校的学生进步不大,但幸运的是他们非常稀少。当然,我们必须尽其所能去解决低绩效学校的问题。而且,在某些情况下,最好的办法是关闭这所学校,并开设一个新的学校——毕竟,学校的存在是为学生的兴趣提供服务,而不是为教师创造就业的机会。

但这是一个基本的自然正义原则,那就是教师和学校应该对他们可以影响的事情负责。学校和教师应该对整个人的发展负责,对学生在学校所取得的部分学术进步负责。但是,指责学校为贫困地区提供低分数的做法是错误的,因为这就像指责一所医院接受最严重的病人,从而导致较高的死亡率。CVA远非完美,但它是追究学校责任的最好措施。CVA还有些问题,特别是在不同资格考试之间有一些可疑的等价性,并允许学校"赌博"这一体制。例如,他们通过指定他们的大部分学生有特殊的需要,但这些需求相当容易解决。

学校的学业成绩确实有所不同,但特别的是,它们之间的差距非常小。对绝大多数学生来说,选择学校对他们在学校取得的学术进步几乎没有什么影响,而其他的一些因素可能会更为显著。当然,家长需要确保不要进罕见的学校,在这样的学校里学生很少有进步,但这样做,家长应该考虑那些非学术的因素。糟糕的学校是极其少见的。

(杨光富 译)

注释

1. Source: Department for Education (2011) *Performance Tables 2010: Secondary Schools (GCSE and Equivalent)*. Available online at www.education.gov.uk/performancetables/schools_10.shtml (accessed 27 December 2011).
2. An average survival rate of 30 per cent is equivalent to an average mortality rate of 70 per cent. If the outcomes for this condition are in line with hospital averages, then the mortality rate would be 49 per cent (i.e., 30 per cent lower) at the best hospital, and 84 per cent (i.e., 20 per cent higher) at the worst hospital. These rates are equivalent to survival rates of 51 per cent and 16 per cent and the best and worst hospitals respectively.
3. Of course, this does not work well in local authorities that have middle schools, but these are in the minority, and appear to be decreasing.
4. This figure excludes schools that changed status and name (e.g., by being converted into academies) during this time.
5. Sutton Trust (2008) *Social Selectivity of State Schools and the Impact of Grammars: A Summary and Discussion of Findings from 'Evidence on the Effects*

of Selective Educational Systems'. Available online at www.suttontrust.com/research/summary-impact-of-grammars/GrammarsReviewSummary.pdf (accessed 31 December 2011).
6. In 1984, the Business Education Council, and the Technician Education Council, each of which had offered vocational awards in their respective areas, merged to form the BTEC. In 1996, this organization merged with the University of London Examinations and Assessment Council to form Edexcel, which is now wholly owned by Pearson plc.
7. Wilson, D. and Piebalga, A. (2008) *Accurate Performance Measure but Meaningless Ranking Exercise? An Analysis of the English School League Tables* (Vol. 07/176). Bristol, UK: University of Bristol Institute of Public Affairs.
8. Organisation for Economic Co-operation and Development (2007) *Science Competencies for Tomorrow's World, Volume 1: Analysis*. Paris, France: Organisation for Economic Co-operation and Development.
9. Allen, R. and Burgess, S. (2010) *Evaluating the Provision of School Performance Information for School Choice* (Vol. 10/241). Bristol, UK: University of Bristol Centre for Market and Public Organisation.

第二章　职业教育是为能力低的人准备的吗?

盖伊·克拉克斯顿　比尔·卢卡斯

> 考虑到手工工作本质上充满认知性和社会性,在更广阔的精神层面上,问题变成了它作为教育的组成部分为什么遭到人们的轻视……相反的是,教育家应该基于对手工工作的正确认识,修复对手工活动的认识,引导学生更好地走向认知性丰富的工作。
>
> ——马修·克劳福德:《用双手劳动》,第27,32页

几年前,有报道说一个聪明的年轻姑娘拒绝了牛津大学的工作邀请,去做了美发学徒,这则报道引发了媒体的争议。多数人认为她这么做太倔强了、太疯狂了,可能听了糟糕的建议。一些人失望地问:为什么有些可以拥有世界的人却放弃了机会?可以肯定的是她的决定会对她的生活和收入带来很大的影响(当然,也有富裕的、知名的和受人尊敬的发型师)。但是这些观点反映出社会对学术和职业根深蒂固的观念。英国过去的100年中,这些观念深刻地影响了教育讨论和成千上万个年轻人的生活。这一章,我们要挖掘这种态度和假设,并用现代科学检验它们。

首先,我们需要解释一个术语。我们关注的实践学习其首要目的是提高身体技能和感觉能力。就像第一章建议的那样,虽然我们关注学校中发生的事,但也会关注反映和加强教育方式的社会观点。这类学习还被称为:实践的、身体的、手工的、技术的、职业的等等。在美国,这个教育分支通常被称为"工作坊",而在英国,现在经常和"设计技术"(DT)联系在一起。职业教育传统上跟工业和贸易相联系,为广泛的手工劳动职业做准备,比如木工、烹饪、管道、护理、园艺、机械,还有美容美发。当学术类的学生学习"学科"和通过纸笔

考试的时候,职业类的学生通过学徒制取得"学位"和"证书"。在本章中,我们多用"职业的"或"实践的"来表示有很多"体力"的学习:由此获得的技术包括人工灵敏度(有时是身体力量)、实践"灵活度"(而不是抽象的推论和学识)和感知敏锐度。[1]

职业学习的现状

走进任何学校,你会立即发现实践的和身体的学习远不如智力的和学术的学习受重视。地位高的学科作为必修科目的时间更长,占据了更多的课程时间,并且考试成绩被认为有更高的参考价值。英语、数学和科学三门课的地位最高,这些学科最无情地关注对符号、参数的应用训练和对推理、论证、计算的综合表达能力。当大型考试临近的时候,这些学科中非脑力方面甚至都消失了:英语变得更侧重分析能力而想象力更少,科学失去了技术和实验的方面而更像应用数学。

在这三个学科等级下面是传统学科历史、地理和现代语。然后是更"现代的"学科心理学、社会学、媒体学习和商业学习。最后是那些你无法在课桌前、盯着屏幕或写在纸上进行的课程:艺术、音乐、戏剧,体育和体能教育,研发实验。为了减轻对艺术、手工、体育的普遍性忽视,学校焦虑地突出这些领域的成绩——XI 第一名,在国家"学校艺术"项目中获胜,学校的良好表现被登上了当地报纸。但是在学期中,学校的重心应该放在哪?毫无疑问,肯定不是在手工作坊和体育馆。

在英国,我们正在看着这个等级不断强化。[2]几年前,对学校的评价主要看五门 GCSE(普通中等教育证书)取得好成绩的学生比例,这些可以包括相同的职业证书,像 GAVQs(全国普通职业资格证书)和 BTECs(商业与技术教育委员会)。后来评价学校的标准变为学生通过的五门学科中要包括英语和数学。现在,职业的同等标准被排除在主要成绩之外,只有传统上的学术课程"计算在内"。历史、地理、语言三个冠军学科晋升为"总理",处于第二位的水平,它们在"英语学士学位"中被大力提倡。

低质量科学的七个谎言

职业和实践教育的低下地位基于几个信念。我们将简要地描述它们,再通过现代研究成果对它们进行详细的检验,特别是通过认知和社会神经科学。

实践活动比智力活动的认知要求低

最近英国一个知名学习发展公司的 CEO 认为,像卫生服务业和理发业是"卑微的",因为他们不需要太多的智力参与。这种态度很普遍,厕所和发廊所提供的技术服务被认为是日常的和不需动脑的。另一方面,智力活动像写摘要和分析论证被认为需要更高的认知水平和更复杂的智力。

实践学习比知识学习的认知要求低

实践活动不仅被认为为更容易实施,也更容易学习。它们可能需要掌握技巧和技术,但是人们认为它们几乎不需要沉思和表达能力。通常认为,学习手工技巧可以通过观察、模仿和练习,而这些学习方法被假定为比知识学习的认知难度要低。

教育的发展包括脱离实践和具体的活动,朝向推理、抽象的知识和符号处理

这是个有科学依据的观念。皮亚杰(Jean Piaget)的著作对此产生了巨大的影响,他假定学习的认知发展规律是从具体的感觉学习向逻辑推理学习发展,后者需要假定情况也许没有个人的、历史的和动机的参照对象。可以认为,教育者应该帮助年轻人让这个过程变得更快和更容易。例如,在小学结束时,身体的和想象的"扮演"大部分被更高级的读、写、算取代了,"扮演"一词经常与更正式的"学习"进行对比,角色扮演和表演仍然是有价值的——但是更多的是为了减轻高风险的对读写能力和计算能力的追求(即使类似拉丁文的抽象名词看起来为空洞增加了庄严性)。

学术学习比实践学习更能为生活做好准备

通常认为,学习抽象理性的、分析和可争辩的东西比学习怎样在具体情境下

解决实际问题更能为生活做好准备。在不需要紧急和实践的背景下,辩论、分析和讨论的能力与耐心、睿智地观察复杂情况的能力比起来对青少年更有利,它们更有利于青少年为 21 世纪的生活做好准备。学习抽象的、客观的和历史悠久的学科比学习怎样处理日常生活中的麻烦更有利于养成平和、理智的文雅品质。拉丁文和数学通常被认为可以提供最好的"心智训练"——尤其是为 21 世纪的成人生活提供最有用的准备。教育可以提供这些训练,恰恰是因为它们远离当前的混乱、不确定和困境。

经过传统学术训练的年轻人比没经历过的人更有能力

接受职业教育的年轻人被认为缺乏学习更难和更抽象学科的"心智能力",因此,他们只能去学习他们能够掌握的活动,低水平的学科适合他们低水平的能力。如果有证据表明成绩不良的学生并不缺乏必备的"脑力"(他们不是"能力不足"而是没有"充分开发潜能"),那么相应的解释就会变成——他们学业不成功的原因是家庭贫困和情感问题、"加入了不良群体"或者"被疏远",或者有医学病症如"注意力缺陷"、"阅读障碍"等。不管如何诊断,体力和实践领域的课程是与某些方面有缺陷的人联系在一起的——他们在智力上、动机上或社会文化背景上有不利因素。

唯一能弥补低水平的实践科目的方法是让它们更学术化

根据以上的谬论可以认为,唯一能弥补实践科目低水准特性的方法是让它们更加学术化。如果理论思维和理解力是"真正的聪明",体力的精巧和敏捷不算聪明,那么唯一能够提高职业课程和资格水平的是加入学术的成分,而不管这种成分是不是真的能为专业知识的发展作贡献。学位和学徒身份也会因缩水理论的加入而显得"更有分量"(就像超市给鸡注入水来增加重量并以此提高价格一样)。这种课程可能造成学生极力逃避课程的结果——如统计表明,学生的出勤率、参与度和结课情况受到了冲击。

教授实践职业课程比教授科学或历史所需要的智力少

结果是职业学校的教师受到的尊敬少,工资也少。继续教育"学院"中的教师比"大学"中的教师教学时数更长,但报酬更少(继续教育和高等教育这两个术语的差别已经显示了不同的价值)。其中最常见的两个对立的表述是"训练"与"教育"。与"教育"学生微积分的差别和第一次世界大战的起因的老师相比,那些"训练"学生换油烟滤网和扶老人上厕所的老师不需要那么高程度的复杂智力。

这七个流行的假定观念逐渐成了民间通行的、迷信的和过时的科学理解。它们在学校和学院的文化实践中长时间地存在,这种观念被植入了公共考试、政客和课程规划发展者的弱智的重复表达中,他们看上去都在努力扭转这种局面。在过去的100年里,这些观念被广泛关注,在很大程度上巩固了它们的地位。面对不断的挑战,人们误认为它们有深厚的文化根源。为了有效地挑战和改变这种"低质教育",第一步要挖掘它们的根源并找出它们是如何发展的。

笛卡尔的错误

100年前,任何人审视身体都不会认为感知、推理和想象可以从任何肉体中产生,更别说会从大脑——这个看起来呆滞的块状物中产生了。精神和肉体是截然分开的,精神是聪明的、有意识的和复杂的,而肉体是机械的和简单的。身体"整理家务"的过程看起来只关注自身的呼吸、消化、肌肉收缩等——这没有理由被称为"聪明的"。精神有"理解上帝"的能力,有纯洁和神圣的能力,而身体是堕落的和不可靠的。因此精神不仅比身体更复杂和聪明,也更"高级"。这个认知和道德上的分裂是不可逾越的。例如笛卡尔认为:"在身体的概念中没有东西是属于精神的,在精神中也没有东西是属于身体的。"[3]

这个论述精神和身体的有力观点被神经科学家安东尼·达马修称为"笛卡尔错误"。它源于古希腊,得到了早期基督教的强烈赞同,在启蒙运动时期被博学的哲学家变为不可辩驳的"常识",那个时期,理性终于成为人性的标志。[4]"精神高于物质"特别是高于组成我们身体的物质成为一句响亮的口号。关于生理和智力的不同观念刻在了西方社会体系中。东正教教义围绕着人类低贱的身体冲动和高级本性之间的斗争而展开。上帝给了我们理性和"自由意志",因此我们可以战胜身体的原罪,通过抗争变得更完美。法律判断人犯罪的依据是他在关键时刻是否"有正常的心智"——让他有能力(明显不是爱好)战胜反社会的冲动。医学逐渐依赖测量和机械,根据经验的"医学判断"也被认为是不可信的。

100年来,学校认为理智高于体能,精神高于体力。但情况并不十分准确,克里斯多夫·福莱因提醒我们:

> "3R最初的含义与19世纪初摄政王时期的含义是完全不同的。3R最初表示读、工作和算术——即读写、制作和计算……后来,在19世纪50年代的葛雷庚先生和大展览时代,工作变成了写作。"[5]

也许并不令人惊奇,作为语法学校的热心支持者和获利者的中产阶级并不想让他们的子女"工作",他们可以通过智力技巧的练习得到更受尊敬、报酬更丰厚的职业。

这个假设中,理解力先于行动力的观念是恰当的。理解力被认为比能力重要,你不仅要"做",而且要"解释"你在做什么成为智力的一个品质。所以算术不仅是要得出正确的结果,也要"展示你的工作"和"理解减法的概念"。实际上,有时我们假定人在实践某物前要先理解它:这种学习必须要发生,就像有个模型,从"意识到没有能力"到"意识到有能力"才可以到"没有意识到有能力"。[6] 40年前,教师培训者自然地认为哲学、心理学、社会学和教育史讲座应该渗透到教师培训中,教师就会在课堂中表现出能力的增强。实际上他们对此忽视了几十年了。

当那些影响深远的假设如身心的分离、精神高于身体,导致了学术和职业教育之间不能够有"平等的价值"。近几年来,政府在修复实践和职业教育的结构、修辞和评价。新的学位证书试图模糊不平等的价值,实践学科的课程中也无来由地加入了科学和社会学的东西。这种做法试图让时间学习看起来更"学术化",但它赖以存在的前提值得怀疑——学科看起来更学术化,它就可以更好地为生活做准备。

谎言的修正

当前的认知科学和神经科学让我们对精神和身体的关系有了全新的认识。

我们对组成身体的肉体有了更多的尊重，它们有产生智慧的能力——特别是大脑这个位于两耳之间的1.5千克的海绵一样的东西。我们开始知道"意识"是怎样从物质中产生的；也知道了生物体是如何在没有任何意识和理性的管理下精妙地自行运作的。让我们简明地修正由轻视实践学习带来的"谎言"，并看看修正是如何在当前的知识下站住脚的。（如果空间允许的话，我们不止于提供诱人的结论和进一步阅读的建议。）[7]

理解"先于"能力吗？

安东尼奥·达莫修和他的同事已经证明专门技术通常意识不到具体情况和特殊因素，经常在你学会控制和处理这种情况后你才能够具体表述出你学过什么。实际上，试图用意识指导学习逐渐被证明是有碍生产的。试图回答你在思考什么，或者被告知正在发生什么事会把你的注意力引向错误的方向，干涉大脑从情况中提取有用和微妙的信息。在很多复杂的艺术和工艺中，直觉和情感通常比一个人的表达能力更重要——肯定是这样的。[8]

有很多实验表明"思考你在做什么"真的有碍生产。对高尔夫球员的实验表明，被阻止概念化其行为的人比用理论描述过程的人表现得更好（例如在压力下）。在很多日常问题解决的情境中，被阻止思考既有信息的人比被鼓励仔细思考信息的人能做出更好的决策。有意思考和智能行动的关系比过时的民间心理学描述得复杂，而且有两面性。有时有意思考可以让我们更聪明，有时相反，而有时两不相干。

实践商业和工艺真的对智力要求不高吗？

当然，职业和活动在复杂性、变化程度和不可预测性上是不同的。一些"装配线"的工作是程序性的、重复的、不需要认知参与的。一些工作像开地铁也是程序性的工作，但是需要保持警觉和深度的灵活性以应对突发情况。一些工作需要从业者有微妙的应对余地。在一个饭店的厨房工作需要你在冰箱、微波炉和服务区之间自如地来回走动，或者需要很多独创性的技术。一个政客在接受记者采访的时候，可能不管问题是什么都重复讲今天的政治路线，或者用更流畅和深思熟虑的方式回答问题。更多情况下，一些工作确实需要高水平的知识、技术和灵活性，就像主力足球运动员和初级学校的老师一样，广播员也需要反应迅速。

然而，通常认为体力工作是"卑微的"，这会阻止我们寻找它们所含的复杂智力。这个假设像一个过滤器一样，只让我们看到希望看到的东西。在心理学中这类"上—下"感知偏见的例子是很常见的。所以，如果我们想让自己看到女服务员和技工工作中的智力、敏感性和想象力的大小，那么我们需要丢掉过滤器，重新看待人们实际上在做什么，而不是猜想他们在做什么。

在《工作中的心智》一书中，美国教育研究者麦克·罗斯（Mike Rose）严谨地展示了心智在广泛的职业和专业背景下的进化过程，包括一个忙碌的餐馆、一间发廊、一个木工商店和一家戏院。他发现，"真实世界的智力"与纯粹理性智力相比有不同的组织形式，它们是错综复杂的。一个学术性的人把注意力集中在单个智力任务上——写一篇论文或准备一次演讲，而在职业环境下人的智力经常混合了认知挑战，如在身体、情感和社会道德挑战中进行计划、排列和计算，这些通常在真实的时间和压力下进行。服务员学习怎样用不费力的方式站立和走路，用记忆术帮助她记忆复杂的点餐，用比喻标识同一餐桌上不同的人点了什么菜，注意（不在视线内的）哪个顾客的菜没有送上并开始焦躁不安，并计划一个省时的路线去跟他们作友好的解释，同时也要倒水和收拾餐具。一个木工新手需要做数学计算，这种计算在教室里会非常简单，但在手工作坊里它会与复杂的设计过程结合，真实的时间和情境让计算变得更加复杂和吃力。在数学考试中得"A"的人可能会在这种情境下抓狂，同样地，也有人在学校考试中表现不佳但能很快适应工作场所中的多面压力和有形资源。[9]

实践学习真的简单吗？

如果老练的手艺人优雅的问题解决方式值得我们尊敬，那么包括了体力、认知、社会和情感专业知识的学习过程也是值得尊敬的吗？那种认为职业学习相对简单、学术学习相对复杂的观念可靠吗？有时是的——但是如果我们擦亮眼睛去看的话，情况不总是这样。如果我们用学术学习的有色眼镜去看它们，我们会看到学术学习——"脱离工作"的学习、脱离语境的讨论、书面的争论——其学者会显得更加强大。这种眼镜只能看到这种学习活动，而其他的学习类型是无形和模糊的。通过模仿、试错或关注当前情况的学习——怎样处理这些头发、这些管道或照顾这个焦虑的老人——在学术学习的眼镜下会显得粗鄙，但如果仔细审查的话会发现职业学习完全不是这样的。

在《手工艺人》这本书中，理查德·森尼特（Richard Sennett）详细描述了吹玻璃艺人努力学习创作新型高脚杯的过程。表现了注意力、特殊实验、仔细思考和积极想象等动态因素之间相互影响的过程，其学习过程和律师学习准备详细的诉状书的过程一样复杂和充满智慧。对于后者来说，学习的媒介包括字词、概念和辩论；它为感觉、行动和沉思谱写了一首交响曲，但它不限于有意的深思熟虑。实际上，艺人的学习过程比律师和作家更复杂，律师和作家对学习的媒介有清晰的控制，可以把他们的意志表现在脚本上，而"制作者"可能不得不忙于和不听话的媒介协商——这块木头上有个疙瘩，要旋转它必须用特殊方式；这个人的头发使有经验的发型师意识到必须用这种方式而不能用其他方式处理（实际上作家也要学习怎样弯曲和塑造词语，以传达新的争论和理解）。这些综合了不同材料和情境，知道在特定情况下需要做什么（或需要说什么）是属于真正智力的东西——不管这个"东西"是词语还是接头，不管是在研讨班中还是在汽车修理厂中。[10]

我们（需要）摒弃实践和想象的学习吗？

实际上，通过观察、模仿、修补和想象的学术性和职业性学习就像水管工人和美容师所做的一样。年轻的讲师的复杂的学习——一部分是有意识的，大部分是无意识的——在这个过程中他像学生一样观察。[11]哲学家在为杂志写论文的时候也在修补和制作，就像雕塑家和电子工程师调整他们的设计一样。外科医师的思维——也依赖高度发展的想象力，这段引用可以清楚地说明：

"（在手术前）你只要走到水槽旁边，在那里你就是你。你有五分钟的时间，你在洗手……这个时间我会把将要做的解剖组合起来……我试图想象我将看到的场景,因为 X 射线已经从正面或侧面获取了图像,我们要以 20 度的角度切入。我试图把这两个视角结合起来在脑海中形成三维图像,并旋转到手术时我会看到的角度。这是有帮助的……"12

在现实世界中,外科医师和艺术家、水管工人一样利用想象力。商业主管在做决定的时候跟消防员和大厨一样利用直觉。实验化学家跟珠宝商、室内装修工人、园丁一样修补和调整他们的设备和理论。当然,就像我们所说的,一些工作比其他工作提供或要求更复杂的学习——但是上述从水管工到专家的论述在认知维度的复杂性上没有体现职业——学术的所有范围。猜想他们做了什么仅仅是一种偏见或智力懒惰的表现。

学术学习能为现实世界的学习提供更好的准备吗?

学术学习培养的技能能使你成为一个更好的学生——就像商业与技术教育委员会(BTec)中的"健康和社会照顾"要使你很快学会怎样管理一群有中等学习障碍的年轻人一样。学习做一些事情可以帮助你做得更好;但是对你做好其他事情没有太大帮助。我们缺少证据证明,学术学习比实践或职业学习在解决问题或终生学习方面能提供更好的准备。学术能力像照顾别人的能力一样是一种特殊的天赋。实际上,当你在酒馆与人辩论或在餐桌旁讨论下个暑假的时候,在学校和大学所追求的学术学习似乎很少有助于你清晰和严格的思考。医学学术的考试成绩与他们当医生时的技术没有太大关系,学业分数高的航空管理员比分数低的人工作表现差。[13]那种认为学习历史、数学或拉丁语能提供有力的、普遍的智力训练的观点只是一种信念,不是证实的事实。甚至相反,有证据显示,实践的、身体的学习和问题解决学习可能是有用的、可迁移的思维习惯的更好的孵化器。[14]

"职业学生"比学术学生能力低吗?

旧观念认为职业教育永远是第二个选择。学生选择职业道路(通常在 14

岁)是因为他们在学术学习上"不够聪明"。如果他们够聪明的话就继续学术学习了——所以才有了这个故事。然而,至少还有两个原因使他们选择职业道路。跟阅读、写作、思考和讨论相比,他们可能更喜欢实践和手工活动;他们可能发现与考试获得 A 等相比,他们能从做事情中获得更大的满足和自豪。或者,他们已经等不及离开学校进入拥有权力和责任的成人世界了,职业道路能更快地提供这个机会。威廉姆·理查森(William Richardson)总结了这三种观点:

> "很多年轻人想通过这个最早的机会离开学校。他们讨厌校服;他们觉得幼稚;他们知道成人的世界就在学校外面,急切要加入。这不仅是他们的兴趣和智力的问题;职业道路看起来是可以满足他们急切期望的路径。"[15]

不幸的是,没有研究可以告诉我们这三种原因的比例。可以肯定的是,在学术天赋和职业天赋的疑惑上,很多年轻人被错误地贴上了"能力低"的标签。结果,喜欢手工劳动的人和急切地想被当作大人看待的人被不公正地指责为"不聪明的"。"低质的教育"不仅在科学和教学上不好,在道德上也不好。

结论:改变智力的概念

这些不同种类的研究有助于扩大我们关于智力的观点。[16]

智力上的"聪明"——混合了抽象的理性、言语的敏捷、广泛的知识和"有趣的观点"——被证明不是智力的全部;这是一种特殊的智力,就像其他种类的智力一样有它的用途和局限性。人们常说的一些人"一部分很聪明"现在有了科学的依据。

一些研究者回到关注智力的深层含义上来——有些类似苏格兰语中的"机灵的"(gumption)。在《剑桥高阶词典》中定义"机灵的"为"在一定情形下决定用精力和决心做正确的事情的能力"。例如,罗伯特·斯腾伯格(Robert Sternberg)现在认为智力的根本不在于推理和辩论,而是在特定的情况下完成那件事情。智力是我们在特定时刻,特别是常规做法和习惯不顶用的时候,协调我们需要做的和我们能做的这一过程。智力是综合了我们的关注、能力和机会的东西。[17]

在认知科学的术语中,现实世界的智力是综合的和内隐的。它能读懂情况并能清晰活泼地带来实现目标和兴趣的技能和经验。我们一边做事一边思考,我们的思维与我们的所见、所感、所做相联系,这个过程被一些科学家称为"正在思维者"。[18]思维是理发或寻找燃气管、污水管堵塞过程的一部分。主厨和照顾者需要一直思考,而且他们的思考是复杂的、细致的和恰当的。《用双手劳动》的作者马修·克劳福德曾经做过政策书虫和摩托车修理工,他的书是对手工劳动智力的深思。他说:"在车子修理店的工作比我之前的工作思考得多。"——并且他认为这种思考来得更好、更智慧、更复杂。[19]例如,在为会议或讲座写论文时发生的大部分脑力工作仅仅是描述和争论已知的观点。经历过"反-动手主义"的人虽然会觉得克劳福德的说法很荒谬,但用谈论和写作谋生真的不需要太多的智力。[20]

在现实世界中,我们很少需要停下来质疑IQ测试需要的能力,教育家经常不能成功地告诉学生什么时候需要这样想,什么时候不要这样想。例如,已经证明理性思维只有在所需考虑的因素少的时候才起作用。[21]当我们做真实而麻烦的事情像设计花园或决定提供哪个公寓时,更明智的做法是关注我们的直觉而不是单靠理性分析,因为对于逻辑工作来说,首先要做的是把问题缩小到可以解决的范围,当这样做的时候,有歪曲和过度简单化问题的危险。

合理利用时间让大脑综合所有因素应对情况也是智力的表现——而IQ测试和期末考试仅仅能衡量我们在压力下能做到多好,那是一种很不一样的技能。[22]这也是为什么有人的IQ分数并不能代表他们在实践情况下的应对能力。[23]我们都知道很聪明的人往往缺乏生活常识。然而在公民考试中没有测试常识。"机灵的"这个词来自中世纪的英语"gome",表示"注意、留心、拥有当下的心智"("gormless"是"机灵的"的反义词)。

总之,看起来有理由认为"双手灵巧"是真实智力的一种合理形式。当我们这样定义的时候,整个传统定式和假设看起来并不像我们之前认为的那样稳固。有很多理由可以肯定,实践的和职业的教育应该开始得到它确实值得的真正的尊敬。

(陈　凡　译)

注释

1. 在这篇短文里我们忽略了工程、医学、建筑等"中间的"东西。它们有很多体能或实践的构成,但是也有很高的文化要求和相关的学术研究机构。
2. Department for Education(DfE)(2011) *A Framework for the Curriculum*: *A Report by the Expert Panel of the Curriculum Review*. London: HMSO.
3. Sommers, F. (1978) Dualism in Descartes, in M. Hooker(ed.)*Descartes*. Baltimore, MD: Johns Hopkins Press.
4. Damasio, A. (1995) *Descartes' Error*. New Cork: Quill. For the history, see Dodds, E. R. (1951) *The Greeks and the Irrational*. Berkeley: University of California Press; Claxton, G. (2007) *The Wayward Mind*. London: Little Brown.
5. 克里斯多夫·福莱因先生,皇家艺术学院院长,2004 年 6 月 29 日在监护处的访问。
6. 这个理论被广泛教授和引用于商业"学习和发展"事务,虽然它的确切出处还不确定。
7. See, for example, Damasio, A. (2011) *Self Comes to Mind*: *Constructing the Conscious Brain*. New York: Pantheon; Tucker, D. (2007) *Mind from Body*: *Experience from Neural Structure*. Oxford: Oxford University Press; Pfeifer, R. and Bongard, J. (2007) *How the Body Shapes the Way We Think*. Cambridge, MA: MIT Press.
8. 这里提到的研究更多的详见 Claxton, G. (1997) *Hare Brain, Tortoise Mind*: *Why Intelligence Increases When You Think Less*. London: Fourth Estate.
9. Mike Rose(2004) *The Mind at Work*: *Valuing the Intelligence of the American Worker*. New York: Penguin.
10. Sennett, R. (2008) *The Craftsman*. London: Allen lane.
11. Molyneux-Hodgeson, S. (1999) IS authentic appropriate? In J. T Leach and J. Paulson(eds *Practical Work in Science Education*. Amesterdam: Kluwer.
12. Brown, C. (2001) *The cutting edge*: *performance psychology with surgeons*. Paper presented at the American Psychological Association Annual Convention, San Francisco, 17–20 August.
13. Perkins, D. N. (1985) Post-primary education has little impact on informal reasoning, *Journal of Educational Psychology*, 77(5), 562–71; Wingard, J. R. and Williamson, J.W. (1973) Grades as predictors of physicians' career performance: an evaluative literature review, *Journal of Medical Education*, 48(4), 311–11; Berg, I. (1970) *Education and Jobs*: *The Great Training Robbery*. New York: Praeger.
14. See Sennett, op. cit.; Rose, op. cit.

15. Williamson, R. (2010) Quoted in B. Lucas, G. Claxton and R. Webster(eds), *Mind the Gap: Research and Reality in Practical and Vocational Education*. London: Edge Foundation.
16. See Lucas, B. and Claxton, G. (2010) *New Kinds of Smart: How the Science of Learnable Intelligence Is Changing Education*. Maidenhead: Open University Press.
17. See, for example, Sternberg, R. (2000)(ed.) *Practical Intelligence in Everyday Life*. Cambridge: Cambridge University Press.
18. 城市词典(www. urbandictionary. com/define, php? term = Thinkering):"通过修改问题相关的对象思考问题……通常是探索问题或寻找其他解决途径的好方法。""正在思考的人"这个词是翁达杰 M. 杜撰的(2004) *The English Patient. London*: *Bloomsbury*.
19. Crawford, op. cit., p. 27.
20. Claxton, G. and Lucas, B. (2011) Anti-manualism, in J. Mullen and C. Hall(eds) *Open to Ideas: Essays on Education and Skills*. London: Policy Connect.
21. Dijksterhuis, A. and Nordgren, L. (2006) A theory of unconscious thought, in *Perspectives on Psychological Science*, 1(2): 95 – 109.
22. Stanovich, K. (2009) *What Intelligence Tests Miss*. New Haven, CT: Yale University Press.
23. Scribner, S. (1984) Studying working intelligence, in B. Rogoff and J. Lave(eds) (2000) *Everyday Cognition*. MA: Harvard University Press.

第三章 学校中的能力分组

埃德·贝恩斯

导言

有关学校怎么组织学生的讨论经常会引发家长、教育者和政治家的强烈回应。是把学生安排在不同年龄的班里还是男生一个班、女生一个班,经常会引起许多人支持或反对的言论。但是最受关注的争论就是是否应该根据学生的能力进行分组。重要的是,从一开始我们就要注意"能力"是不容易评估的,也不大可能成为能力分组的依据。他们反而通常是根据学业测试的成绩或根据一个或多个课程领域的"感知"能力分的。"成绩分组"虽然可能更符合,但因为通常情况下教育中使用最多的是"能力分组"这个术语,所以我们这章中会继续使用"能力分组"这个词。

这章我们将思考学校中那些支持能力分组的实践,思考支持以及反对能力分组的论据。在有关学生学业成绩和学生特点方面,有些研究评估了不同形式的能力分组。本章对这些研究结果做了总结,思考了能力分组中教师、教学和教师期望是如何变化的,并把对能力分组实践一些总结展示出来。

能力分组的基本理论

在过去 20 年里,英国大多数议会选举前期,政客们就会提出"能力分组"这个话题,倡导提高教育水平,选举期间提出的次数更是频繁。这样的立场可能是基于这种观点,即能与选民产生共鸣。[1] 同理,右翼媒体,因对当前的教育体系和低标准不满意，经常指责进步性的混合能力教学（progressive mixed ability teaching）。人们经常会理所当然地认为能力分组教学是一种"万能方案"（silver bullet），它能使学校和老师返回到基础教学。米内特·马林（Minette Marrin）[2]在星期日泰晤士日报上的报道说："与40年来的教规完全相反的是，所有的迹象都表明：认真地进行能力分组教学对所有孩童最有益……是时候强迫所有学校认真地面对能力分组教学了。"然而，接下来，我们将会在本章看到，研究证据却表明了一种相当不同的观点。

可是为什么不根据学生的能力来分组呢？以能力为基础给学生分班，这种想法感觉上可行。如果我们根据学生的能力水平和需求量，给班级配置资源、安排有教学专长的老师和给予学习支持等等的话，所有水平成绩的学生当真就能受益匪浅吗？此外，支持能力分组的人认为，能力分组会使教学变得更加容易：它可使教学方法和风格适合学生的需求；可减少教学枯燥、易于维持学习动机；可鼓励能力较弱的学生克服胆怯，积极参与，全心投入；还可有益于能力较高的学生，因为他们不再被差生拖后腿。

然而，反对能力分组也有许多。珍妮·奥克斯（Jeannie Oakes）在她的书《跟踪》[3]第二版中就有详述，非常值得关注。基本上，她主要担忧能力分组会造成教育不公平，特别是获取课程、学习资源和教育专家时的机会不同。书中，她还关心低能力组学生的羞耻感（某种情况下也会出现在高能力组）；最重要的是，她还关心"能力分组也往往会在无意中以学生的社会阶级、种族和性别为根据"的那种可能性。这也就是说，低能力组会更多地集中一些少数民族的学生，或是集中社会经济背景较差的学生，或是集中男生。能力分组也许会起到保留或者扩大教育不公并加强现有社会分流的作用。

能力分组的类型

按能力分组是一种选择形式，这种形式可在学校系统内不同组织水平下实行。在学校招生这一层面上，有些学校有少许选择权。学校招生区社会经济结构不一，如果和能力分组一起，就意味着，校内学生之间能力和社会经济地位的变化范围会更加均匀，甚至在分班前。[4,5]但是本章我们更关注校内能力分组。

在英国,"情境能力分组"(setting)、"班内能力分组",以及较少使用的"能力分组"(streaming),是校内进行能力分组的主要形式。[6]但是不同叫法的意思,让人非常困惑。"能力分组"(streaming)[美国用"能力分组"(tracking)]是指,对大多数或所有的课程来说,根据学生的整体评估或综合能力分班。在美国,能力分组(tracking)是指不同方向(track)的学生学习的课程截然不同。在英国,学生们学习的课程,通常大致相同,但是在高能力班,学习的速度更快、内容更深。

"情境能力分组"(setting)是英国很常见的一种能力分组形式[在美国有时指"重组"(regrouping)],是指把能力水平相当的学生分成一个班,学习某种特定领域的课程。相对于能力分组(streaming)而言,情境能力分组(setting)中的分班(allocation to sets)是以某种特定课程领域的评估为依据,而不是以整体能力的评估为依据。情境能力分组(setting)不仅可让学生组成不同能力组学习不同的主题领域,也意味着这些学生可在混合能力组班中学习课程的其他部分。

"班内能力分组"是指在班内组成能力小组,学生可接受适合他们特定感知能力的教导、工作和学习任务。最后,还有"混合能力分组"(有时指"同班异质分组"),这样,班或组往往能反映出学校新生的学术差异。

这些分组类型,绝不可相互排斥,有的可以结合。比如,班内能力分组,在能力分组(streams),情境分组(sets)或混合能力班都可运用。事实上,早期有研究把"同质能力分组"与"同班异质分组"加以比较,有人指责说,所谓混合能力班经常会涉及班内能力分组,并因而很少实施混合能力班的教学。

能力分组与学生学业成绩

那么,研究证据会告诉我们能力分组对学生的学业成绩和进步的关系是什么呢?过去40多年里,许多调查研究和系统评价,一起显示着结果。最近,已有大量国际性研究者,去许多国家的学校调查能力分组对学生的学术成就的影响。正在开展的国际学生评估项目(PISA),每三年举行一次,对经济合作与发展组织国家(OECD)和(non-OECD)里许多15岁的儿童进行阅读、数学和科学评估。这些研究不止一次发现:进行能力分组的学校越多,学生学业的整体成绩就越低。[7]跟许多政客们的看法相反,学校进行能力分组似乎会降低学业成绩。这项调查也强烈表明：系统中已有的社会经济状态(SES)不同，能力分组反而会加剧教育不公平，这跟珍妮·奥克斯(Jeannie Oakes)提出的看法一致。

PISA 研究已发现，儿童越早经历教育系统中的能力分组，在社会经济背景好和坏的儿童之间，成绩差距越有可能变大，一点也不利于提高整体成绩。也就是说，比如，高能力的学生所取得的收获被低能力的学生所造成的损失抵消了。差距之所以出现，是因为低能组很有可能会集中更多社会经济背景差的学生，而高能组很有可能会集中更多社会经济背景好的学生。无独有偶，有人对校校之间进行研究后，报道了相似的结果(在这些系统中，跟在以前英国文法学校和中等技术学校的系统一样，学校通过能力选拔学生)。[8]学者在 PISA 最新研究中总结到：

>"一般来说，那些通过高度分化学校机构，严加区分等级水平和类别，以满足不同学生需求的学校系统，没有成功取得良好的整体效果，甚至某些方面这些学校系统取得的成绩低于平均水平，更加剧了社会不平等(p. 13)。"

PISA 研究范围广、程序复杂，分析数据时，对一系列潜在的相关因素都加以处理。然而，这些因素又受到很多方面的限制。首先，这些研究数据需要一次性收集。这就意味着，这些研究不能检测到能力分组对学生进步的持久影响，也不能在能力分组与成绩之间建立真实自然的关系。更进一步说，其局限之处是他们只能对能力分组的主要类别做出广泛的说明，但察觉不到系统内以及实践中的细微区别。在检测能力分组对成绩的影响中，PISA 研究比较了两组学生的表现，一组是在所有课程领域都进行能力分组的学生，一组是只在某些课程领域或一点也没有进行能力分组的学生。因此，这些发现也许跟英国的教育系统关系并不大，因为在英国，在所有课程领域进行能力分组的学校数量可能不多。另一个缺点就是各国使用各种各样的系统和方法，妨碍能去确定那些解释影响的因素。上述局限说明：严格控制下进行、观察长期的发展，以及注重评估一个国家内能力分组的影响，这些都很重要。这类研究很多，大部分都是美国和英国做的，大量荟萃分析和强有说服力的结论，是在 20 世纪 80 年代和 90 年代初。接下来几节中有些发现，是把那些分析的结果按能力分组的类别进行组织，可以说是距今较近的研究。

42 能力分组

最近英国的调查表明,小学采用能力分组(streaming)的数量,远比以前人们认为的要多得多。有超过16％的学生按能力分过组(streaming)。[9]鲍勃·斯拉文(Bob Slavin)整理出"最有说服力的"证据,其中有14份调查研究把能力分组(steaming/tracking)和小学水平的异质班(heterogeneous classes)进行对比。他总结道:能力分组对成绩没有影响。[10]

在英国中学,能力分组(streaming)盛行于20世纪70年代前,但衰落于80年代。90年代的数据表明,大约有11％的学校有过能力分组(streaming),这是有据可查的。较新的数据估算到这个比例已再一次上升,尽管目前还不确定具体上升了多少。[11]斯拉文(Slavin)整合了29份有关中学能力分组的研究后,同样认为,不同于混合能力组,同质能力分组在任何课程领域对成绩都不产生持久的影响。事实上社会研究发现其还造成了点负面影响。[12]相似的是,若按能力分组来区分数据的话,没有胜出组。早前,库里克和库里克(Kulik, C. -L. and Kulik, J.)[13]对51份研究荟萃分析时,也发现能力分组(streaming)对学术成绩几乎没有持续的影响,而且整体平均影响可以忽略不计。然而,研究天才学生那样相当具体的项目时,还是有些积极作用的,只是这些积极作用好像是因为那些学生拥有非常广博的课程知识,却跟班级分组无关。后来,库里克和库里克(Kulik, J. A. and Kulik, C. -L.)[14]对一些不同的能力分组形式进行荟萃分析。他们在结果中指出,能力分组(streaming and setting)对成绩几乎没有影响,除非教学经验保持不变。这与上述解释相一致。若教学经验因能力分组而变,那么能力分组的效果会更显著,尤其是对高能力的学生来说。

43

自从这些荟萃分析应用以来,大量自然研究(在自然环境中观察人的一种方法)对能力分组(tracking)进行调查。能力分组(tracking)是指班内也使用跟学生能力相匹配的不同课程。这样,能力分组会有益于高能力班的学生,而低能力的学生表现就差太多,事实上低能力的学生在混合能力组班时就会好很多。[15,16]这些调查结果跟PISA研究的结果差不多。这些影响几乎可以完全归因于两个方面,一是班级的能力分组;二是,通过不同途径获得了十分丰富并不断深化了的课程知识。

情境能力分组

相对来说,很少人研究情境能力分组(setting)或重组(regrouping)对学生学业成绩的影响,很大程度上是因为在美国以及先前在英国(直到20世纪70年代早期)使用最广泛的是能力分组(tracking and streaming)。情境能力分组(setting)这种方法有个优点:能更精准地进行分组,从而适合已有的教学水平,尤其是当不同组间的课程设置和教学进度差不多时,其在任务再分配上具有灵活性。

自1997年发表《追求卓越的教育》白皮书(Excellence in Schools White Paper)以来,所做的研究都表明:在英国小学,数学学科上最有可能使用情境能力分组(setting),其次是文科(literacy),然后是科学学科。[17] 最近的一项研究表明,数学学科或文科或这两科上进行情境能力分组(setting)的小学生占37%。[18]

斯拉文(Slavin)在整合最有力的证据中发现,一些有关小学进行重组(regrouping setting)的结果是不确定的,很大程度上是因为审核中有些研究没有达到方法上的严格要求。然而,他检查的七项研究中,有5项显示能力分组对阅读或许也对数学有积极作用;有1项显示了混合能力分组的积极作用。斯拉文(Slavin)总结道:当教学大体上调整到适合学生的能力水平时,重组(regrouping)才会有效,否则毫无作用。他分析了14项评估"乔普林计划"(the Joplin Plan)影响的研究,进一步证实了这个结论。"乔普林计划"是一种根据成绩、忽视年龄进行分组阅读的形式,因而班里学生一起工作时,年龄可能差距较大。斯拉文(Slavin)报道,这种形式的能力分组,整体效果明显,影响数值提高了差不多45。这些研究质量可靠,全都保存了至少一年以上,有的甚至三年,因而排除了做法新颖所致的可能性。

对英国小学进行情境能力分组(setting)的研究,很少是有影响力的。一项对14 000个7岁到9岁的学生进行大规模的研究表明:混合能力班的所有学生的数学成绩,比那些根据能力进行情境分组(setting)的学生的数学成绩,要好得多。[19]

情境能力分组(setting)是英国中学使用最普遍的一种能力分组形式。这种形式的使用在20世纪80年代期间开始增加,估计到90年代初,超过80%的学校在第三个关键阶段末,在至少两个课程领域使用情境能力分组(setting);有63%的学校在至少四个课程领域使用。较新的调查表明11岁至16岁的学生中有94%在某一课程领域被情境分组过(set);有64%的学生在所有核心课程科目上被情境分组过(set)。[20]尽管情境分组(setting)很流行,但对中学进行情境能力分组(setting)的研究寥寥无几,很大程度是因为这种做法在美国使用不广泛。

朱迪·依里森和苏珊·哈勒姆(Judy Ireson and Susan Hallam)对英国45个综合学校开展了大量有关情境能力分组(setting)的纵向研究,涉及6 000个学生。他们对比了两组学生:一组是混合能力班的学生,另一组是不同水平上进行情境能力分组(setting)的学生[从在少数学科上进行情境能力分组(setting)到在多学科上进行情境能力分组(setting)]。他们发现,小学毕业时,若对学生们的社会经济背景和成绩加以控制,在全国性数学、英语、科学的测试时,情境能力分组(setting)对13—14岁的学生以及后来他们15—16岁时的成绩影响甚微。[21,22]然而,低能力的学生若经过能力分组的话,在第三关键阶段(13—14岁)结束时,跟混合能力班的学生相比,在数学方面,退步很少;高能力的学生若经过情境分组(in the sets)的话,跟混合能力班的学生相比,在数学方面,进步不大。同样,迪伦·威廉和汉娜·巴顿霍尔姆(Dylan William and Hannah Bartholomew)研究了6所中学后报道,在高能力组和低能力组间有相似的离散度。高能力组的学生进步得越大,低能力组的学生退步得也就越大。[23]

班内能力分组

许多研究人员把注意力集中在对能力分组(streaming and setting)作用的研究上,就在最近,人们开始有兴趣研究班内能力分组。尤其是自20世纪90年代后期读、写、算策略(the literacy and numeracy strategies)问世以来,班内能力分组主要用于英国小学,是一种用来做区分的形式。

班内能力分组(Grouping practices within classes),相比之前讨论的其他能

力分组,拥有许多优势。班内能力分组的主要优势是它跟学习和教学目标密切相关。班内分组活动在多重任务分配时,更加灵活,并为维持老师和同学之间的互动创造更多机会。越来越多的人有兴趣研究班内能力分组的本质,并希望以此来实现不同的教学目标和学习目标。[24]

英国小学班内能力分组的使用数据表明,大约60%的学生是跟其能力差不多的同学坐一起的。班内能力分组更有可能运用在核心课程领域,但即使在非核心科目上也有大约50%的学生被能力分组。在中学班内能力分组的倾向不明显。[25]

班内能力分组对小学的影响,已成为大量荟萃分析的对象。这些分析往往暗示着:班内能力分组相较于不分组或混合能力分组,对学生成绩的影响一般。尤其在使用加强课程(an enhanced curriculum)(比如用于天才学生)时就是这种情况。斯拉文(Slavin)指出,总共八个研究中,在小学进行班内能力分组的话,数学成绩会提高大约34分,其他学科的成绩也是如此。然而,所涉及的研究整体数量少,这类研究结果很难推广。有一项分析中,易普英·露(Yipping Lou)和他的同事指出,不管是同质班内能力分组还是异质班内能力分组,学生在数学和科学课上收获相当,但是却发现能力分组对阅读教学的作用不错。[26]低能力的学生似乎更受益于混合能力分组,而高能力的学生在两种分组中受益都多,这个发现类似于其他有关能力分组的发现。不幸的是,支持班内能力分组的证据变化较大,有的发现作用显著,有的发现作用不大。这些结果之所以变化大,可能是因为分组的目的不同。比如,在某些情况下,能力分组的学生可能要独立完成任务,而在有些情况下,学生可能是在老师或成人的指导下完成的。班内能力分组还适用于同龄间的合作学习[包括朋辈导修(peer tutoring)、合作和协作学习]。这些不常使用的策略涉及学生辅导、互相帮助和支持,或者像团队的成员一样合作、像成年人一样独立完成。这种情况下,尽管有人建议,尝试减少组内成绩波动会管用,但是在学术和社会原因的作用下,人们会首选混合能力分组。加州大学的诺琳·韦伯(Noreeen Webb)建议,在学生合作或协作活动时,在严格的能力分组或非常广泛的混合能力分组中出现的问题,可通过把中等能力的学生和低能力的学生以及中等能力的学生和高能力的学生混合起来加以克服。[27]这种方法意味着,较有能力的学生不会因必须与能力较差的学生合作而沮丧;意味着能力较差的学生不会因所处的环境而胆怯。但是最重要的是,这种方法能确保组内能发表许多观点、能理解概念,从而使学生们互相学习。

混合能力的分组提倡同伴间的阐释以及共同讨论——这些都是培养高水平理解力和高级思维能力的必备因素。[28]同质能力分组不大可能促进这些形式的讨论,可能是因为所有参与者有着相似的理解或者他们认为其他人也是那样想的。

对成绩影响的总结

因此,目前为止,证据表明,仅靠能力分组(setting or streaming)对学业成绩的影响,与异质能力分组相比,往往不会更好。只有当教育工作者开始把能力分组和不同内容的课程或和不同的教学方法结合起来的时候,能力分组才会有作用。重要的是,总体平均效果(对所有学生而言)似乎可以忽略不计,或反对能力分组。然而,对特殊群体学生的关注表明,高能力组得益于丰富多样或广泛深入的课程。更令人担忧的是,能力较差的学生在课程调整后受到了负面影响。但是当学校和老师努力为满足所有能力的学生的需求时,结果为何会是这样呢?我们将在下一节探讨部分研究结果和原因(the suggested reasons)。

能力分组的其他影响

大量的研究发现,当系统进行恰当的能力分组时,其他因素会发生改变。这些研究也许解释了一些跟学生学业成绩和进步有关的不同发现。鉴于上述结论,要想找到能解释一些对成绩产生不同影响的因素,在努力的过程中,一个有用的方法是,去考虑能力分组是如何影响学校以及教室环境中的其他因素的。

教学和学习

课内教学和学习的本质,在高能力组、中等能立组和低能力组间,变化可能会很大。当然,这是同质能力分组的一部分,备受争议的是,这也是尝试着战略性部署资源,适应可使不同能力的学生效益最大化的实践的一部分。然而,一些研究表明，这些好的出发点的结果却是，教学和学习活动质量的参差不齐。

许多研究强调，低能力组的教学，水平低，概念差，本质零散(conceptually weak and fragmented nature)。其工作比较结构化、速度缓慢、步骤重复，因而对需要教育启发的人来说甚是乏味。乔·博阿乐(Jo Boaler)和他的同事们深入六所学校，研究对数学学科的能力分组。他们发现低能力组在活动时很少使用分析技能，或很少培养创造性或独立性。相比之下，高能力组的学生，会收到持久不断的反馈和互动教学，从事有利于培养分析思维能力的挑战性活动。[29] 也就是说，高能力组覆盖课程的速度太快，结果学生很难对材料进行详细的或深刻的理解。

能力分组(streaming or setting)的一个主要优势就是它能使课堂教学更具整体性，从而对教师而言，教学计划更简便。但是一个班里的学生水平正好相同的现象是少见的，一刀切的教学方法会阻碍一些学生的进步，也会超出一些学生的能力。如果有的学生主要在传统教法下学习，而不是在个性化教学和班内能力分组的情况下，这种做法可能会导致学生组(sets)间学业成绩的差距更大。因为有太多东西要追赶，组间(sets)的差距让学生的上进变得更加艰难。

另一个问题就是，学校往往把最有学识和经验的老师分到高能力组，把学识少或经验不足的老师分到低能力组或问题班。[31,32] 表面上看，这种做法无可厚非，没有必要把学识最少的老师分到学生能力最高的班。但是富有经验和学识的老师具有进行创造性和启发性的教学经历，较差能力组的学生将会受益更多。这样的老师还能更好地掌握管理行为的策略，对于经常出现在较差能力组的问题学生，这样的老师更懂得吸引他们的注意力。[33]

教师的期望

另外一个可以解释高能力组、中等能力组和低能力组之间学生会有不同经历的原因是学校和教师期望。[34] 学校的期望体现在课程和考试要求上。例如，在英国，高能力组(streams and sets)提前一年参加一些学科的普通中等教育证书(GCSR)考试是很常见的现象。同样，学校向较高能力组(streams and sets)间接传达了高度重视他们的信息。毋庸置疑，这些较高能力组的学生在学校会更加活跃,潜意识中对学校有一种更大的归属感。

老师的期望比较集中、具体和情境化,通过在班内师生互动传达出来。这些期望可能会对学生的勤奋和动机产生重大影响。一些学生会在高能力组中那种风险高和竞争大的环境中蓬勃向上发展,而有的学生却无法承受那种高压力和注意力的高度。同样,一些学生会因中低能力组中的低期望而精神懈怠,最终没落。

老师的期望也会体现在教师所采用的教学实践中。期望越低,教学活动可能越没有活力,越没有吸引力。这个讨论特别重要的是,把学生放在高于其能力水平的组中(sets)比把学生放在跟其能力水平相当的组中,进步得更多,这个发现引人注目。[35]另一方面,若不考虑学生的成绩水平,把他们放在低于其能力水平组,往往会减少他们的进步。这种影响的原因可能不止一个,不仅包括老师的期望,还包括学生自己的期望、动机和自我意识。然而,这些发现说明处置不当会导致不良影响。

学生的友谊,自我意识和态度

能力分组能够影响学生学业成绩以外的其他方面,包括他们的自我概念以及对自己能力的看法,他们的期望和职业抱负,还包括他们与同龄人之间的关系、友谊,他们的价值观、态度和行为。[36]

能力分组备受争议的一方面是它能影响学生交友的对象。在中学,青少年经常向身边接触的同龄人求助,询问对方怎么看待自己、该怎么做好以及他们是怎么看待学习和学校的。40年前有种理论提出,能力分组会在高和低能力班之间不断地引发他们对文化态度的两极分化。[37]尽管同学们倾向于寻求志同道合、有着相似社会和经济背景的同龄人,甚至是在混合能力班内,但是,班级间的能力分组,尤其是按能力分组(streaming),更有可能造成这种两极分化。因为两极分化会产生适得其反的结果,抵抗学习的同龄人文化、恶化不良行为并将最终导致对学校的疏远,所以两极分化对较低能力组而言是一个悬而未决的难题。两相对比,人们之所以提倡含有混合能力班的综合学校系统,一个主要优势就是它能使不同社会、经济和种族背景的大量学生聚集在一起。大量的研究表明,在混合能力班里，能力较低的人和捣蛋的人，当出现在能力较高的同龄人面前时，更不可能持有消极的态度或更不可能表现出不良的行为。[38]

结论

近来通过国际学生的比较（international comparison students）发现，能力分组不仅在美国而且在英国已成为许多研究的主题。受到严格控制的研究表明，仅仅能力分组而无其他方面的调整，对学生学业成绩的总体作用不大，比如在课程或教学方法方面。另一方面，国际上自然主义的（comparison studies）比较研究表明，能力分组会在能力组间引发一系列其他的差异，这些差异合在一起会对学生整体平均成绩造成一种有害的结果。对于不同的能力组来说，能力分组对成绩和进步的影响不同。

我们已经看出，课程和教学形式的调整、学校与老师的期望、教师的专业知识以及同龄人的影响这些因素综合起来使能力分组对能力较高的学生有益而对能力较差的学生不利。尤其是存在一个问题，能力分组未能提供克服社会分流现象的机会，反而可以说是加剧了这一现象，因为能力分组无意中会根据学生的社会阶级、种族和性别来组织学生。能力分组降低学校对社会经济背景（SES）低的学生的潜在积极影响。能力分组系统会创造出一个学生很难摆脱的教育路径。学校之间变化很大，有些学校比其他学校在能力分组上可有更加公平和更加灵活的方法，这点很重要。然而，总的趋势是反对班级之间进行能力分组。

由于所有学科上采用过于一般的方法给学生分组，直接限制了学生的进步，而且组组之间的流动缺乏灵活性，分组的不同形式中，尤其是能力分组（streaming and tracking）特别容易出问题。情境能力分组（setting）对学生的水平较在意，但是即使是这种策略也不足以消除进步的束缚，不足以减轻期望的强大作用，不足以避免老师面向平均水平教学的趋势。学生的成绩在组中（stream or set）上下起伏通常只会发生在特定的过渡点，比如学年结束时。那时班级之间可能会有很大差距，还会生出更多的难题。班内能力分组和个性化、差异化教学，无论是在混合能力班还是能力分组班（sets），方法上都具有更大的灵活性和适应性。班内能力分组还可使用替代教学的方法，例如，同龄人之间的共同学习,他们可在混合能力分组的特定水平下有所提高。学生协作学习有很强的科研基础,特别是战略上与其他教学形式结合使用的时候,根本上强调对所有学生的学习价值。[39]

以上结论早有耳闻。我们对能力分组的许多研究,比10年前要完善很多,国际上把学生加以比较的情况也是很早就有。那么,为什么历届政府官员们解决有关教育的许多难题时却一再提倡进行选拔和能力分组(steaming and setting)呢?据现任总理戴维·卡梅伦(David Cameron)所说,那是因为这样的政策虽没有真正足够的实施证据,但却受到家长们的欢迎。更重要的是,当研究证据强烈表明那样会限制学生的进步、加剧不平等、导致学生远离学习时,学校为什么还坚持进行能力分组的实践呢?除了其"常识"的吸引力之外,另一个原因就是,那样实际上也许能使教师的教学和备课更容易些,因为他们只需要教授一个特定水平的学生就好,而不必准备不同层次的教学。此外,学校希望家长们看到它在努力为所有的学生服务。中产阶级、受过良好教育的学生家长,为了他们能力较强、天赋较好的孩子,很可能迫使学校做出特别的举措以支持他们孩子的学习。然而,重要的是要记住,世界上教育最成功的一些国家(如芬兰和日本)大约14年前就避免能力分组了。这些国家不仅竭尽全力鼓励学生努力发挥最大水平(对"有些东西是天生的"这样的观点嗤之以鼻——参见第十二章),而且还尽全力帮助能力低的学生追赶能力高的学生。值得注意的是,这些国家中有很多人都处于社会平等性高的生活中。

所以,如今我们应该怎么做好呢?尤其是如果能力分组保留下来的话,我们需要理解和解决的特别重要的问题是,能力分组系统内为什么成绩低的学生难以取得进展?教导低能力的学生需要新的、创新性的方式(摒弃传统的、循规蹈矩的方式)。我们应对成绩低的学生抱有更大的希望,相信他们能够有所成就。教学策略要能激励人心,引起兴趣。理智上说,我们解决这些问题,需要经验非常丰富且训练有素的老师来教能力低的学生。

我们需要考虑一个灵活的方法代替能力分组,这个方法不会有阻碍或限制学术进步的隐患,但却能适应并支持所有学生的不同学习需求。这种方法也应不过分要求教师。一个重要的变化可能就是,通过更好地运用班内能力分组、分配不同的内容、满足学生的个人需求,来增加灵活性和适应性,以更好地应对不同理解水平的学生。我们要想更好地运用班内能力分组,应让同龄人共同协作,因为当同龄人在行为、动机以及态度上表现出带头作用时,这些方法就能提高所有学生的学习。对特定的科目进行混合能力分班,缩小学生成绩的差异范围,这样分班倒也是一种解决办法。为某一特定的科目把中低能力组的学生组成一班,把中高能力组的学生组成一班,也不失为一种方法。这与一些目前进行能力分组(setting)的学校实践相似。不管怎样,一个重要的改变将会是远离能力为本的课堂组织形式,避免随之而来的贴标签和差别对待;要支持教师(可能通过培训)采用不会限制而是支持所有学生学习需求的教学方法和期望。

(李 玲 译)

注释

1. Mulholland, H. (2007) Cameron promises 'grammar streaming' in schools, *The Guardian Newspaper*, 18 June Available online at www. guardian.
2. Marrin, M. (2005) Improving schools is as easy as c-a-t, *The Sunday Times*, 23 October, Available online at www. timesonline. co. uk.
3. Oakes, J. (2005) *Keeping Track: How Schools Structure Inequality* (2ndedn). New Haven, CT: Yale University Press.
4. Organization for Economic Co-operation and Development (OECD) (2010) PISA 2009 Results(Vol. IV). Available online at www. dx. doi. org/10. 1787/9789264091559-en (accessed 12 January 2012).
5. Schoffield, J. W. (2010) International evidence on ability grouping with curriculum differentiation and the achievement gap in secondary schools, *Teachers College Record*, 112: 1492–528.
6. Benn, C. and Chitty, C. (1966) *Thirty Years On: Is Comprehensive Education Alive and Well or Struggling to Survive?* London: David Fulton Publishers.
7. OECD(2010) *PISA 2009 Results: What Makes a School Successful? -Resources, Politics and Practices* (Vol. IV). Available online at www. dx. doi. org/10. 1787/9789264091559-en (accessed 12 January 2012).
8. Hanushek, E. A. and Woessmann, L. (2006) Does educational tracking affect performance and inequality? Differences-in-differences evidence across countries, Economic Journal, 116(510): C63-C76.

9. Parson, S. and Hallann, S. (2011) The practice of streaming and setting in UK primary schools: evidence from the Millennium Cohort Study, Kohort, Summer, pp. 1 – 2. Available online at www. cls. ioe. ac. uk/downloads/FINAL％20（web）％20Kohort％20summer％202011. pdf (accessed 12 January 2012).
10. Slavin, R. (1987) Ability grouping and student achievement in the elementary schools: a best-evidence synthesis, *Review of Educational Research*, 57: 293 – 336.
11. Ipsos Moris (2010) *Young People Omnibus 2010 (Wave 16): A Research Study Among 11 – 16 Year Olds*. Research report produced on behalf of the Sutton Trust January-April. Available online at www. suttontrust. com/research/young-people-omnibus-2010-wave-16/ (accessed 10 January 2012).
12. Slavin, R. (1990) Ability grouping in secondary schools: a best-evidence synthesis, *Review of Educational Research*, 60: 471 – 99.
13. Kulik, C. -L. and Kulik, J. (1982) Effects of ability grouping on secondary school students: a meta-analysis of evaluation findings, *American Educational Research Journal*, 19: 415 – 28.
14. Kulik, J. A. and Kulik, C. -L. (1992) Meta-analytic findings on grouping programs, *Gifted Child Quarterly*, 36: 73 – 77.
15. Hallinan, M. T. and Kubitschek, W. N. (1999) Curriculum differentiation and high school achievement, *Social Psychology of Education*, 2: 1 – 22.
16. Callahan, A. M. (2005) Tracking and high school English learners: limiting opportunity to learn, *American Educational Research Journal*, 42: 305 – 28.
17. Baines, E., Blatchford, P. and Kutnich, P. (2003) Grouping practices in classrooms: changing patterns over primary and secondary schooling, *International Journal of Educational Research*, 39: 9 – 34.
18. Parson, S. and Hallam, S. (2011) The practice of streaming and setting in UK primary schools: evidence from the Millennium Cohort Study, Kohort, Summer, pp. 1 –2. Available online at www. cls. ioe. ac. uk/downloads/FINSL％20（web）％20Kohort％20summer％202011. pdf (accessed 10 January 2012).
19. Whiteburn, J. (2001) Effective classroom organization in primary schools: mathematics, *Oxford Review of Education*, 27: 411 – 28.
20. Ipsos Mori (2010) Young People Omnibus 2010 (Wave 16): *A Research Study Among 11 – 16 Year Olds*. Research report produced on behalf of the Sutton Trust January-April. Available online at www. suttontrust. com/research/young-people-omnibus-2010-wave-16/ (accessed 10 January 2012).
21. Ireson, J. and Hallam, S. (2001) *Ability Grouping in Education*. London: Chapman.

22. Ireson, J. and Hallam, S. and Hurley, C. (2005) What are the effects of ability grouping on GCSE attainment? *British Educational Research Journal*, 31: 443 - 58.
23. William, D. and Bartholomew, H. (2004) It's not which school but which set you're in that matters: the influence of ability grouping practices on student progress in mathematics, *British Educational Research Journal*, 30: 279 - 96.
24. Blatchford, P., Kutnick, P., Baines, E. and Galton, M. (2003) Toward a social pedagogy of classroom group work, *International Journal of Educational Research*, 39: 153 - 72.
25. Baines, E., Blatchford, P. and Kutnick, P. (2003) Grouping practices in classrooms: changing patterns over primary and secondary schooling, *International Journal of Research*, 39: 9 - 34.
26. Lou, Y., Abrami, P., Spence, J., Chambers, B., Poulsen, C. and d'Apollonia, S. (1996) Within-class grouping: a meta-analysis, *Review of Educational Research*, 66: 423 - 58.
27. Webb, N. M. and Palincsar, A. S. (1996) Group processes in the classroom, in D. C. Berliner and R. C. Calfee (eds) *Handbook of Educational Psychology*, pp. 841 - 73. New York: Macrmillan.
28. Baines, E., Rubie-Davies, C. and Blatchford, P. (2009) Improving pupils group work interaction and dialogue in primary classrooms: results from a year-long intervention study, *Cambridge Journal of Education*, 39(1): 95 - 117.
29. Boaler, J., Wiliam, D. and Brown, M. (2000) Students' experiences of ability grouping: disaffection, polarization and the construction of failure, *British Education Research Journal*, 26: 631 - 48.
30. Wiliam, D. and Bartholomew, H. (2004) It's not which school but which set you're in that matters: the influence of ability grouping practices on student progress in mathematics, *British Educational Research Journal*, 30: 279 - 95.
31. Boaler, J., Wiliam, D. and Brown, M. (2000) Students' experiences of ability grouping: disaffection, polarization and the construction of failure, *British Education Research Journal*, 26: 631 - 48.
32. Oakes, J. (2005) *Keeping Track: How Schools Structure Inequality* (2ndedn). New Haven, CT: Yale University Press.
33. Hargreaves, D. (1967) *Social Relations in a Secondary School*. London: Routledge & Kegan Paul.
34. Boaler, J., Wiliam, D. and Brown, M. (2000) Students' experiences of ability grouping: disaffection, polarization and the construction of failure, *British Education Research Journal*, 26: 631 - 48.

35. Ireson, J. and Hallam, S. and Hurley, C. (2005) What are the effects of ability grouping on GCSE attainment? *British Educational Research Journal*, 31: 443–58.
36. Hallam, S. (2002) *Ability Grouping in Schools*. London: Institute of Education, University of London.
37. Kelly, S. and Covay, E. (2008) Curriculum tracking: reviewing the evidence on a controversial but resilient educational policy, in T. Good (ed.) *21st Century Education: A Reference Handbook*. Thousand Oaks, CA: Sage Publications.
38. Hallam, S. (2002) *Ability Grouping in Schools*. London: Institute of Education, University of London.
39. Baines, E., Blatchford, P. and Chowne, A. (2007) Improving the effectiveness of collaborative group work in primary schools: on science attainment. ESRC Teaching and Learning Reaearch Programme, special issue of the *British Education Research Journal*, 33: 663–80.

第四章　班级规模：小一点比较好？

彼得·布莱奇福特

班级规模问题一直是大量媒体争论与报道的焦点。争论每隔一段时间就有，并且一直都很强烈，有时甚至咄咄逼人。主要有两种反对观点。第一种观点似乎最符合常识。更为明显的是：一个班的学生少对学生和老师来说是不是更好？家长花钱把孩子送到私立学校的一个主要原因就是班级的规模较小。我们期望小班教学能有更好的教学质量，更多地关注学生的个性特征和更高水平的表现。教师们也经常有这样强烈的观点，那就是小规模的班级会使他们的工作更加容易。2009年，据教师与讲师协会（the Association of Teachers and Lectures，ATL）的一项调查发现，几乎所有人都感觉，课堂应该有最多人数的限制，有四分之一的人不能接受目前的师生比，多数人感到，大规模的班级对学生注意力的集中、课堂的参与及教师的工作压力极其不利。2012年1月，全国教师联合会（NUT）主席克里斯汀·布罗尔（Christine Blower）在英国BBC4台谈论了班级规模这一主题，班级规模很重要，因为每一个额外的学生都会增加老师的负担。

这种对小班利益的看法已经影响了政策制定者和政治家们。有些教育家，如美国的查克斯·阿喀琉斯（Chuck Achilles）[1]主张，小规模的班级十分重要，它们应该是教育政策的基石。在香港，由于越来越多的政治压力，政府从2010年10月份起，在小学实施了一项缩减班级规模的项目（class size reduction，CSR）。东亚国家也有缩减班级规模的项目（如中国、新加坡、韩国和日本），同时在美国、荷兰和加拿大也实施了这样的项目。在英国，工党政府已充分说明了班级人数的影响，提出在7岁以下的班级规模上限为30人。苏格兰政府甚至提出班级规模不应超过25人。

但也有人强烈反对小规模班级。政治家和政策制定者有很大的利害关系，因为教师通常代表教育经费的主要组成部分，缩减班级规模，班级的成本大幅提高。在20世纪80年代，为回应教师协会与地方当局的关于缩减班级规模的游说，保守党教育部长热衷于说，班级规模和学生成绩之间没有联系（尽管有人怀疑，他们仍然把自己的孩子送到规模较小的私立学校）。一些政治家和政策制定者担心，教师赞成小班争论更多的是让生活更容易，另外提高教师的数量比提高学生的成绩容易。一些经济学家如艾瑞克·汉纳谢克（Eric Hanushek）[2]已被广泛引用的观点是，提出缩减班级规模不符合公共资金成本效益的使用，钱应该花在其他形式的投资上，尤其应该用在教学质量的提高上。

关于班级规模的争论具有浓厚的政治意味。我已经广泛地研究了这一主题，经常接触到决策者、政治家、教师代表、新闻记者和学生家长。父母经常担心他们的孩子处于一个太大的班级，他们想得到学术上的支持，以此来游说学校及其管理者（我也得到了家长关于他们孩子在一个太小班级的担心和疑问，由于班级太小，班级受到教师的控制，学生也有可能太排外）。政治家、政策制定者、教师联合会和媒体期待关于班级规模效果的研究结果。

在本章中，我将对班级规模效果的相关证据进行评论。我试图回答这个问题：小班对学生和老师比较好吗？我们将看到有两种主要类型的研究：首先是关于班级规模对学生学业成绩影响的研究，其次是关于课堂教学过程调查的研究，如教学与学生的参与情况。我得出我认为是本研究的主要结论。我的观点也基于我在伦敦教育学院我的同事们的广泛研究经验。我认为，一些关于班级规模效果的流行观点并不来自研究证据，但有几个结论可以确定。我还认为，我们的关注点现在需要移动到新政策相关的研究上，我会在本章的结尾加以解释。考虑到本章字数的限制，这是不可避免的选择。因此本章主要集中论述班级规模影响的教育学与教育的蕴涵。论述主要集中在小学和中学的校本研究，很少涉及继续教育和高等教育。

什么是班级规模？

为了研究班级规模的影响，首先最重要的是，我们必须获得班级规模本身可靠的测量。这个过程可能会显得简单，但在实践中却有许多的困难。"班级规模"、学生/教师比（pupil/teacher ratios，PTR）、班级规模缩减（class size reduction）这些术语现在已互换使用。班级规模可能是最明显和容易获得的措施，但任何时候儿童在班级里的实际数量有可能与班级注册的人数是不同的。PTR（学生/教师比）通常是由全日制的在校学生除以全职有资质教师的数量计算得来的，这不同于班级规模，因为他们没有考虑到那些没有与学生接触的教师。鉴于英国学校教学助理人员的巨大增加，计算成人/儿童比可能更为现实（计算时包括教学和非教学人员）。但是，这将把非教学人员等同于教学人员——这是很多教育工作者和研究将面临的挑战。虽然班级规模的数字可能更有助于指导学生在学校的经验，但为了达到某些目的，通常给出的班级规模的学生/教师比数字是不可用的。国际上经常使用的是PTR（学生/教师比）这一术语。

班级规模的特点和PTR的措施是不重要的，因为学生每天经历的班级规模是课堂学习和教学最有影响力的因素。

班级规模对教育结果的影响

首先，也是最常见的是，这种类型的研究已经解决了小规模班级是否会让学生有好的学业表现这一问题。目前已经有很多重要的研究项目和研究评论[3]，本章将汇报一些重要的研究成果和结论。我也利用了伦敦教育学院实施的大型研究项目的成果，这我会在下文中加以交代。已经有四种主要方法加以应用：相关性（correlational）、元分析（meta-analysis）、实验（experimental）和纵向（longitudinal）等研究方法。下面我主要描述每种方法的主要研究结果。

相关/横断面设计

相关/横断面设计（correlational/cross-sectional designs）是最显著的研究方法。一方面它检查班级规模之间的关系，另外它还检测学生的学业表现。这种研究方法在英国早期的研究中常被使用，它还具有经济学家的研究视角。非常有趣的是，与我们的直觉正好相反，这些研究经常发现，大班学生比小班学生表现会更好。但这种研究有潜在的误导,因为我们经常不知道"独立变量"(这种情况是指班级规模)和"结果"(学生取得的成绩)之间的关系是否被另一个干扰因素加以解释。列出三种情况:结果可以解释为,相对较差的学生倾向于在小的班级;在较大的班级,教师被迫改变他们的教学风格;或经验丰富的(可能比较好的)教师被分配到更大的班级。

另一种班级规模和学生表现之间的关系研究是比较各个国家不同班级规模的教育表现。在最近的国际比较中,拥有较大的班级规模的国家——日本和韩国——具有最低的班级规模国家的学生表现水平最高——例如,意大利——有最低水平的教育表现。[4](奇怪的是,拥有最好表现的亚洲国家最近一直在推行小班化教学——部分来自西方国家的证据,结果远远没有那么令人印象深刻!)虽然耐人寻味,这种全球的国际比较有很多很多方面的附加说明(例如,不要控制学生其他的潜在影响因素),然后,往往与直觉相反,结果可能是由于一系列的文化、教育和经济差异造成的。

元分析及其评论

通过研究文献综述获得班级规模对学生成绩影响相关的证据,这是其中的一项主要的工作。研究文献综述有几个不同的类型:叙事[5]、元分析[6]和"最佳的证据"[7]。20世纪70年代,班级元分析研究的成果出版,并有一定的影响。该研究涉及77项研究的结果,并用共同度量去计算每项研究的整体效果。结果表明,对成绩的影响随着班级规模的扩大而降低,班级小于20人时影响最大。然而,结果却难以解释,因为结论必然取决于研究的质量,鲍勃·斯莱文(Bob Slavin)在一份研究中指出,有些结论是可疑的。[8]

另外,经常使用到的评估班级规模和缩减班级规模(CSR)影响的方法是比较它们与其他举措对学生成绩的影响。大量的研究者认为,许多作者的结论是,缩减班级规模没有比其他成本更低的替代改革有效。[9]教育部[10]最近的一项评论得出班级规模影响学生成绩的结论,其中的一项重要争论是小班并不重要。然而,人们要小心这种比较。在一定意义上说,这不是一个公平的试验,即缩减班级规模(CSR)这种教育措施经常被相比较为——正如一对一辅导相比,同伴教学、计算机辅助学习那样——一种独特的教学方法,然而CSR只是限制了一个班学生的人数。作为一个公平的试验,我们还需要考虑到什么样的教学和指导适合不同规模的班级。我在本文的结论会回应这个观点。

实验研究

单相关(simple correlation)研究的难点,就像我们所看到的,它不能克服的问题是外来因素可能解释这个结果。换句话说,它可能是关系到小班或大班中学生(或教师)的类型,这可能解释我们所发现的任何差异。这种观点的另一种解释是不同班级学生和教师的分配可能是非随机的,因此,带有偏见。

为了克服这个重要的问题,有人认为,在使用实验设计时,应把教师随机分配到不同的班级。如果分配是正确的,班级规模与后面不同规模班级中学生学习成绩之间的任何关系必须归因于班级规模而不是其他因素。这种研究在教育研究中是如此地罕见,但这并不奇怪,因为他们带有理论问题(想象一下,必须向父母解释,今年他们的孩子所在的班级比其他孩子的班级要更大)和金融问题(几年前,我和彼得·莫蒂默在英国设计了一个可行的实验研究,但是因为小班就不可避免地雇佣更多的教师并且有可能开办更多的班级,因此会带来高费用)。这是田纳西 STAR 研究取得高姿态的原因之一。主要调查人员包括查克·阿喀琉斯(Chuck Achilles)、杰里米·芬恩(Jeremy Finn)、州政府政客和教师代表,他们启动了一项大胆的实验研究,把学生和教师随机分配到同一所学校三种不同类型的班级中去:"小"班(13—17 人)、"普通"班(22—25 人)以及有专职教师助理的"普通班",这个研究项目涉及 79 所学校 7 000 多名从幼儿园(5 岁)至小学三年级(8 岁)的学生。小班学生的表现明显好于普通班的学生,当四年级学生返回正常规模的班级之后,表现会更好。

STAR 研究项目是一项重要的、及时的研究,它为美国和其他国家大量的教育改革与政策提供了很好的参考。但也有些批评,如研究中学生流失问题,缺乏学生基准的数据、随机分配的试验条件对结论效度的可能影响。后来再分析倾向于支持主要的研究结果。

美国也有几个其他的研究项目(重要的有:SAGE、Primetime 和加利福尼亚研究项目)。其中最强有力的研究是 SAGE,它对学生的学业成绩产生了积极的影响,但研究结果难以解释,因为这项研究涉及学生/教师比例的变化,而不是班级规模的缩减,这只是其中的一个教育干预措施,因此,目前还不清楚是什么影响了学生的成绩。总体而言,这些研究结果并不是最终的结论。[11]

纵向相关性的研究

尽管人们一般认为,他们提供目标标准的证据主要来自社会科学,实验设计也有一些经常被忽视的局限性(如没有涵盖全部的班级规模,分配到小班或大班对参与者态度和行为的非预期的影响等)。另一种可能有效的方法是审视班级规模与学生的学业成绩之间的关系。由于他们发生在现实世界中,要为混淆变量做出调整,如学生之前的成绩、贫困水平、教师的特点等。这是英国大规模研究所采用的方法[班级规模和学生成人比(the Class Size and Pupil Adult Ratio, CSPAR)项目],这个项目是由我本人主持的。这项研究采用了纵向、自然主义设计,研究了班级规模、课堂教学过程,如教学与学生注意力等对学生学业成绩的影响。[12]我们追踪了300多所学校从入学(4—5岁)到小学阶段结束(11岁)的10 000多名学生。班级规模在第一年的时候(4—5岁)对学生的学业成绩的影响最为明显,这不仅表现在读写能力和数学方面,甚至是在调整其他可能的混淆变量之后。班级规模的影响可以与STAR项目进行比较。班级规模与第一年在读写能力进步之间的关系是学生不同的基线水平(顶部为25%、中间为50%、底部为25%)有所改变。随着班级规模越小,所有三个组的学生成绩在统计学上有明显的提高,对基线水平较低的学生影响不大。在第二学年末的时候,对学生识字进步的影响仍然明显,然而在第三学年末的时候,影响就不明显了。班级规模对数学成绩没有长期明显的影响。这个研究结果表明学校早期受益,两年后则遭"淘汰",但班级规模每年的变化却没有受到限制。在其他的研究结果中也发现,学生转到不同规模的班级,特别是更大的班级,这会对学生的学业进步产生负面的"干扰"影响。

虽然复杂,班级规模和学生成人比(CSPAR)在设计上基本上是相关的,因此人们不能完全确定因果关系的趋势。然而,控制关键潜在混淆变量,人们可以相当有信心地得出,研究结果揭示了班级规模对学生成绩的独立影响——那就是,规模越小的班级会使学生取得更好的成绩——此外还有其他的一些因素的影响。

关于班级规模对学业成绩影响的一些结论

现总结一下班级规模对学生学业成绩的影响,这里可以得出几个一般性的结论。

谁受益最大?

正如在 STAR 试验项目和纵向 CSPAR 研究(可能是这个领域最好的设计研究)中所看到的,其中最明显的发现就是班级规模对年龄小的学生学业成绩影响最为显著。研究结果支持第一年缩减班级规模(CSR)。但几乎没有证据表明,班级规模缩减本身对学生以后在学校里的生涯发展有益。

受益会有多久?

存在缩减班级规模长期有益的争论,同时也反映出学前教育长期影响的争论。在 CSPAR 研究项目中,四年干预后,一旦学生重新进入正常的班级规模(也就是三年级后),效果仍然持续。但对 STAR 资料再分析表明,主要影响实际上是在研究的第一年,之后的影响最小。[13] 在 CSPAR 研究中,正如我们所看见的,效果仅在第一、第二年的影响是显而易见的。这表明影响在学校两年后遭"淘汰"。尽管正如上面所描述的,这个研究中的儿童(同 STAR 研究项目比较)每年并没有限制移到不同规模的班级。

门槛效应

经常会遇到班级规模的问题,即是否有一个学生最佳数量影响学生成绩的问题。研究证据的一个常见解释是,只有班级规模小于 20 人时才会有影响。这个观点在 2012 年一月份广播四台"今天"这个节目中再次被讨论。根据研究证据,我认为这种观点是没有道理的。选择 20 个作为门槛似乎起源于格拉斯(Glass)的观点,它受到了广泛的质疑。在 STAR 项目中,班级平均有 17 名学生,而较大的对照组平均有 23 人。难怪班上有 20 人作为一个重要的转折点出现,因为这恰好是 17 人到 23 人之间的中点!17 人的班级在很多国家是不常见的,甚至在美国。另一种方法,正如我们看到的,要检查自然地发生在所有的班级中班级规模的影响,而不是假定的班级,这可能是重要的。CSPAR研究采用了这个研究方法,我们发现在班级规模和学生进步之间的关系基本上是线性的过程(fairly linear),那就是在全部分配的班级中,学生成绩随着班级规模的缩减而增长。结论似乎很清楚:学生中年龄小的学生,班级规模越小越好,没有一个最佳的效果显著的班级规模。我还没有看到班级规模对强度与个性影响临界点任何好的心理动机。不同国家、教育体制和教学方法也会产生不同的影响。总的来说,精确地谈论班级的最佳规模,我认为这可能过于简单化。

班级规模和额外的成年人

目前,很多国家的课堂上除了教师外,还有很多辅助专业人员。在英国,助教(TA)现在占学校教职员总数的四分之一。他们将大部分时间花费在学生多数的教学活动中。[14]因此,我们除了考虑课堂里的教师,还需要考虑这些助教可能产生的影响。虽然正面的研究结果来自助教在特定课程干预中带来影响的研究,[15]但助教影响学生学业成绩的最大的研究却发现一些消极的结果,也就是说,那些最多受到帮助的学生没有那些没得到或很少得到帮助的学生进步大。甚至要控制这样的原因,即学生为什么一开始就被分配得到这么多的帮助(通常体现在最初较低的成绩或特殊教育需求的分类上)[16],这个结论也得到了其他研究结果的支持。因此,似乎额外的工作人员(非教师)不能替代缩减班级规模(CSR)后所需的教师(也可以看看第五章的内容)。

学生"成绩"的测量

大部分关于班级规模的研究主要看学生在阅读与数学主要科目中的成绩。考虑到这些科目在学业进步中的重要性,这种评估模式是可以理解的,但这只能对班级规模影响提供很有限的描述。有人指出,小班教学似乎能促进学生积极的态度、积极性、自信心和独立学习的能力,而不是狭义的学科领域的表现,但学生的这些"成绩"表现很少在研究中涉及。在我看来,缺乏对非学业成绩的关注可能有助于解释为什么不同教师对小班效果(这是基于学生广泛感知的基础之上)和适度的研究结果(大部分聚焦学业测试成绩)的观点是不一致的。

班级规模对课堂教学过程的影响

课堂教学过程的信息受到班级规模差异的影响,这一点很重要,因为没有它,解释学生的学业成绩就有困难,同时也很难为不同班级的实践指导提供最大限度的机会。关于中介过程(mediating processes)的知识可能有助于解释为什么没有发现班级规模的不同与成绩之间的联系。例如当面对大的班级时,教师有可能改变他们的教学方式;例如使用更多的全班教学(whole-class teaching)的方式,并集中在较窄范围的基本话题。结果,学生在这些领域的进步与小班授课的学生可能不一样。另外一个可能是一些教师并没有改变他们的教学方式,而采用小班教学的方式。正是这种不情愿,也许可以解释为什么班级规模大小差异的影响不大。关于调节课堂过程的知识还比较有限,在这方面的很多研究在方法上还有些弱点,这导致研究缺乏明确的证据。[17]

如上所述,我再次利用这些研究证据的评论。证据表明,有两种主要的课堂过程受到班级规模差异的影响:对教师的影响及对学生的影响。

最一致确定的课堂教学过程受到班级规模缩减的影响,这主要表现在个别化教学与个体关注两个方面。格拉斯(Glass)和史密斯(Smith)得出的结论是,较小的班级有助于教师更好地认识学生,师生之间的一对一联系频率也会增大。其他研究也报告说,在较小的班级会得到更多的个别教学与关注、[18]更多的反馈,[19]与教师更好的关系,更好地认识学生[20]以及更多的区别对待。[21]

系统的观察技术允许直接可靠的方法测试教师对学生的重视程度。[22]在加拿大的一项研究中,[23]其中的一项观察用来检测个体差异学生的比例。当班级规模从37人、30人、23人降到16人时,这一比例直线上升。在CSPAP的研究中,采用了大规模的系统化观察,当学生是4—5岁[24]及10—11岁时,[25]他们对全班教学方式和个别化功课有很大的依赖性。小班的学生可能会体验到一对一的教学,并且经常受到老师的关注。在别处,我和同事们推断出,在小的班级,我们可能称之为"教师支持的学习",这种学习的一个主要特色是在小班中采用个别化教学形式。[26]在英国的一项进一步的观察研究中,这个研究结果再次被重复,而且,这种情况一直持续到中学。[27]因此,班级规模与个别化之间的联系似乎是一个重要的发现。也有研究表明,虽然小班不那么强大,但课堂的控制与管理较为容易,来自教师的压力更小,而学生们的学习士气会更高。

有大量的证据表明,学生在课堂上不专心听讲会对学业成绩产生负面的影响[28],从班级规模的研究可以看出,小班的学生把更多的时间花在学习任务上,参与更多,并集中精力于他们所做的。芬恩(Finn)和阿喀琉斯(Achilles)[29]认为:

"当班级规模缩减时,每个学生参与课堂学习的压力会增加,每个学生对老师来讲变得更加突出。结果,学生会得到更多的教学的联系,学生的学习行为也得到了改善。"

杰里米·芬恩(Jeremy Finn)和他的同事们进一步推进这个论据并指出,学生班级管理是重要的过程,这可以解释为什么小的班级会取得更好的成绩,结论就是班级规模影响学生的管理而不是教学。[30]英国最近更多的研究[31]允许对中小学的班级规模和学生的注意力进行全面的检查。有趣的是,班级规模和学生成绩小组对学生行为的影响存在统计上的相互作用(那就是,学生是否来自高、中或低成绩组),从这个意义上说,低成就的学生在大班中可能远离学习任务。反之,对中、高成就学生来讲,低成就的学生在小班中更容易受益。研究文献表明,班级规模影响学生个人注意力与学生的参与。

小班中的有效教学

正如我们所看到的,关于班级规模的影响有两种主要类型的研究,他们已经揭示了学业成绩和班级教学过程之间的关系。如果班级规模缩减将被用来作为教育改革计划,那么重要的是要确保为学生提供尽可能有效的教育。首先我们需要看看在小班中是什么构成了有效性教学。

一种观点是,没有特殊的教学形式。查克斯·阿喀琉斯(Chuck Achilles)坚定地认为,教师不需要为小班教学进行特殊的培训,因为教学的好处是缩减班级规模的自发结果。一句话,小规模班级会让教师教得更好。[32]

然而,一致的证据表明,教师在小班中并不总是改变他们的教学方式,这让我得出这样一个结论:有需要让教师们仔细考虑,他们应该改变他们的做法,以最大限度地减少学生人数。一般来说,小班化有效教学有两种不同的学派。第一种普遍的观点建立在有效性教学基础之上。毛里斯·高尔顿(Maurice Galton)很清楚,"在所有班级,有效性教学原则是相同的"。[33](pp.6-7)同样,另一位经验丰富的课堂研究员,卡洛琳·埃弗森(Caroline Evertson)主张,缩减班级规模(CSR)项目应该注意研究支持解决问题的教学、自主学习策略、以学生为中心的课堂教学及高层次的思维技能等。[34]

可是第二种观点,要对改变小班教学的做法进行具体的指导是有必要的。正如我们已经看到的,这个观点是有证据支持的,如班级规模和课程教学过程之间的一致关系,当教师们面对小班时可能对改变有所抵制等。读者能在很多地方发现小班有效性的教学思想。[35]我和同事主张,根据文献研究,专注于增加个性化与合适的教学战略将特别有价值,但也要保证我们看不到小班所有的好处,如增加个性化教学机会,而不是其他的教学方法。[36]令人担忧的,例如我们发现小班中小组协作的情况较少,这有可能是教师们觉得他们想集中精力最大限度地采用个别化的教学方式。这种做法并不成功,因为研究证据支持采取个别化小组协作,并把它作为每天教学方式的一部分[37],可能把最有效的教学方式引入到小班较少的学生中去(尽管这个建议需要更多的研究)。

需要什么样的研究?

尽管在小班创建有效性教学是重要的,也有可能发现没有帮助的研究。鉴于班级规模庞大的政策与资源影响,这是一个严重的疏忽。但是什么样的研究才算合适?关于缩减班级规模(CSR)效果的结论,正如我们所看到的,这个结论建立在与其他干预比较的基础之上。比如,一对一辅导,在某种意义上,这不是一个公平的测试,缩减班级规模(CSR)像辅导一样,不是一种干预,仅仅是改变一下课堂里的人数,并没有控制住课堂里所发生的。因此,我们需要评估CSR的影响和(尽管独立于)教学的变化。为了承担这项任务,细心的、可控的实验将是有价值的。如果有可能的话,这样的研究应该基于随机分配的基础之上,尽管高品质的准实验设计也将是有价值的。

结论

也许班级规模争论最有趣的特点是专业经验之间的差距往往很大——通常情况下,小班往往会产生更有效的教学和学生的学习——我们所看到的研究证据已经不太清楚类班级规模差异的影响。我们的感觉是这种差距很可能与下述的事实有很大关系,如教师的心中必须有学生的基本特征,这包含学业成绩,同时也包括学生对学习和行为的态度,然而班级规模影响的研究主要是针对学生数学和阅读的考试成绩。

然而,在本章中,我在仔细研究证据的基础上得出结论:班级规模确实有关系,但它必须与学生的年龄有关。小班对学校最小的学生(一直到大约7岁)影响最有益。可能有两个最好的研究设计项目支持这一观点,即STAR试验项目和自然的纵向CSPAR研究项目。因此,一个结论是,应对涉及缩减班级规模(CSR)的年龄分组政策措施加以管理。在写作时(2012年1月),伦敦的一位理事会领导人正在寻求鼓励将关键阶段的学生人数提高至法定上限的30人。面对出生率的上升及来自亚洲国家高绩效的证据,媒体对建立非常大的班级规模也持赞成的态度。我们也看到,在课堂上额外的成年人还没有缩减班级规模(CSR)有效。很少有人支持最佳班级规模(如一个班20人)的想法。

有趣的是,关于班级规模和课程教学过程关系的研究可能比学业成绩更清晰。它表明,影响最有可能表现在教师对学生个体的关注及学生对课堂的参与。有人认为,这些影响往往遵循自然,这来自较少学生的课堂上,并延伸到小学和中学(不同于学业成绩的影响),似乎影响最明显的是低成就的学生。然而,也有证据表明,教师在小班中并不总是改变他们的教学方式,并没有充分利用小班提供的机会,这可以解释一些研究对学生表现的影响相对适度。

最后我想总结我的主要观点,班级规模缩减如果被引入,由于没有关注小班中有效教学的问题,这种益处是不可能最大限度地被利用的。普遍认为课堂规模不重要,但教师素质才是重要的,这种观点过于简单。关于作为缩减班级规模或提高教师质量的选择政策,按照我的观点,我们投资教师培训或学校建筑也不是一种明智的选择:很明显这两者都很重要。

但是，只是缩减班级规模，并希望最好的结果并不可能是有效的。班级规模减小一些努力不会对学生产生明显的影响，这点并不奇怪。现在主要的努力应该是在小班中开发明智的教学改革。有人建议，现在是投资高质量、资金充足研究的时候了，研究将系统地开发和评估缩减班级规模(CSR)教学方法有效性问题，以便判断其实际的效果。这方面的工作已经在东亚国家开始了，但在西方国家还比较缺乏。鉴于巨大的财政和员工利益涉及班级规模的决定，我们可以通过证据数据库得到帮助，这一点至关重要。

（杨光富　译）

注释

1. Achilles, C. A. (1999) *Let's Put Kids First, Finally: Getting Class Size Right*. Thousand Oaks, CA: Corwin Press; Achilles, C. A. (2000) Should class size be a cornerstone for educational policy, *The National Center on Education in the Inner Cities (CEIC) Review*, 9(2): 15, 23.

2. Hanushek, E. (2011) The economic value of higher teacher quality, *Economics of Education Review*, 30: 466-79.

3. Anderson, L. (2000) Why should reduced class size lead to increased student achievement? In M. C. Wang and J. D. Finn (eds) *How Small Classes Help Teachers Do Their Best* (pp. 3-24). Philadelphia, PA: Temple University Center for Research in Human Development and Education. Biddle, B. J. and Berliner, D. C. (2002) Small class size and its effects, *Educational Leadership*, 5(5): 12-23. [Longer review in: Biddle, B. J. and Berliner, D. C. (2002) What research says about small classes and their effects. Part of series *In pursuit of Better Schools: What Research Says*. Available online at www.WestEd.org/policyperspectives or www.edpolicyreports.org] Blatchford, P. (forthcoming) Three generations of research on class size effects, in Karen R. Harris, Steven Graham and Timothy Urdan (eds), *The American Psychological Association (APA) Educational Psychology Handbook*. Washington, DC: APA. Blatchford, P. and Mortimore, P. (1994) The issue of class size in schools: what can we learn from research? *Oxford Review of Education*, 20(4): 411-28; Blatchford, P., Goldstein, H. and Mortimore, P. (1998) Research on class size effects: a critique of methods and a way forward, *International Journal*

73   *of Eciucational Research*, 29: 691 – 710; Day, C., Tolley, H., Hadfield, M., Parkin, E. and Watling, G. R. (1996) *Class Size Research and the Quatity of Education: A Critical Survey of the Literature Related to Class Size and the Quality of Teaching and Learning.* Haywards Heath: National Association of Head Teachers; Ehrenberg, R. G., Brewer, D. J., Gamoran, A. and Willms, J. D. (2001) Class size and student achievement, *Psychological Science in the Public Interest*, 2(1): 1 – 30; Finn, J. D., Pannozzo, G. M. and Achilles, C. M. (2003) The 'why's' of class size: student behaviour in small classes, *Review of Educational Research*, 73(3): 321 – 68; Galton, M. (1998) Class size: a critical comment on the research, *International Journal of Educational Research*, 29: 809 – 18; Grissmer, D. (1999) Class size effects: Assessing the evidence, its policy implications, and future research agenda, *Educational Evaluation and Policy Analysis*, 21(2): 231 – 48; Hattie, J. (2005) The paradox of reducing class size and improving learning outcomes, *International Journal of Educational Research*, 43: 387 – 425; Wilson, V. (2006) *Does Small Really Make a Difference? An Update. A Review of the Literature on the Effects of Class Size on Teaching Practice and Pupils' Behavior and Attainment.* Scottish Council for Research in Education (SCRE) Centre: University of Glasgow.

4. Department for Education (DfE) (2011) Class size and education in England evidence report. Research Report DFE-RR169.
5. Biddle, B. J. and Berliner, D. C. (2002) Small class size and its effects, *Educational Leadership*, 5(5): 12 – 23.
6. Glass, G. V. and Smith, M. L. (1978) *Metaanalysis of Research on the Relationship of Class Size and Achievement.* San Francisco: Far West Laboratory for Educational Research and Development.
7. Slavin, B. E. (1989) Class size and student achievement: small effects of small classes, *Educational Psychologist*, 24(1): 99 – 110.
8. Slavin, B. E. (1989) Class size and student achievement: small effects of small classes, *Educational Psychologist*, 24(1): 99 – 110.
9. Hattie, J. (2005) The paradox of reducing class size and improving learning outcomes, *Internationol Journal of Educational Research*, 43: 387 – 425; Robinson, G. E. (1990) Synthesis of research on the effects of class size, *Educational Leadership*, 47(7): 80 – 90; Slavin, R. E. (1989) Class size and student achievement: small effects of small classes, *Educational Psychologist*, 24(1): 99 –110.
10. Department for Education (DfE) (2011) Class size and education in England evidence

report. Research Report DFE-RR169.

11. Ehrenberg, R. G., Brewer, D. J., Gamoran, A. and Willms, J. D. (2001) Class size and student achievement, *Psychological Science in the Public Interest*, 2(1): 1-30.

12. Blatchford, P. (2003) *The Class Size Debate: Is Small Better?* Maidenhead: Open University Press; Blatchford, P., Bassett, P., Goldstein, H. and Martin, C. (2003) Are class size differences related to pupils' educational progress and classroom processes? Findings from the Institute of Education Class Size Study of children aged 5-7 Years, *British Educational Research Journal*, 29(5): 709-30. Special Issue 'In Praise of Educational Research', Guest editors: S. Gorrard, C. Taylor and K. Roberts.

13. Ehrenberg, R. G., Brewer, D. J., Gamoran, A. and Willms, J. D. (2001) Class size and student achievement, *Psychological Science in the Public Interest*, 2(1): 1-30.

14. Blatchford, P., Russell, A. and Webster, R. (2012) *Reassessing the Impact of Teaching Assistants: How Research Challenges Practice and Policy*. Abingdon, UK: Routledge.

15. Alborz, A., Pearson, D., Farrell, P. and Howes, A. (2009) *The Impact of Adult Support Staff on Pupils and Mainstream Schools*. London: Department for Children, Schools and Families and Institute of Education.

16. Blatchford, P., Russell, A. and Webster, R. (2012) *Reassessing the Impact of Teaching Assistants: How Research Challenges Practice and Policy*. Abingdon, UK: Routledge.

17. Finn, J. D., Pannozzo, G. M. and Achilles, C. M. (2003) The 'why's' of class size: student behaviour in small classes, *Review of Educational Research*, 73(3): 321-68.

18. Bain, H. and Achilles, C. M. (1986) Interesting developments on class size, *Phi Delta Kappan*, 67(9): 662-5; Harder, H. (1990) A critical look at reduced class size, *Contemporary Education*, 62(1): 28-30; Turner, C. M. (1990) Prime time: a reflection, *Contemporary Education*, 62(1): 24-27.

19. Bain, H. and Achilles, C. M. (1986) Interesting developments on class size, *Phi Delta Kappan*, 67(9): 662-5; Cooper, H. M. (1989) Does reducing student-to-teacher ratios affect achievement? *Educational Psychologist*, 24(1): 79-98.

20. Finn, J. D., Pannozzo, G. M. and Achilles, C. M. (2003) The 'why's' of class size: student behaviour in small classes, *Review of Educational Research*, 73(3): 321-68.

21. Anderson, L. (2000) Why should reduced class size lead to increased student achievement? In M. C. Wang and J. D. Finn (eds) *How Small Classes Help Teachers*

Do Their Best (pp. 3 – 24). Philadelphia, PA: Temple University Center for Research in Human Development and Education.

22. Finn, J. D., Pannozzo, G. M. and Achilles, C. M. (2003) The 'why's' of class size: student behaviour in small classes, *Review of Educational Research*, 73 (3): 321 – 68.

23. Shapson, S. M., Wright, E. N., Eason, G. and Fitzgerald, J. (1980) An experimental study of the effects of class size, *American Educational Research Journal*, 17: 144 – 52.

24. Blatchford, P. (2003a) *The Class Size Debate: Is Small Better?* Maidenhead: Open University Press.

25. Blatchford, P., Bassett, P. and Brown, P. (2005) Teachers' and pupils' behaviour in large and small classes: a systematic observation study of pupils aged 10/11 years, *Journal of Educational Psychology*, 97(3): 454 – 67.

26. Blatchford, P., Moriarty, V., Edmonds, S. and Martin, C. (2002) Relationships between class size and teaching: a multi-method analysis of English infant schools, *American Educational Research Journal*, 39(1): 101 – 32.

27. Blatchford, P., Bassett, P. and Brown, P. (2011) Examining the effect of class size on classroom engagement and teacher-pupil interaction: differences in relation to prior pupil attainment and primary vs. secondary schools, *Learning and Instruction*, 21: 715 – 30.

28. Creemers, B. (1994) *The Effective Classroom*. London: Cassell; Lan, X., Cameron Ponitz, C., Miller, K. F., Li, S., Cortina, K., Perry, M. and Fang, G. (2009) Keeping their attention: classroom practices associated with behavioural engagement in first grade mathematics classes in China and the United States, *Early Childhood Research Quarterly*, 24: 198 – 211; Rowe, K. J. (1995) Factors affecting students' progress in reading: key findings from a longitudinal study, *Literacy, Teaching and Learning*, 1(2): 57 – 110.

29. Finn, J. D. and Achilles, C. M. (1999) Tennessee's class size study: findings, implications, misconceptions, *Educational Evaluation and Policy Analysis*, 21(2): 97 – 109.

30. Finn, J. D., Pannozzo, G. M. and Achilles, C. M. (2003) The 'why's' of class size: student behaviour in small classes, *Review of Educational Research*, 73 (3): 321 – 68.

31. Blatchford, P., Bassett, P. and Brown, P. (2011) Examining the effect of class size on classroom engagement and teacher-pupil interaction: differences in relation to prior pupil attainment and primary vs. secondary schools, *Learning and Instruction*, 21:

715 - 30.

32. Achilles, C. A. (1999) *Let's Put Kids First, Finally: Getting Class Size Right*. Thousand Oaks, CA: Corwin Press.
33. Galton, M. and Pell, T. (2010) Study on class teaching in primary schools In Hong Kong: Final Report, University of Cambridge.
34. Evertson, C. M. (2000) Professional development and implementation of class size reduction, *The National Center on Education in the Inner Cities (CEIC) Review*, 9 (2): 8.
35. Wang, M. C. and Finn, J. D. (eds) (2002) *How Small Classes Help Teachers Do Their Best*. Philadelphia, PA: Temple University Center for Research in Hu man Development and Education; Finn, J. D. and Wang, M. C. (2002) *Taking Small Classes One Step Further*. Information Age Publishing, Greenwich, Connecticut and Laboratory for Student Success; *National Center on Edu cation in the Inner Cities (CEIC) Review* (2000). Temple University Center for Research in Human Development and Education, Temple University, Cecil B. Moore Avenue, Philadelphia, PA.
36. Blatchford, P., Russell, A., Bassett, P., Brown, P. and Martin, C. (2007) The effect of class size on the teaching of pupils aged 7 - 11 years, *School Effectiveness and Improvement*, 18(2): 147 - 72.
37. Baines, E., Blatchford, P. and Chowne, A. (2007) Improving the effectiveness of collaborative group work in primary schools: effects on science attainment, *British Educational Research Journal*, 33(5): 663 - 80.

第五章　辅助性学习：助教的效果如何？

罗伯·韦伯斯特　彼得·布莱奇福特

导言

过去二十年来，英国学校发生的最深刻的变化之一是助教人员空前剧增。助教数量的增多可以被看作是世界上起着相似作用的非专业教育人员的普遍增加。在一些国家和地区的学校里，包括澳大利亚、意大利、瑞典、加拿大、芬兰、德国、中国香港、冰岛、爱尔兰、马耳他、南非还有美国，非专业教育人员的数量都差不多在增加。[1]然而，非专业教育人员增长的数量和作用，在世界上没有一个国家的教育体系可和英格兰和威尔士的相比。〔教育非专业人员在英国和美国也被称作"学习支持助理"（learning support assistants）和"班级助理"（classroom assistants）；所谓的"教师帮助"和"非专业教育者"很常见。〕这一章，我们把所有那些以班级为基础的等同于支持作用的人员统称为助教。

自 1977 年以来，等同于全职助教的数量仅在英国主流学校就增加了不止 3 倍，到 2011 年达到 19 万人。总之，助教在英格兰和威尔士主流学校的劳动人员中占了四分之一。[2]助教中，大约 6% 是"高级"助教。助教劳动人员的增多代表了公共资金的大量投入。2008 年 9 月，政府的数据显示有 41 亿英镑用到助教和其他支持教育的人员身上。[3]

这一章，我们主要参照助教的任用和影响项目〔Deployment and Impact of Support Staff(DISS)project〕的最新成果，慎重地研究了有关助教影响的证据。然而，首先，我们先简要地看一看引起英格兰和威尔士助教数量剧增的两个主要动因：(1)动力方面：为了容纳更多有特殊教育需求〔Special Educational Needs

(SEN)]的学生;(2)政策方面:为了调整学校劳动力。

容纳

人们认为,助教能帮助学校满足学生的需要,包括满足有特殊需要的学生和残疾的学生。这个想法可以追溯到 1967 年的《普洛登报告》。但是这个想法真正开始发展是在 1944 年,这一年政府颁布了特殊教育守则(SEN Code of Practice),提倡雇佣助教帮助那些有个人教育计划或有特殊教育需求声明的学生。这些定制的文件列出一些规定,如进行课程干预、在适当的情况下采取补救措施等。到 2000 年,在英国特殊学校接受教育的学生中,有声明的学生比例从大约一半降低到大约三分之一。[4]

此外,自 2000 年以来,没有声明的学生的数量稳步上升。目前,这些学生分成两种,一种是学校行动型(School Action),一种是学校行动[+]型(School Action Plus)。2003 年,政府数据显示英国主流学校里需要特殊教育的学生(有和没有声明)的比例是 16.6%,在 2010 年相应的比例是 20.7%。[5] 鉴于助教和需要特殊教育的学生数量都在增加,他们之间的关系,正如我们将看到的那样,越来越密切,这也许不足为奇。

调整学校劳动力

20 世纪 90 年代中后期,大部分教育部门和公共部门持有成绩至上的文化观念,这种文化观念以及随之而来的繁琐的官僚过程(bureaucratic processes)是增大教师工作量和压力感的一个主要因素。这种负担势必影响教师的招聘和保留,后果严重到政府委派普华永道顾问公司[Pricewaterhouse Cooper (PwC)]独立开展调查。

普华永道建议"一个消除过度工作负荷……并提高学生成绩标准的项目的实际行动"的核心就是"加大支持人员的作用"。[6] 接着,教育部长斯特尔·莫里斯(Estelle Morris)发展了这个主题,认为助教能"监督班级进行老师布置的任务,或跟学生小组一起练习阅读",因而把助教看作是调整了的学校劳动力的一部分。[7]

2001年,政府在白皮书《学校:收获成功》中说道"为基础知识提供高质量的每日教学时",将助教视为"是提高标准方面迄今取得的成果的核心",并正式提议,大大增加他们的人数。

2003年1月,政府和除代表教师和助理人员的工会之外的所有协会,签署了全国协议:提高标准和处理好工作量(The National Agreement:Raising Standards and Tackling Workload)。该协议出台了一系列旨在"解决工作量"的措施,比如聘用和安排助教承担教师的日常事务和文书工作、顶替教师的短期离岗。反过来说,通过让老师把更多的时间用在计划和评估上,这些措施"提高标准"。

有关助教影响的一些假设

在容纳(inclusion)和调整学校劳动力两个动因的作用下,学校选用助教。这里面存在着两种主要的假设:(1)助教的帮助对学生产生积极的影响,尤其是对能力低的学生和对有特殊教育需求的学生;(2)对老师有积极影响。一直以来,对助教及对其帮助的影响的研究很少。现在我们来看看现存的调查证据,并判断这些假设的真实性。

假设1:助教的帮助对学生产生积极的影响

学习结果

系统性评价和综合性证据[8]显示:有关助教对学习的影响的研究很少,其中大部分研究往往关注课程干预方面,旨在促进能力较差的学生和有特殊教育需求的学生的学业进步。实验研究调查了助教在进行特定课程干预(大部分都是在读写方面)时起到的教育作用,由此我们可以得到的一个广泛结论是,当助教准备充分且训练有素时,当他们能得到教师的支持和指导时,当他们在实践中能得到学校的支持和指导时,他们往往对学生的进步产生直接积极的影响。然而,数据还显示,这类课程干预(不可能一直都做到精心安排)一天中只占用助教大约

30—40 分钟时间,[9] 根本说明不了助教每天是如何利用一天中的其他大部分时间的。

那么这些剩下的时间他们在干嘛呢？助教的帮助在每日正常情况下（也就是说在他们大部分时间所处的环境下）对学生学习有什么影响？对于这个问题，我们所有的最有力的数据来源于迄今为止最大的有关助教的研究：长期进行的助教人员的安排和影响项目（DISS）。与先前大部分对助教的研究相比，DISS 项目设计上排除人为因素（naturalistic in design）。它不包括针对性干预，也不深究特定环境下什么是可行的（例如，经过培训的助教进行课程干预对学生进步的影响）。相反，它试图获得整个一学年里助教在每日正常情况下所产生的影响。

DISS 项目选择了 8 200 名学生，研究了助教对他们的英语、数学和科学的学业进步的影响（基于系统性观察下老师给的评估和措施）。这个项目对主流学校中的七岁儿童组分别进行一年的跟踪。采用多层次的回归方法，对已知的那些潜在的影响进步（和影响助教）的多种因素加以控制，如有特殊教育需求的学生的地位、以前的成就、可获取免费学校伙食的资格、英语作为一种额外的语言、贫困、性别和种族等。21 个结果中有 16 个引人注目（有 7 个年龄组和 3 个科目）：助教的帮助对学生的进步有消极影响；整个学年，没有一科或没有一个年龄组受到积极影响。[10] 那些受到助教帮助最多的学生比没受到或受到很少帮助的学生，进步更小。受到助教帮助的学生先前的个性，不可能解释这些结果，因为学生已有的会影响进步的个性和学生受到助教帮助的原因，特别是有特殊教育需求的学生的地位和先前的成绩，这些因素在分析时都做了控制。而且，DISS 研究证据表明，助教对学习结果的消极影响在需求最多的学生那里最为显著。[11]

还有一种方法来阐述助教对学生进步的消极影响，就是把回归分析的结果转换到国家课程水平上——这种方法是英格兰和威尔士用来了解学生成绩的通用指标。例如，第二关键阶段的学生，预计每两年会在学习一个国家级课程的三个水平后有所进步。（一个国家级课程有三个水平。通过这种转换，接受助教帮助最多的学生会比同伴落后一整个水平——这一个水平相当于八个月——这是助教帮助的一个后果。对于这种年龄等效计算的准确性应非常小心——因为它至少不能以一些不确定的一般性假设为基础——但是它确实有助于获得某种举措，去衡量受到助教帮助最多和最少的学生之间的成绩的变化幅度。）

行为、情感和社会的发展

除了助教对学业成绩的影响外，DISS 项目还评估了助教帮助的量对学校中表现"较温软"型(softer)的学生的影响，我们称之为"积极的学习方法"。这些方法包括分心、信心、动机、破坏性、独立性和同学关系。结果显示，很少有证据表明，一学年的助教帮助能改善学生积极的学习方法，然而 9 年级的学生（13—14 岁）除外，对他们来说，助教的帮助在所有 8 个结果上都有明显的积极影响。[12]那个年龄的学生，助教帮助的越多，他们积极的学习方法越明显。

假设 2：助教对教师和教学有积极影响

DISS 的研究发现，教师的工作量、工作满意度和压力水平有重大改善，主要是因为助教和其他支持人员做了日常文书任务。如上所述，这是国家协议（National Agreement）的预期成果，并且如预期的那样，有助于教师有时间专注于教学和相关活动。所以，助教的作用实现了国家协议的第一个目标——解决工作量的问题——可以被视为是成功的。

说到对教学的影响，DISS 项目表明，助教的存在一般有两个好处。第一，助教的存在与那些关注学生的成年人越来越多有关。第二，随着助教的出现，成年人有关解决负面行为的谈论变少了，课堂控制似乎有好处。这是助教的重要贡献，应给予高度评价。

有关助教影响的假设是谁提出的？他们为什么坚持自己的看法？

主要是因为 DISS 项目，那些有关助教对学生学业成绩的影响的更加完善的描述（picture）才开始出现。那些假设有助于相对快速地增加助教人员数量和作用，使对助教的出现和假设的随后传播提出推测性建议成为可能。

我们之前说过，为了在主流学校里容纳更多有特殊教育需求的学生会导致聘用更多助教人员。在家长帮助模式的基础上，许多学校把母亲和护理员招到助教位置，这些岗位最初是为了帮助有特殊教育需求的学生而设的。这种"护理员的作用"[13]说明助教的主要作用是养护,这与后来教师主要用来起教育作用的目的不一样。

那些学校应该达成一致看法,是助教而不是老师直接和能力低的学生、有特殊教育需求的学生一起。这个看法本身是有异议的,是一个因为有关影响的简单假设和简便的资源处理(雇助教比找老师花费少)而貌似发展了的看法。

一份有特殊教育需求的声明起草时,通常情况下,会详细说明助教要履行大多数或所有各种规定。我们认为,这种细节混淆了声明本身的整体法律地位。特别是中学生正在受到"法律义务"的束缚,必须给有声明的学生以采用助教的形式提供成人的帮助,尽管2001年特殊教育实务守则(SEN Code of Practice)中的指引明确指出,这种帮助模式是咨询性的,不是强制性的。[14]

与能力低的学生和有特殊教育需求的学生一起工作的助教模式普遍存在,这似乎传达了新劳动政府的部分政策,就是如何使助教成为被调整的学校劳动力的一部分。如上所述,增加助教以帮助那些学生必定会提高所有学生的学习结果。

从表面上看,这是一个常识,且两次大规模的对助教影响的调查结果均有所反映(一次是来自DISS项目)。这两次调查共涉及7 000多名教师,报告中指出:教师认为助教(和一些其他帮助人员)因让教师有更多时间进行教学设计和教学准备而对学习结果产生很强的影响。[15]然而,当时普华永道的评论和白皮书(那时的许多政府文件)都没有任何系统性的明确的研究数据支持这个说法。虽然可以把案例研究作为一个研究工具,但是,对其的依赖不能很好地告诉我们因果关系。事实上,那些很可能会大力扩展助教作用的政策正在制定。严格的有关助教对学生成绩影响的实践经验太少,引起不了关注。[16]

助教的帮助会使学业进步的说法似乎已经通过实践、政策和法律法规的机制,毫无异议地成为教育的通识。然而,就如我们所看到的那样,这个说法不仅毫无根据,而且如DISS项目的结果所显示的那样,会不利于弱势群体学生的学习。然而,我们能够解释我们之所以认为助教会产生影响的原因,并在这样做的时候,留意明确的方法,以便学校可重新考虑任用助教的主要影响。

助教对学生结果影响的另一种解释

随着教育支出的缩减,英国教育体制必须受到更严格的审查,这时有人会对是否保留"成本效益不高"的助教发表强烈的意见。这也许不足为奇。[17]在DISS项目结果公布后,毫无疑问,诸如"结果糟糕,助教该受指责"(每日电讯报)、"助教不利于学生表现"(时代教育增刊)(The Times Educational Supplement)等新闻标题会随之而来。研究中的部分观点代表了另一个我们必须要讨论的有关助教影响的说法:助教和学生学业进步之间的关系在某种程度来说是助教的错。我们接下来要说,这种说法是错误的。很可能是管理助教聘用的组织因素导致了引人争议的调查结果。

　　DISS项目采用多种方法,这项研究既关注了助教工作的广泛情境,又关注了那些可能扩大或阻碍助教影响的因素。收集的部分数据促进了"广义教育角色"(WPR)模型的建立(如图5.1所示),该模型总结和解释了研究中的其他结果。该模型对英国的结果做了总结,但是可能也与其他国家的情况相似。

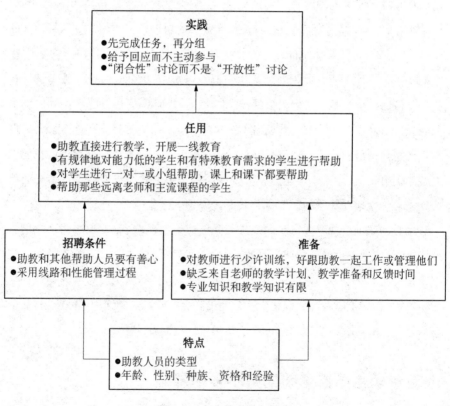

图5.1　广义教育角色模型

助教的一些特点,如资格,是孤立的,在解释助教的消极影响中不大可能起重大作用。同样,DISS 项目的关键发现是,助教受聘的条件——学校往往利用助教的善心,以便有时间在课后与教师见面——虽没有全部解释清楚调查的结果但确实影响了调查的结果。我们认为,WPR 模型的核心组成部分——准备、任用和实践——对助教效用影响很大。所以这些核心部分对助教产生的影响能给出最合理的解释。现在,我们扩展这一点,开始重新对确认和修改这些部分所采用的方法给予重视,结果是助教可能对未来学生的结果产生更积极的影响。[18]

准备

准备跟 DISS 研究的结果有关,如助教和教师缺乏培训和专业发展、每天课前教学计划和教学准备、课后的反馈,这些可能对学生的结果有影响。例如,DISS 调查了 4 000 多名教师,发现 75% 的人说他们没有受到和助教合作的培训,75% 的人说没有分配和助教一起进行教学计划和反馈的时间。

任用

通过收集分析 DISS 项目的部分数据,即 1 600 多种工作模式日志,揭示了助教的教学或教育作用程度。这些结果表明,助教一天中会有大半天用在直接的教育教学中(6.1 个小时),其中 3.8 个小时用在帮助学生和互相交流上,有 1.4 个小时用在帮助教师和课程上,有 0.9 个小时用在执行其他任务上。这一点得到该项目中另一部分的证实,即许多个小时的课堂观察。这些观察也证实了助教有规律地对能力低的学生和有特殊教育需求的学生进行一对一的和小组的帮助。而且,通过系统性的观察发现,愿意与助教保持互动(比如至少 10 秒以上)的学生比愿意与教师保持互动的学生多 9 倍;积极参与(比如,开始、回应或维持)到与助教互动中的学生比积极参与到与教师互动中的学生多 6 倍。总之,学生的需求越大,与助教的互动就越多,与教师的互动就越少。这些发现跟美国迈克教授(Professor Michael Giangreco)[19]所描述的一对一的非专业化辅导的意料之外的结果相一致。

通过助教帮助那些在学习和活动参与方面有很大困难的学生的做法,似乎有教育价值,但是这也意味着受到助教帮助的学生与教师渐行渐远,并错过每天的师生互动和主流课程覆盖面(尤其是在助教负责远离课堂的课程干预时)。

实践

DISS项目表明,学生和助教的互动与和教师的互动相比,在质量上差很多。[20]助教更关心的是完成任务而不是学习,若助教准备不充分,助教的互动只是反应性的——或如助教在面试时不断提到的——随机应变。此外,分析这些数据发现,不仅在语言学方面还有在认识方面,教师一般是"打开了"学生的谈话,而助教则是"闭合了"谈话。[21]所以目前,助教不懂得最佳利用他们与学生频繁的互动时间。

改进的方法:有效任用助教项目

正如迈克教授简要说出的那样,我们不会让那些没有特殊需求的学生有规律地受到助教的教导,而是要让他们受到教师的教导。[22]所以,在DISS项目之后,有一个明显的事例向英国学校任用助教的现状提出了质疑,特别指出,若不做任何改变,最弱势的儿童仍将在目前的安排下无望下去。

为了解决这种情况,我们跟10所中小学合作,开展一项干预研究,通过研发更有效的任用和准备,解决那个被广泛使用但存有问题的助教任用模型的主要影响。有效任用助教项目[the Effective Deployment of Teaching Assistants (EDTA)]把力量关键放在如何让WPR模型构建一个清晰的、可信的、稳健的干预框架。这个模型不仅是一个解释性框架,而且是一个有用的组织结构,能重新管理和任用助教,释放他们的巨大潜能。我们认为,引入更加公平的就业条件、提高日常教学计划、为课程选择合适的成人作用——尤其是考虑满足有特殊教育需求的学生——以及助教与学生的互动要有更清晰的目的,这些做法能提高教育结果。

EDTA研究采用了一个创新的方法,不断开发和在线评估。不断开发是指整个学年进行一个次干预,参加者用三次实验研究WPR模型的主要组成部分,每次实验要一学期。这个研究采用了校内比较方法,把实验前后的实践进行评估。评估试图通过实验开发的新模型与已有的包括助教任用、教师、助教工作模型一起相比较,这一点在干预前有证明。主要的研究问题是该研究的参与会不会使助教的任用、准备和实践更有效。

该研究的评估是指分析几个来源数据:审查参与者对助教准备、训练次数和质量的看法,分析教室里安排教师和助教的方式;结构性观察教室里教师和助教的行动和作用;半结构化访谈。采用结构化工具,以WPR模型的主要组成部分为中心收集数据:准备、任用和实践。

评估表明,每所学校进行的实验在提高学校领导和教师对助教的认识和任用方面有决定性作用。参与者的主要局限是"不能回到事情被做之前"。EDTA研究显示,当学校清楚地理解跟那个被广泛使用但存有问题的助教准备、任用和实践模型有关的主要问题时,助教的真正价值就会变得明显。

这个项目不仅有助于提高助教的地位和自信心,而且在研发助教任用的另一种模型的过程中,能促进教师评估他们自己的实践影响,促进他们更好地发现助教的作用。下面,我们以WPR模型的三个维度来总结在学校和教室里出现的主要改变。

准备

助教参与干预很大程度上改善了他们的课前准备。在这一年中,教师课程计划的质量和清晰度有所改善,减少了助教头脑中的"空白",使他们不再靠课上教师的传授才有点东西。这也能解决助教工作上"随机应变"的压力感。教师更懂得要在课前与助教会谈,有些学校还调整助教的一个小时的工作时间,以创造会谈。创造会谈对教师和助教在准备方面的看法产生积极的作用。更多地了解与助教实践有关的具体问题,学校可对教学技术提供集中培训。

任用

教师在通过观察教室里如何安排助教和他们自己后,改变了他们的课堂组织模式。助教对中高能力的学生作用得越多,教师越有机会作用于能力低的学生和有特殊教育需求的学生。这是另一种任用助教的模式,不仅可减少那些受到助教帮助的学生与教师、课程和同伴分离的情况,而且大大地改善了教师理解学习困难的学生的学习需求和进步的情况。

EDTA 项目的参与促使学校领导班子更策略地思考助教职位的目的，以及思考助教在学生成绩方面的作用。通常情况下，使用助教是与有特殊教育需求的学生的规定有关。学校参与 EDTA 项目的过程让这种根深蒂固但无益的观念受到关注和质疑。学校参与该项目的收获是制定和正式确定将在整个学校实施的任用助教新模式。

实践

DISS 项目收集了许多助教与学生互动的良好细节，有助于教师和助教对无效类型的谈话的影响有个全面的了解（如勺子喂养）。培训结束后，助教的质量（提问技巧）有所提高。教师也给出了一些策略，以帮助学生获得更多的独立性，减少他们对成人的依赖。

总结：助教如何有效？效果如何？

EDTA 研究是根据一项最可信的对助教影响的研究（DISS 项目）的结果而制定的。虽然我们必须停止提出与学术进步有关的任何说法，但我们相信，这项小规模研究的结果表明，学校为了解决助教准备、任用和实践开发的这一创新模式、策略和技术，很有可能提高助教的效果和效率。[23] 目前一本有关模型、战略和技术方面的指导书正在为学校领导和教师编制。[24] 因为不仅英国教育系统面临财政紧缩的状况，而且在世界上有很多国家也面临着同样的情况，所以参与研究的学校若能够在没有额外资源的情况下，对任用助教做出积极的、在有些方面又是基础的改变的话，会非常有价值。

那么，助教效果如何？基于 DISS 研究的结果，我们恐怕要这样总结：在目前的安排下，助教远未达到预期的效果。但是，正如我们在最近研发性调查的结果中所看到的，通过系统地处理 WPR 模型的所有构成因素——例如准备/任用和实践——学校是有可能发挥这个系统的积极作用的，我们认为，任用的模式可以对所有学生的结果产生明显的积极影响。

（李 玲 译）

注释

1. Giangreco, M. F. and Doyle, M. B. (2007) Teacher assistants in inclusive schools, in L. Florian (ed.) *The SAGE Handbook of Special Education*, pp. 429–39, London: Sage Publications.
2. Department for Education (DfE) (2012) *School workforce in England (provisional) November 2011*. London: DfE.
3. Whitehorn, T. (2010) *School Support Staff Topic Paper*. London: DfE.
4. House of Commons Education and Skills Committee (2006) *Special Educational Needs Third Report of Session* 2005–06 (Vol. I). London: The Stationery Office.
5. Department for Education and Skills (DfES) (2010) *Statistical First Release: Special Educational Needs in England, January 2010*. London: DfE; DfES (2005) Statistical First Release: Special Educational Needs in England, January 2005. London: DfES.
6. PricewaterhouseCooper (2001) *Teacher Workload Study: A Report of a Review Commissioned by the DfES*. London: PricewaterhouseCooper.
7. Morris, E. (2001) *Professionalism and Trust: The Future of Teachers and Teaching*. London: DfES/Social Market Foundation.
8. Alborz, A. et al. (2009) *The impact of adult support staff on pupils and mainstream schools*; Slavin, R. E. et al. (2009) *Effective Programs for Struggling Readers: A Best Evidence Synthesis*. London: Department for Children, Schools and Families (DCSF) and Institute of Education; Howes, A. et al. (2003) *The Impact of Paid Adult Support on the Participation and Learning of Pupils in Mainstream Schools*. London: Institute of Education, Evidence for Policy and Practice Information and Coordinating Centre.
9. Farrell, P. et al. (2010) The impact of teaching assistants on improving pupils' academic achievement in mainstream schools: a review of the literature, Educational Review, 62(4): 435–48; Webster, R. et al. (2011) The wider pedagogical role' of teaching assistants, *School Leadership and Management*, 31(1): 3–20.
10. The full results, by year group and subject, are presented in Blatchford, P.; Russell, A. and Webster, R. (2012) *Reassessing the Impact of Teaching Assistants: How Research Challenges Practice and Policy*. Abingdon: Routledge; Blatchford, P. et al. (2011) The impact of support staff on pupil 'positive approaches to learning' and their academic progress, *British Educational Research Journal*, 37(3): 443–64.

11. Webster, R. et al. (2010) double standards and first principles: framing teaching assistant support for pupils with special educational needs, *European Journal of Special Educational Needs*, 25(4).
12. Blatchford, P., Russell, A. and Webster, R. (op. cit.); Blatchford, P. et al. (op. cit.).
13. Dunne, L., Goddard, G. and Woodhouse, C. (2008) Teaching assistants' perceptions of their professional role and their experiences of doing a foundation degree, *Improving Schools*, 11(3): 239–49.
14. Blatchford, P.; Webster, R. and Russell, A. (2012) *Challenging the Role and Deployment of Teaching Assistants in Mainstream Schools: The Impact on Schools. Final Report on the Effective Deployment of Teaching Assistants (EDTA) project*. (Available online at: http://www.schoolsupportstaff.net/edtareport.pdf).
15. Blatchford, P., Russell, A. and Webster, R. (op. cit.); Hutchings, M. et al. (2009) *Aspects of School Workforce Remodeling Strategies Used and Impact on Workload and Standards*. London: DCSF.
16. Cook-Jones, A. (2006) The changing role of the teaching assistant in the primary school sector. Paper presented at the European Conference on Educational Research, Geneva, 13–16 September.
17. Bassett, D. et al. (2010) *Every Teacher Matters*. London: Reform.
18. The following findings from the DISS project are described in more detail in Blatchford, P.; Russell, A. and Webster, R. (op. cit.).
19. Giangreco, M. F. (2010) One-to-one paraprofessionals for students with disabilities in inclusive classrooms: is conventional wisdom wrong?, *Intellectual and Developmental Disabilities*, 48(1): 1–13.
20. Rubie-Davies, C. et al. (2010). Enhancing student learning? A comparison of teaching and teaching assistant interaction with pupils, *School Effectiveness and School Improvement*, 21(4): 429–49.
21. Radford, J., Blatchford, P. and Webster, R. (2011) Opening up and closing down: comparing teacher and TA talk in mathematics lessons, *Learning and Instruction*, 21(5): 625–35.
22. Giangreco (op. cit.).
23. Blatchford, P., Webster, K. and Russell, A. (op. cit.).
24. Russell, A., Webster, R. and Blatchford, P. (in press) *Maximizing the Impact of Teaching Assistants: Guidance for School Leaders and Teachers*. Abingdon: Routledge.

第二部分

教学方法

第六章 传统主义教育 VS 进步主义教育

玛格瑞特·布朗

导言

正如一些志气高扬或者新晋政府所认为的那样,第一,至少盎格鲁—撒克逊国家与其他国家相比,教育水平较低,这已经成为一种惯例,第二,这一糟糕事态的出现是由先前政府对进步主义的投降而导致的,可能是从所谓的"教育机构"中引发的。对这一情况的显著应对方案是政府坚持采纳一些确保回归传统教与学的措施。

顺便一提,在任何规划和实施的改革中,以及新的一轮可以进行有效测量的令人扫兴的国际比较中,国务大臣和部长们,甚至是政府们,都倾向于长期缺席;即使他们可以确保,教师和教育家们在破坏改革这件事上可以再一次不被责难。

坐在最佳位置的政治家们眼中,好的教育显得如此简单而不成问题,而媒体驱动者们总是依赖于鼓励我们的学校回归传统从而得到动力。但是在我们分析这一政治辞藻的重要例子之前,我们需要了解在与教育相关时,"传统"和"进步"这两个词通常有何意义。

传统主义教育和进步主义教育有何不同?

传统主义教育与进步主义教育有许多不同特点,一些人只是用这两个词去描绘不同的教学方法,另一些人则是用它们去描绘不同的意识形态,包括对教育目标、儿童学习方法,以及教育内容、方法和评价的不同观点。[1]

总结，传统主义者倾向于：

- 重视对事实、原则和程序的学习；
- 优先考虑读写和计算基本技能，以及用传统学科的方式将知识进行分工；
- 认为教师的主要职责是清楚地呈现知识，演示程序，确保学生在可以准确复制前去背诵和练习；
- 通过对记忆和技能的测试对学习进行评价。

相对应，进步主义者倾向于：

- 重视一个人整体的发展，包括情感、审美、社交能力以及智力；
- 优先考虑过程（或者叫"软技能"），例如问题解决能力、创造性思维、团队合作能力以及不同学科的综合知识；
- 认为教师的主要职责是确保学生全面参与到激发探究中；
- 通过全面综合任务对学习进行评价。

即使这些非常直白和简单的描述读起来如同在讽刺；然而一些政策制定者甚至教育家们令人意外地热衷于针对这些极端观点中的一个或者其他多个进行激烈的争论。但是在我们分析这种情况的例子之前，我们需要针对这一情况的本质和需求探讨一些有深度的问题。

97 传统/进步二分法带来的问题是什么？

一些人认为这些对传统主义教育和进步主义教育的描绘展现的不是一个两分法的抉择而是一个单一意识形态连续体的两个端点。不同于学术专家，教室实践者们更倾向于在这两个端点之间寻求一个中庸的立足点，尽管他们可能倾向于让他们的意识形态平衡点靠近其中一个端点而不是另一个。

但是在我们探讨这一线性模型走得过远之前，一个需要首先回答的问题是：

是否一条单一的直线在用于描绘教与学的复杂观点上太过于简单了。比如,在分析小学教师们关于计算能力的观点与实践中,一群研究者[2]发现有三个存在明显区别的指向定位:

- 传播者(大体上是对"传统主义者"的早先定义,重视知识的直接传播);
- 发现者(大体上是对"进步主义者"的早先定义,重视独立探索);
- 联结者(重视知识概念的发展以及它们之间的联结)。

从线性模式陈述中推论,这三个意识形态定位可以被安置在一个等边三角形的三个端点来表示;然后一个老师的个人意识形态可以用三角形中的一些点来表示,它的位置与三角形顶点之间的距离依赖于这名教师对这三种意识形态定位的重视程度。

当然,这里也有可能去添加其他的维度来进行分析,或者分成不同的方面[3],但是在我们针对实际应用选择模型时,作为一种描绘和分析不同教育指向维度的方法,需要在复杂和简化中寻得一个平衡点;因此为了这章探讨的目的我不会使用任何比三维模型更复杂的东西。同时,教室实际通常都会比任何三维模型复杂得多。比如,一名历史老师在教导有关维也纳会议的知识时可能会这样要求学生:

- 去学习有关这一会议的时间,参与人物的名字和国家以及关于解决方案的史实;
- 去参加一场学生合作组织的模仿会议活动,每位学生要调查当时参加的国家背景和地位去决定自己要代表哪一个国家,去演绎这场谈判;
- 要能够把议题联系升华到更为抽象理论的概念,如军事和经济力量,侵略和爱国主义,并且把地理、经济和统计学知识联系起来。

传统主义者认为如果学生熟练掌握了事实、原则和技巧,那么他们会循序渐进地明悟和联接上深层概念,并在解决问题中使用这些概念。比如,一个传统主义者可能会争论这个老师针对维也纳会议做出的教学计划是效率低下的,因为他在单纯地学习史实之外的部分花费了太多的时间,并且面临着课堂失序的危险。同时,这也会花费老师更多的时间去准备,要求老师具备更多能应对意料之外的问题和学生反馈的专业技能。他们甚至暗示学生可能很容易把真实发生的史实和他们自己在模拟会议中发生的一切混淆起来。而相对而言,一个进步主义者会认为唤醒对维也纳会议的史实记忆对于大部分学生来讲是没有太多意义的;分析立场、综合战略、团队合作和交流谈判这些程序活动只会在成人世界里派上用场。传统主义者们回应这些"软"技能要么是天生的,要么就是可以在后期工作中领悟到的,不管怎样,这些技能都是建立在对深层事实的清晰把握上。而一个联结主义者认为如果史实只是以枯燥无味的叙述形式展现给与他们明显没有太多联系的现当代青少年去学习,那这些史实就很容易被遗忘;如果学生可以把自身与这事件联系起来,促使他们用这些史实去亲身解决问题,并且要求他们把史实与关键的理论概念相联系,那学生们可能会更容易理解、掌握以及学会进一步应用。当然,一个实际主义者会认为,在实践中,只有一个针对不同形式的活动精心规划的平衡状态,才会使校园生活对于大部分老师和学生都适用。

后面会有一部分内容专门来探讨谁是正确的:研究事实会告诉我们,尤其是传统主义学习和进步主义学习的效率会是怎样,但是在此之前,我们需要探究一些政治家们的立场。

政治家们怎么说?

这一部分展示一些有关教与学的政治观点的基本内涵。实践上,我们把政治背景限定在英格兰,为了与下一章有关读写教学的内容相平衡,主要但不排外地把焦点集中在数学上。同时,展现的一些观点也适用于其他的英语国家地区和专攻其他科目的人。

当然,对低教学水平的抱怨并不是最近才出现的事;例如,在英格兰,至少从19世纪中叶起,就有对低计算能力的定期担忧。[4]这些担忧促使了1862年国家课程标准的出现(这与2012年发生的何其相似),接下来针对小学数学的传统主义教学观和进步主义教学观的争论就一直未断。[5]

在早些时候,一个第二国家课程标准在1988年由撒切尔政府提出,赋予其合法权的部分原因是因为在第二次国际数学测试(SIMS)中,英国与其他主要工业竞争者相比表现平平。[6]以下取自一份白皮书中的文字作为这一政策的切入点:

> "政府相信,不只是因为我们处在其他国家高成就的压力下,我们大部分学生现在取得的成绩也没能发挥他们该有的能力,同时也不能满足他们的需要,如果这些年轻人要准备好立足于21世纪的世界。当他们离开学校时,这些学生需要具备的要远远高于他们现在所具备的,即在技术时代工作所必备的素质和技术。"[7]

这个例子被小心地叙述使得读者很难对其有异议。但是,有人可能会注意到英国在接下来的国际数学测试中,表现依旧低于日本,德国作为一个主要的竞争者,在研究中找到的样本无法与其相比,又证明了英国在这方面低于德国。一份更为审慎的研究数据表明英国在这方面的水平可能高于德国;这一观点后来在早期的PISA测试(Program for International Student Assessment,国际学生评估项目)中得以证明。其次,先前的工党政府邀请科克罗夫特爵士(Sir Wilfred Cockcroft)主持"学校数学教学探究会议"("Committee of Inquiry into the Teaching of Mathematics in Schools")来表示对计算能力薄弱的担忧。但是他在1982年提交给撒切尔政府的报告中[8]指出,没有真实数据表明计算能力的水平低下会对就业产生影响。甚至,后来有证据表明在国家经济表现和其国际比赛排名之间关系并不对等。[9]

尽管在这些案例中呼吁的数据都是来自国际比较,并且强调技术水平,但是,白皮书中却很少出现被我们定义为具有传统主义教学观特征的词句,这部分原因是因为由皇家督学和公务员们执稿,以及当时的国务大臣约瑟夫爵士(Sir Keith Joseph)具有一个非常开阔的教育视野。然而,当时的首相,撒切尔夫人,是明确站在传统主义一边的,她在她的回忆录中表明,[10]她只对"核心课程"感兴趣,对于基础读写和计算能力教学她只设想有一个"基本课纲"和"单纯测试"。她甚至抱怨她的原本设想被教育机构给破坏了。

事实上,有趣的是,在她的继任者约翰·梅杰(John Major)首相更加开放自由的治理下,以及当时的教育部长肯尼斯·克拉克(Kenneth Clarke)的影响下,一个更为传统主义的转变发生了。梅杰在1991年的保守党大会演讲上呼吁"一次对基础教育的回归"作为不幸的"回归基础"主题的一部分。右翼势力掌控了教育议会和能影响教育半官方机构的关键席位,国家教学评价也从综合任务转向了单纯测试。16岁的普通中等教育证书考试(General Certificate of Secondary Education, GCSE)中课程作业评估也不再占有较高比重,一份被委托和发行的报告则建议整个课堂教学都要愈发回归传统说教模式。[11]

撒切尔夫人的传统主义观点,异常强大到足以去影响戴维德·布伦基特(David Blunkett)——1977年新工党政府首相托尼·布莱尔(Tony Blair)手下的第一任教育部长。例如,一份选举两周内发行的有计划地介绍有关国家读写和计算能力战略的文章标题是"布伦基特设置了新型有力目标推动3'R'的发展"(可参考维多利亚时代基础教育方法,读,写,算,"Reading","Riting","Rithmetic")。那年他在英格兰北方教育会议的演讲上指出:

> "计算能力是每个年轻人都必须要正确掌握的基本技能。然而或许30年来我们都没能聚焦于这一点。新的日常数学课将要确保学生知道他们的乘法表,可以在脑中做基本的加减运算,在整堂课中被高效率地教导。"

跨越到2010年的联合政府,第一任国务大臣迈克尔·戈夫(Michael Gove)通过描述英国在国际比较中的糟糕地位来延续早期保守党的传统,并借此去推行一个愈发传统主义的道路。例如在对皇家学会的一次演讲中(2011年6月29日),他说道:

> "最近十年,我们在国际比赛排行榜上名次大幅下滑:科学从第4名滑到第16名,数学从第8名滑到第28名……从这些事实得到的一个教训是亚洲国家在小学阶段的基础数字概念、分数、代数单元学习上做得更好……

我们也应该记住,在上海,他们每天都有数学课和定期测试来确保学生掌握了基础……我们想要扭转考试制度被忽略的现象。我们需要一份国家课程标准作为核心知识的基础……"

他在一份为提姆·奥茨(Tim Oates)所作文章的前言中还提到:[12]

"最近这些年我们缺乏一种稳定性,而是追求新的学科和课题——这一现象的出现更多是为了应对施压团体而不是为了优良的教学。最近的一次大整修是2007年颁发的国家课程标准,这是一场严重的后退,因为概念(concept)被替换成了无意义的模糊的类属陈述(generic statements)……采纳个别办法进行教学的决定不一定对所有的学校和老师都适用,第一要事应该是明确每年学生们应该掌握的核心概念和理论。"

同样,教育大臣尼克·吉布(Nick Gibb)在对100集团(The 100 Group)的一次演讲中说道(2011年2月10日):

- "在数学测试上,现在中国15岁的青少年比我们国家的孩子要超前两年左右……
- 我们学生的阅读水平现在落后于如韩国和芬兰等国家的学生近一年……

这就是为什么我们想要将国家课程标准回归到其基础追求,规定让所有学生应该掌握的基础知识,围绕学科门类来进行组织规划。"

然而这里却有一些有趣的现象。第一,这里的所引用的有关数学的国际数据是有误导性的,[13]这种下滑的趋势正好与国际数学与科学教育成就趋势调查 Trends in International Mathematics and Science Study(TIMSS surveys)中的结果相反。[14]

第二,尼克·吉布认为中国学生平均超前英国学生两年左右。他忽略了中国的样本只包括来自一个经济非常超前的城市而不是整个国家的学生,同时,这个城市超过 10% 的学生不能参与测试,因为他们要么不在任何一所学校要么已被退回到低年级复读。

同样值得指出的是迈克尔·戈夫在各地的演讲中,喜欢谈论概念(concepts),或者是事实性知识(factual knowledge)作为教育的焦点;然而他所指的究竟是什么,是不清晰的。尼克·吉布只关注于知识,一些非正式报告中指出在私人讨论中,他主要聚焦于事实性和程序性知识,包括语音、乘法表和纸笔计算能力,例如长除法或者二次方程解法,他所青睐的教给年幼者的知识都超过了现在学生所学的东西。用 PISA 测试的结果去论证常规技能的掌握是非常奇怪的,因为这一测试集中的是测试解决复杂动态问题的能力;TIMSS 中的问题反而是比较常规的,而我们在这一测试中表现得相对较好。

从这些政治人物例子中进一步观察可看出他们非常不情愿对传统教学方法做出任何改变。但是我们可以猜测在追求一个基于事实和程序知识为纲的课标中,一份解释—论证—练习—测试的教学模式是会被认可的。虽然,这一点也不基础;比如,老师可能会选择使用一份数字模式调查进行教学,同时给予练习乘法的机会。这种方法可能会比做重复性练习有激发性得多,因为这会有深层次的目的,同时可以与其他更具挑战性的思考联系起来,比如归纳。这里所引用的所有政治观点都青睐于传统主义教育,尽管程度不同。自从传统主义教育在选举中流行以后,政治性演讲中就很难找到有关进步主义教育的引用了。

与传统主义教学观相对,进步主义的显著例子能在教育理论家那里找到而不是从政治家那里。理论家如杜威(Dewey)和蒙台梭利(Montessori)在专业教学实践上有着深刻影响,尤其是初等教育阶段,通过教师培训和官方文件来进行影响,如 1931 年的哈多报告(Hadow Report)[15] 和 1967 年的普诺登报告(Plowden Report)[16]。这两份报告都支持在初等教育阶段实施基于主题的探究式学习而非基于学科的知识性学习。但是 1988 年的国家课程标准,没有规定任何专业的教学方法,因此,以学科为基础的学习又占了上风,探究性学习屈居在后。直到上一个工党政府下台后进步主义教育才开始艰难复苏,与国务大臣们低效率的辅助相对,资格及课程发展署(Qualifications and Curriculum Development Agency, QCDA)的最高执掌人却对此贡献良多,他是中等教育中的跨学科学习的先导,推行一个修订的有些特殊的以过程为中心(processcentred)的国家课程标准。中等教育的老师们觉得这种方法难以理解，同时在实践中，在考试的压力下他们选择遵循普通中等教育证书考试的内容来规划课程，因此事实上这份课标并没有被效率地推行。初等教育阶段的政府委托玫瑰评论（the government-commissioned rose review）[17]受私人赞助的剑桥初等教育评论（Cambridge Primary Review）[18]的影响，在传统主义教育与进步主义教育之间寻求一种更为中庸的平衡点，但是具体要接近2010年大选时才开始实施。

传统主义教育比进步主义教育更有效率？

　　这些令人信服的政治家以及其他一些成功人士对教育改革的态度背后有一个特别问题，即他们通常都是在传统的优胜劣汰的学校里接受教育，并且这种教育将他们自己和他们的朋友们都推上了精英职位，因此，他们认为这也适用于其他人。确实甚至当教学只是有关事实和常规程序的学习时，一些人才能逐步理解甚至运用知识。这种成功看起来是因为这些人通过自我表达以及与其他人交流来试图去理解他们被教的东西，并且把学到的东西与他们已知的联系起来。这种学习方法并没有独特之处——至少大部分人类一开始就有一种天然的欲望想要去了解世界；但是自我动力、社会支持以及去表达和讨论的机会会增加成功的可能性并且也能建立对未来的自信心。

　　此外，一些接受传统主义教学的学生会感觉十分乏味没有动力，或者因为不能轻松记忆和理解知识备受挫折，他们会很容易在某一阶段自我放弃，尤其是在缺乏社会支持的情况下。再次以数学为例，有许多研究结果表明不同年龄和阶段的人们不喜欢甚至讨厌数学，因为对其部分理解的无能为力让他们倍感失败。[19]缺乏理解导致了对数学技巧记忆的困难，因为无规则技巧中的步骤很容易被遗忘；遗忘步骤只能在测试可能性时得以补救，但这种发展需要建立在允许对"合理性"进行评价的理解基础上。[20]因此，从长远角度来看，缺乏充分理解会导致技巧掌握的不足，缺乏自信心，态度消极，甚至明确否认数学学科的价值只为了保全自我形象。（我从来都不擅长数学，但是二次方程式对你又有什么用呢？）一些学生可能会采纳一些明显荒谬的策略只因为他们对从老师那儿明白数学的含义以及打下连续基础不带有任何期望。但是，从目前来看，自卑的学生，以及更自卑的老师,可能会偏好于传统主义教学的安全性,因为它只强调模仿和重复性练习,而不用去挑战一个不确定的概念。

不幸的是,小学教师们通常就处于这些对数学缺乏信心的教师中。[21]这些例子的陈述有助于鼓励小学教师们采纳一些强有力的方法去帮助学生理解数学。在有关高效计数教学的研究中,通过长达一年多的学习成果测量得出的效率对比,发现最有效率的老师是"联结者",他们热衷于把数学概念联结起来并且推广到日常生活中。传统主义教师(传播者)集中于教授过程,进步主义教师(发现者)喜欢用器械来建立事实和模型,他们的学生在数学测试中都得到了较差的分数。[22]有趣的是,这些高效率教师对于班级组织形式并没有采纳独有的模式——有的主要采取全班授课制,有的是小组,还有的几乎只做单人授课,通过给学生安排单独任务来进行讲解。

事实上,很少有研究展示出一种清晰的"过程——产出"关联模式来证明传统主义教学法或是进步主义教学法在教学成果上表现更好。大量的相关性分析研究不能轻易地找出因果关系,而且事实上许多材料也无法说明在传统主义教学法与进步主义教学法中有任何显著不同。比如,一份荷兰研究(Dutch studies)[23]评论中指出,29 份研究中只有 3 份表明班级授课的规模与学习成果之间有显著联系。虽然,这三份报告都指出这种相关性是积极的,但也有解释认为这可能并不只是教学法的功劳,毕竟这些研究很少有严格的可比较(即随机分配)的样本。再者,班级授课制也可能比小组授课制更具有进步主义的特征。

许多研究可能也有不能明确定义教学风格的问题。比如,在 20 世纪 70 年代英国的一次调查中,主流思潮一直是想要论证传统主义教学法更有效率,[24]不采用非参与式独立观察法,而是通过调查问卷得出教师们的自我报告,这一方法在教师归类上是非常不可靠的,尤其是许多老师持有中立观点。甚至当这些调查数据通过非常严谨的统计方法进行二次分析时,其中的差异就快速消失了。[25]

如果确实有什么因素是引出学习高成就的最大功臣的话,以往的一些研究看起来偏向于认为是传统主义教学法,[26]但最近的一些关于参与因子的数据分析中也没能得出传统主义教学就是引出高成就的最大因素。比如,在数学上,只有在严谨控制的研究中才可以看出,教学过程的差异大体上会对中等教育产生微弱的影响,而初等教育比这个更少,同时,小组合作式教学与其他组织形式相

比优越性也十分微弱。[27]（这一点也可参照第四章）

然而，在那些允许更精细观察和谨慎进行教学风格对比的小规模研究中同样也会出现一些问题，同时它们的研究结果中更多的是青睐于进步主义教学法。比如，在一个被大量引用的只针对一个传统主义教学学校和一个进步主义教学学校进行中等数学教学研究的例子中，[28]尽管，后者学校的孩子自身就与前者学校的孩子有可比性，但我们还是能明显看出推行进步主义教学法学校的老师具有更高的效率。

当然，在我们试图比较传统主义教师和进步主义教师教学观时会出现一个问题，我们前面也提到过，即拥有不同意识形态的人会对一些事情抱有不同的观点，包括什么才是最应该教给学生的，推及评价，以及评价应该采用的方法。比如，在美国，一些研究中显示出传统主义教学法在针对常规测试中的传统知识教学时会有些许优势，同时，更加进步主义的教学法也会在追求抽象思考时做得更好，比如开展创新解决问题时。[29]

如上所述，政治家们喜欢引用国际研究来作为传统主义教学法更优越的证据。但是，尽管那些在比赛表排名靠前的环太平洋国家们主要采用的是传统主义教学法，这并不表示排在后面的诸多国家也得这么做。这些亚洲国家的优越表现背后看起来还有别的原因。[30]事实上，对国际排名数据的精细分析表明：

> "我们可以确定（我们希望）的是来自不同国家的学生们经历着不同风格的教学安排，而在整个学习过程中，这些教学安排带来的结果大体上受教学优先考虑内容（prior learning）和其他学习内容的规划安排影响甚少。"[31]

结论

从前面的内容可以概括出，当我们把国家推向极端传统主义或是极端进步主义教学时，并不会对我们在国际比赛上的排名做出任何实际影响。虽然这里没有太多的证据，但是与学生的学业成就相比，有人认为不同的教学风格会对学生的自信心和人生态度产生更大的影响，对一些学生来说却也并非如此。从踏入社会开始就业起,学生就需要掌握知识和常规技能,而老师的问题主要是要找到一个更为合理的中庸平衡点。同时,我们还推出了另一种全新的模式,即把知识和技能联系起来的建立全面复杂教学系统的模式,这才是真正有效的。

(钱　黎　译)

注释

1. 关于一种用于区分不同教育意识形态的方法细节,可以参考 Ernest (1991) *The Philosophy of Mathematics Education*. Basingstoke: Falmer Press.
2. Askew, M., Brown, M., Rhodes, V., Johnson, D. and Wiliam, D. (1997) *Effective Teachers of Numeracy*. London: King's College London.
3. 同样可以参考 Ernest (op. cit.), or Ball, S. J. (1990) *Politics and Policy-making in Education*. London: Routledge.
4. Mcintosh, A. (1981) When will they ever learn? 文章重印自 *Forum*, 19(3), in A. Floyd(ed.), *Developing Mathematical Thinking*. London: Addison-Wesley, for the Open University.
5. Brown, M. (2010) Swings and roundabouts, in I. Thompson(ed.) *Issues in Teaching Numeracy in Primary Schools* (2nd edn). Maidenhead: Open University Press.
6. 例如,Prais, S. and Wagner, K. (1985) *Schooling Standards in Britain and West Germany*. London: National Institute for Economic and Social Research.
7. Department of education and Science/Welsh Office (1985) *Better Schools* (Cmnd 9469). London: Her Majesty's Stationery Office (HMSO)(第9节).
8. Department of Education and Science/Welsh office: Committee of Inquiry into the Teaching of Mathematics in Schools (1982) *Mathematics Counts*. London: HMSO.
9. Robinson, P. (1999) The Tyranny of League tables: international comparisons on educational attainment and economic performance, in R. Alexander, P. Broadfoot and D. Philips (eds) *Learning from Comparing: New directions in Comparative Educational Research*, Vol. I: *Contexts, Classrooms and Outcomes* (pp. 217 – 35). Oxford: Symposium Books.
10. Thatcher, M. (1993) *The Downing Street Years* (p. 593). London: Harper Collins.
11. Alexander, R., Rose, J. and Woodhead, C. (1992) *Curriculum Organization and Classroom Practice in Primary Schools: A Discussion Paper*. London: Department of Education and Science.

12. Oates, T. (2010) *Could Do Better: Using International Comparisons to Refine the National Curriculum in England*. Cambridge: Cambridge Assessment.
13. Jerrim, J. (2011) England's 'plummeting' PISA test score between 2000 and 2009: is the performance of our secondary school pupils really in relative decline? DoQSS Working Paper No. 11. 09. London: Institute of Education.
14. Brown, M. (2011) Going back or going forward? Tensions in the formulation of a new national curriculum in mathematics, *The Curriculum Journal*, 22(2): 151 – 65.
15. Board of Education (1931) *Report of the Consultative Committee on the Primary School* (Hadow Report). London: HMSO.
16. Central Advisory Council for Education (1967) *Children and their Primary Schools* (Plowden Report). London: HMSO.
17. Department of Children, Schools and Families (DGSF) (2009) *Independent Review of the Primary Curriculum: Final report* ('the Rose Review'). Nottingham: DCSF.
18. Alexander, R. (ed.) (2009) *Children, their World, their Education: Final Report and Recommendations of the Cambridge Primary Review*. London: Routledge.
19. 例如,对于年长的中产阶级妇女,可以参照:Buxton, L. (1981) *Do You Panic about Maths? Coping with Maths Anxiety*. London: Heinemann. 对于低年级的中学生,可以参照:Nardi, E. and Steward, S. (2003) Is Mathematics T. I. R. E. D? A profile of quiet disaffection in the secondary mathematics classroom. *British Educational Research Journal*, 29(3): 345 – 67. 对于高年级的中学生,可以参照:Brown, M., Brown, P. and Bibby, T. (2008) 'I would rather die': reasons given by 16 year-olds for not continuing their study of mathematics, *Research in Mathematics Education*, 10(1): 3 – 18.
20. Brown, J. S. and Van Lehn, K. (1982) Towards a generative theory of 'bugs', in T. P. Carpenter, T. A. Romburg and J. M. Moser (eds) Addition and Subtraction: *A Cognitive Perspective* (pp. 117 – 35). Hillsdale, NJ: Lawrence Erlbaum; Brown, M. (1982) Rules without reasons? Some evidence relating to the teaching of routine skills to low attainers in mathematics, *International Journal of Mathematics Education in Science and Technology*, 13(4): 449 – 61.
21. Bibby, T. (2002) Shame: An emotional response to doing mathematics as an adult and a teacher, *British Educational Research Journal*, 28(5): 705 – 21.
22. Askew 等。(前面也有引用,参照注释2.)
23. Creemers, B. (1997) *Effective Schools and Effective Teachers: An International Perspective*. Warwick: Centre for Research in Elementary and Primary Education.
24. Bennett, N. (1979) *Teaching Styles and Pupil Progress*. London: Open Books.

25. Aitken, M., Bennett, N. and Hesketh, J. (1981) Teaching styles and pupil progress: a re-analysis, *British Journal of Educational Psychology*, 51: 170 – 86.
26. 例如,Galton, M., Simon, B. and Croll, P. (1980) *Inside the Primary Classroom*. London: Routledge; Galton, M. and Simon, B. (eds) *Progress and Performance in the Primary Classroom*. London: Routledge; Good, T. L. Grouws, D. A. and Ebmeier, H. (1983) *Active Mathematics Teaching*. New York: Longman; Brophy, J. E. and Good, T. L. (1986) Teacher behavior and student achievement, in M. Wittrock (ed.) *Handbook of Research on Teaching* (pp. 328 – 75). New York: Macmillan.
27. Slavin, R. and Lake, C. (2008) Effective programs in elementary mathematics: a best-evidence synthesis, *Review of Educational Research*, 78(3): 427 – 515; Slavin, R., Lake, C. and Goff, C. (2009) Effective programs in middle and high school mathematics: a best-evidence synthesis, *Review of Educational Research*, 79(2): 839 – 911.
28. Boaler, J. (1997) *Experiencing School Mathematics: Teaching Styles, sex and Setting*. Maidenhead: Open University Press.
29. Peterson, P. L. (1988) Teaching for higher order thinking skills in mathematics: the challenge for the next decade, in D. A. Grouws and T. J. Cooney(eds) *Perspectives on Research on Effective Mathematics Teaching*, (pp. 114 – 42). Reston, VA: NCTM/ Lawrence Erlbaum.
30. Askew, M., Hodgen, J., Hossein, S. and Bretscher, N. (2010) *Values and Variables: Mathematics Education in High-performing Countries*. London: The Nuffield foundation.
31. Burstein, L. (1992) *The IEA Study of Mathematics III: Student Growth and Classroom Processes* (p. 278). Oxford: Pergamon Press.

第七章 原音拼合法：阅读之路？

贝森·马歇尔

导言

2011年在牛津的一次演讲中，蒂姆·格豪斯（Tim Brighouse）从1950年学校报告的汇编中引用了超过300份HIM报告，讲到有三分之一的学校存在英语教学与标准问题。这些问题造成了刻板化的阅读。

> 阅读能力差……学业结束时，很少有学生可被视为成熟的阅读者。
> （伯明翰现代中学，1956）
>
> 存在不会读写的问题。
> （伯明翰现代中学，1958）
>
> 读写能力的问题将持续到第四年。
> （柴郡现代中学，1957）
>
> 每张表单中都有几个男孩不会阅读……
> （利物浦男孩现代中学，1956）
>
> 很多男孩的书写存在困难。
> （柴郡文法学校，1958）
>
> 学生表现出对基本原理的不甚理解。
> （德比郡现代中学，1960）[1]

他得出结论："我这一代超过一半的人所达到的能力水平与现在所期望的9

岁孩子的能力水平相似。"[2]

112 如果我们回顾一下刚迈入20世纪的状况,就会发现存在非常相似的焦虑。1912年英语协会(English Association)写道:一般说来女孩或男孩都不能清晰、流畅,或用任何程度的准确语法书写英语,这是一个显而易见的事实。[3] 1921年,引用布茨纯制药公司(Boots Pure Drug Company)的纽波特(Newbolt)报告评论道:"现在学校的英语教学导致学生的英语语言水平非常有限。"[4]在同一个报告中,除了极少数雇主抱怨道"招募能清晰准确说写英语的雇员很困难"[5]。七年后,情况只有些许改变。1928年的斯潘思(Spens)报告写道:"很多学生读完文法学校却没有获得用英语表达自我的能力,这是普遍而又严重的危机。"[6] 1943年,诺伍德(Norwood)报告声称:"已经收到现代中学英语教学质量差的强有力的证据……证据毫无疑问在我们心中:我们面临着现代中学的失败。"[7]

似乎什么都没有改变。2011年到2012年,在首都伦敦,英国标准晚报发起了一项关于读写能力的运动,结果看起来同样令人不安。"小学毕业后1/4的孩子无法适当读写""当学生开始读现代中学时,40%的市中区小学学生有6到9年的阅读年龄"[8]这类标题出现在新闻报纸上。正如纽波特报告一样,雇主们也在抱怨:"40%的伦敦公司说他们的员工读写技能很差——并报道说这给他们的生意带来了消极的影响。"[9]

难怪国务大臣们提出方法来要与无知作斗争。为了联合政府,迈克尔·戈夫(Michael Gove)在他成为教育部大臣前一年的保守党会议上,阐明了自己的观点。

"想教孩子恰当的阅读并非是某种古老的偏见——在文明社会中这是绝对必须的,并且直到我们减少了现代英国中的无知才会停止。教授成百上千万人阅读的失败是最大的背叛。但我将继续从事教育的建设工作,因为他们所做的不仅仅是浪费才智。"[10]

113 然而11年前,戴维·布朗奇(David Blunkett)在《每日邮报》(Daily Mail)的文章中说的几乎是同样的话:

"但是，仍然有怀疑者，在他们看来这些［传统］的方法还在受到咒骂。在教育领域，我依然遇到过这种人，他们喜欢以往平静的生活，在这样的生活中，教育是"进步的"，一般学生的失败也视为理所当然。甚至有些人认为学习恰当的阅读会威胁创造力。他们真的认真思考过吗？实际上他们声称无知会帮你成为一个更好的艺术家？"[11]

那么学生的读写能力的水平到底怎么样了，正如他们水平一贯很差，或者更加令人担心的是，这陷入了一个恶性循环。布鲁克斯（Brookes）[12]在过去30年的读写能力水平研究中声明情况根本没有什么改变，但英国孩子在国际排名上似乎变得更糟。2003年，"促进国际阅读素养研究"（PIRLS）[13]的国际研究发现英国十岁孩子的阅读在世界上能排第三，只有瑞典和荷兰的孩子比英国孩子做得好。英国孩子在PIRLS中排名的成功被工党过度夸大了，工党把成功归于"国家读写策略"（National Literacy Strategy）（国家读写策略是后来才实施的）。但是这些发现的价值遭到了质疑。[14]最近的PIRLS研究（2010年）表明，我们国家孩子的排名从2001年的第三名退到了2005年的第七名，最终又下降到了2010年的第十七名。[15]正如我们所看到的，这种状况使戈夫（Gove）嘲笑而非赞扬了工党政府。

原音拼合法

然而，政府对在最初的阅读教学中引入原音拼合法（synthetic phonics）作为解决学生不能读写的问题的方法，得出了相似的结论。工党以前任教育标准办公室（Ofsted）总监吉姆·罗斯爵士（Sir Jim Rose）所写的两篇报告即《罗斯报告》（The Rose Report）[16]与《罗斯评论》（The Rose Review）[17]为基础来做的这事。联合政府赞同两篇报告中的调查结果。

《罗斯报告》宣称：

"尽管在研究结果中有众多不确定因素，但这种做法被审视后表明，通常被人理解为原音拼合的系统方法给绝大多数幼儿提供了最简单和最直接的方法来使他们成为有技巧的读者和书写者。"[18]

而且,这种方法是独一无二的:

"对于初学阅读的人来说,伴随着所谓的'探照灯'模式,在零碎的日常会话中学习语音方面基本的原理减少了不注重获取单词识别技能的风险。因此,评论指出对阅读要采用一种探照灯模式的重构。"[19]

根据报告,这是因为:

"例如,如果初学阅读的人受到鼓励要从图画中推出他们必须破译的词汇,这可能导致他们没有意识到自身需要注意印刷好的词汇。因此,他们可能不使用他们正在发展中的语音知识。这也可能会导致削弱对获得精确词汇阅读必不可少的集中语音教学。"[20]

学习阅读的"探照灯"(searchlights)模式被"国家读写能力架构"(NLS)所提倡,现在这个组织已不存在。1997年,新工党政府引入 NLS[21] 寻求改进小学孩子的识字率。尽管主要是用语音方法来进行阅读教学,但是,它表明其他策略也很好。例如,看图解释一个单词或者利用语法知识弄清楚一个句子在说什么。随着《罗斯报告》的出现,这种策略结束了,原音拼合法全面引入。小学教师被再次培训,新教师现在只教原音拼合法,将其作为阅读的一种帮助。小学原音拼合法的教学始于2007年。

那么原音拼合法究竟是什么?这种方法的倡导者认为,在英语中有44个音位;换句话说,就是字母能发出的声音。例如,如果我们以字母 A 为例,它有三种因素的发音,如在 cat 中发 a,在 bath 中发 ah(如果你的英语是一种南方的或标准的口音的话),在 place 中发 ae。孩子首先需要学习每一种音位发音,随后他们就能学着区分单音双字母。单音双字母,就像在"sh"或"th"中,是两个字母的组合。他们从学习单音双字母中取得进步后就要学习三个字母相组合的单音三字母,如"thr"。因此,这个过程会继续下去。当孩子们掌握了全部的44个音位后，他们才初次了解到书本。专门的阅读计划的书目是为计划而写的，因为只有用音位能解读的词汇才会首先得到使用。

原音拼合法不同于分析拼音法，声音基础教学法另一种主要的用法在于教孩子们阅读。分析拼音法也区别于音素的发音但是也要依赖学生的倾向来作出分析。特别是它取决于一开始、最初的音位的发音和一种类似的语音，它们通常是韵律。苏斯博士(Dr Seuss)的书，例如《帽子里的猫》(The Cat in the Hat)，就是一个很好的分析拼音法的例子。标题本身就用单词"cat"和"hat"对韵律进行一种说明，但是其他的阅读计划很大程度上依然依赖分析拼音法，"牛津阅读树"(The Oxford Reading Tree)就是这样的一个例子。认同分析拼音法的学者葛史维迈(Goswami)，当她还在牛津大学时就在写分析拼音法。

克拉克曼南郡

工党政府以及目前的管理部门都喜欢原音拼合法，这很大程度上是由于克拉克曼南郡学校里的一篇关于读写能力教学的报告。[22] 克拉克曼南郡(Clackmannanshire)是苏格兰的一个小地方，一共有19所小学。研究者约翰逊(Johnson)和沃森(Watson)最初在1997年开始了他们的研究工作，但是因为这项研究变成长期性的，他们在七年后才对这项工作做了报告。这一项目刚开始时仅在三所小学内进行，但是16个星期后就拓展到所有的19所小学，因为这项研究的成果非常好。七年后，他们将克拉克曼南郡学生的研究结果与其他地方的具有可比性的学生做了比较。他们发现，即使是11岁的克拉克曼南郡的小学生，在把拼写和读音关系用于阅读的能力上领先了三年半，在理解上只领先了三个月。然而，最主要的是报告的第一组数据而不是第二组数据。原音拼合法自然成为政治家在提升学生读写能力方面寻找的良方。

然而，这项研究存在几个问题。首要的就是这项研究从未打算建立一个关于原音拼合法的包罗万象的防御。向《罗斯报告》提供证据的埃利斯(Sue Ellis)说道：

"约翰逊和沃森的克拉克曼南郡语音法的研究报告是一种和其他不同的语音教学方法相比较的实验性的尝试。这种方法设计出来不是为了查明与一种混合的方法相比音素指导是否能提供一种更有效的阅读方式。研究者既没有收集相关的数据也没有进行真实性的检验,而这却是回应这样一个问题所必需的。"[23]

尽管学校开始运用原音拼合法,当地政府的钱也很好地投入到这里面,从而"教师能进行家访,运行故事俱乐部和校后家庭作业俱乐部。除在教室里上课外,教师和家长一起建立图书馆参观和借书计划"。[24]同样,"学校也开始发起一个单独的和并发的倡议,引入了个人学习计划。但这包括了早期学校干预的部分而非全部"。[25]

这不是一个属于少数人的研究课题。传统上,研究课题一旦发布就会被同道的学者进行同行评议,在研究的过程中往往有对研究进行指导和评论的咨询委员会。克拉克曼南郡的研究都没有,但是这项研究中的这些由"美国阅读小组"(American Reading Panel)[26]着手做了。在分析拼音法或原音拼合法是否为一种更好的教授阅读的方法时,他们参考了成百上千篇同行评议的文章,发现这两种方法之间没什么不同。

但是,这一发现应该搁置一旁。或许任何语音阅读教学的一个更基本的困难是英语并非是一种特别始终如一的表音语言。对于任何语音规则都有很多例外。而且,含义在教孩子阅读中能够并且的确发挥了重要作用。如果我们拿出一个单词"read",必须知道它的上下文背景和词组的含义,在背景和含义中就会知道它如何发音——是像在"reed"中那样读,还是像在"red"中那样读?它是一个动词还是一个名词?只有当我们知道了它的意思我们才能正确地解释它。或者,就像很多孩子听到的传说或故事的开始——"从前有"。应该如何去读每一个使用原因拼合法的熟悉的短语?"O"的发音像"w",动词"was"实际上被发作"waz"。不去注意含义,单以音素发音为基础教孩子阅读被视为是有缺陷的,正如克拉克曼南郡的研究成果一样似乎有所指明。

进步的方法

有趣的是所有政党代议制的团体同意了。不像工党和代议制政府,它不赞同用一种方式匹配所有的教授阅读的方法。在一篇《克服读写能力障碍的调查报告》(Report of the Enquiry into Overcoming the Barriers to Literacy)[27]中写道："没有能保证所有孩子都成为阅读者的灵丹妙药。"[28]他们还写道："语音和阅读根本不是同一件事。读孤立的词汇并非是有意义的阅读,而政策的制定者却把两者混为一谈交互使用,这造成了极大的担忧。"[29]他们总结道："我们需要承认孩子并非'在一条直线上学习',有很多不同的学习方式和不同的学习倾向：这就是为什么只注重原音拼合法是不恰当的。"[30]

这么做,所有政党代议制团体都赞同工党政府时期的另一基础教学的评论——《剑桥评论》(The Cambridge Review)。[31]这是由罗宾·亚历山大教授(Professor Robin Alexander)整合的主要的研究课题,但在评论中,他扩展了读写能力的定义,甚至是对未来的读写能力的定义也进行了界定。在评论中他是如此定义的：

"学生的读写能力达到了我们授权的既定目标,通过给予不仅是学习读与写的技巧,而且要使这些过程真实地转换,从而激发学生的想象力(另一个既定目标),拓展他们的视野以及确保他们能够尽可能像真实的一样思考生活和世界。"[32]

读写能力的力量超越了页码上的文字,实现了他们社会生活的意义。亚历山大把它写进了他的名为《对话的教育：失控世界道德与教育学的选择》(Educational as Dialogue: Moral and Pedagogical Choices for the Runaway World)[33]的小册子。

"在一些国家,要求教育把个人塑造成顺民；在其他国家,教育则在尝试培养积极的和具有质疑精神的公民……因此,教育是培养能力与自由的或是剥夺权力与造成困惑的。"[34]

完全可以这样说：原音拼合法体系的应用是一种把学生"塑造"(mould)成"顺民"(compliant subjects)的尝试而不是鼓励他们成为"具有质疑精神的公民"(questioning citizens),尽管他没有这样表述。罗宾·亚历山大像其他教育中的学者一样采取了一种更进步的方法。可能最著名的"进步的"(progressive)术语的创造者就是约翰·杜威(John Dewey)了。在定义进步的方法和他认为更传统的方法之间的不同时,他谈到了传统主义者:

"年轻人通过信息组织机构的获取,通过准备好的增强实质性指导的技能形式来为未来的责任和生活中的成功做准备。当这种主旨像得体举止的标准一样从过去传下来,那么学生们整体上对此的态度一定是温顺、接受、顺从中的一种。"[35]

然而,巧妙的是,这听起来可能像某种伴随着原音拼合法出现的有活力的教学。学习阅读是一整套规则的获取,是"准备好的技能形式"(prepared form of skills)。但是,亚历山大使用的语言也是相似的。在他的书中,学生将是"顺从的"(compliant);在杜威的书中,他们也显示出"温顺"(docility)、"顺从"(obedience)。

然而,正是那些倡导批判性识读的人使这种"温顺"和传统书本阅读之间的联系变得最为清楚。对于这种政府的文件里有详细记载的识读类型的作家来说是简单的"教育素养"(schooled literacy)[36],即一种转化书本上文字的、学生不具备的能力。相比之下,批判性识读:

"成为一种某种程度上有意义的构想,这种构想被视为一整套的受权于人或剥夺人权利的实践和功用。很大程度上,读写素养必须根据是否能促进民主的改进和有助于解放的改变来分析。"[37]

再次:

"批判性识读回复了特定群体或阶级的文化资本并且用能被证实的方式来看待。占主导的社会观点通过忽视或诋毁知识和使每日的生活都具有特点的经历来驳斥学生,也用这种方式来看待。分析单位是社会性的,主要的关注点不仅是个人兴趣,而且是个人和集体的授权。"[38]

其他人,例如雪莉·布莱斯西斯(Shirley Bryce Heath),通过测验不同社会群体的读写能力和记录来自特定社区的孩子是如何由于"教育素养"的狭隘定义陷入不利的,从而使这个情况更加问题化。[39]正如吉(Gee)记录的,有这样一种看法,有文化意味着"谈论一些基于学校任务的能力是一种方式,在这种方式中,西方式学校培养的精英他们听起来知道的远比做到的多"。[40]

那些人尽管很少有公开性激进的议程,但使用"批判性识读"(critical literacy)这一术语来描述远远超出基础的一种读写能力的形式。查理德·霍加特(Richard Hoggart)在他的文章《评判性识读与创造性阅读》(Critical literacy and creative reading)中写道:

"我们现在从大多数公众那里获得的读写能力的水平来确保读写能力能成为一种简单的进一步适用于绝大多数人的方式。这种读写能力的水平与语言在这种社会中误用的方式无关。我们使他们充分受到教育以致被大量说服者所欺骗……第二个口号是'一切人的批判性识读'(Critical Literacy for All),批判性识读意味着……教授众多困难、挑战以及生活在一个开放的其目标是真正民主的社会中的益处。"[41]

不同程度上,对所有的这种作家来说,读写能力成了一种"阅读"我们所生活的社会的一种工具。这个整体的任务要求我们不能根据外表判断"权威"(authority),但是它作为民主过程的一部分遭到了质疑和挑战。他们不想要消极的主题但是却想要积极的民众。

意义阅读与快乐阅读

如果我们再一次回到我们早期教授的阅读方式,我们将再次发现那些提倡原音拼合法的人和那些提倡用一种完全不同的方式成为受过教育的人之间的对比。以学者玛格丽特·米克(Margaret Meek)为例,她认为学生应该用"真正的书本"(real books)学习阅读而不是用阅读计划。她用她称为一个社会构成主义者或维果斯基的观点来呈现早期阅读(例如,米克 1988 与 1991)。[42]在她的成为受过教育的人意味着什么的观点中暗示的是语言是至关重要的概念,我们相互影响的方式就像读和写。语言对于学习过程是必不可少的这种观点通过詹姆斯·布里顿(James Britton)、道格拉斯·巴尔内斯(Douglas Barnes)、哈罗德·罗森(Harold Rosen)这些作者写的书,例如《语言》(Language)、《学习者与学校》(the Learner and the School)[43]、《语言与学习》(Language and Learning)[44],在这些国家中得到了认可。他们的工作是建立在俄罗斯心理学家列弗·维果斯基(Lev Vygotsky)的著作上的。维果斯基的研究尽管是在20世纪30年代进行的,但是将近三十年后他的研究才翻译成西方语言。维果斯基认为语言是一种基本的认知工具:

"[通过]关注讲话和孩子社会文化经历之间的相互作用,维果斯基向我们提供了一种学习的模式。这种模式强调谈话的作用,将社会话语放在中心位置。最重要的是这样一种理念:孩子们通过和一个更具知识的人(这个人可能是同龄人或者成人)交流从而可以高效地学习。"[45]

121　　这种理念支持了维果斯基"最近发展区"(ZPD)的核心学习理论。[46]本质上,他认为每一种新的学习状况都使我们从一个不理解的阶段上升到一个我们能理解的位置,如果能获得这样的支持的话:通过与更加有知识的人(最近发展区)交流达到我们都独立理解的状态。老师的目标就是通过班级或小组讨论支持学生实现这种过程。最近发展区的理论经常与布鲁纳(Bruner)的工作实践联系起来。他创造了"支架"(scaffolding)[47]这一术语,来描述这种过程:学生在参加一种新的活动时需要初期的支持,随后当他们变得更加独立并能在没有协助的情况下继续时,就慢慢取消这种帮助。

　　在教室里有效实施维果斯基和布鲁纳的理论需要杜威称为的"建立在概念之上的高级组织"(high organisation based upon ideas)[48],并凭借教师拥有的"解决各种材料、寻找各种方法以及处理各种适宜社会关系的困难任务"[49]来帮助学生学习阅读。换句话说,他们精心安排了教室里的各种活动。在这种活动中,对话和讨论成了开拓发展学生思考能力的基本探究工具。

　　随后,玛格丽特·米克力图以学生已经知道的知识为基础,这包括书本如何起作用以及印刷的字体如何传达信息。在这种方式中,读和写总是被认为处在一种清晰界定了的背景下。他们不排除读音法但是也不全然依赖于它。"初等教育语言中心"(CLPE)的工作已经建立在这项工作的基础之上了。研究的出版物,例如《书写者中的阅读者》(The Reader in the Writer)[50]展现了学生在他们的书写中如何使用关于故事和课文怎样起作用的知识。

这和阅读的语音教学法差别非常大,分析的或综合的方式再一次认为读写能力远非简单的文字解译。而且,重要的是存在一些迹象——视读写能力为简单的解译文字会阻止学生从阅读中获取快乐。2005年,一份关于英语教学的教育标准局报告出版,[51]它写于《罗斯报告》之前。但是第一批学生读完小学后使用了NLS,它有助于兴趣阅读。尽管事实上,它从未批评过读写课程,但是实质上它做了一切。关于框架的所有线索都不好,在随后的每年大卫·贝尔检察长(Chief Inspector David Bell)的报告中很多线索将被发现。[52]对英语教学检查前的六个月里,他因很多学校(特别是小学)缺乏阅读而扼腕叹息。他抱怨道:学生在课程上没有学到足够的文本,他们被给予的反而是小说中的选段。因此,他担心学生将失去阅读的快乐。前一年,他注意到创新课程由于教师教授第二关键期的国家考试受到了影响。

正如所说的,尽管在教育标准局关于英语教学检查[53]中批评从未是公然的,但是,不断增长的证据表明,如果教师真的使用这种框架结构作为他们课堂里的指导,那么他们的表现只能让人大体满意或者更差。教学质量部分的评价记录表明,实习教师趋向于"采用安全和没有想象力的教学……部分原因是他们对策略结构和内容的使用太过严格"[54],而且"对于太多的小学和中学老师来说,教学目标成了一张要核查的清单,因为他们奴隶般地遵循框架进行教学"[55],这些引自每年的HMCI报告。

这种方法的效果通过检验变得清晰了。例如,如果我们看一下关于阅读的评论就会发现这些评论者们引用研究的证据来支持这次检查的发现。"国际阅读能力进步研究"(PIRLS)机构发现,尽管英语学校中十岁的学生和其他国家的那些学生相比阅读水平差不多,但是,他们对快乐阅读并不感兴趣。不论在1998年到2003年间他们是否发现了快乐阅读,都存在着读写能力的衰退。"国家教育研究基金会"(NFER)在其2003年的调查中也发现:"最近这些年,学生

快乐阅读严重衰退。"⁵⁶

尽管在提升读写能力标准这件事上快乐阅读可能只是一件非核心的却令人愉悦的副产品,但是,过去30年的研究证据表明事实并非如此。正如教育标准局检查记录的那样,1975年的《布洛克报告》(Bullock Report)发现成人缺乏读写能力的一个主要原因是"他们没有在学习阅读的过程中学习"。⁵⁷"国际学生评估计划"(PISA)也发现"对阅读更加有热情,成为一名经常阅读的读者,相比拥有受过良好教育的父母,他们自身更加有优势",因此得出结论,"找到一种方法使学生参与到阅读中去可能是利用社会变迁的最有效的方式之一"。⁵⁸然而,英格兰教育标准局自身关于这种状况的报告——《目的阅读与快乐阅读》(Reading for Purpose and Pleasure)——⁵⁹注意到了阅读"与学校的消极联系"⁵⁹,特别是与男孩们以及与他们父母的消极联系。正如我们看到的,国际学生评估计划⁶⁰最近的一次报告中声明英国在读写能力方面没有改进,在比赛成绩中已经滑落到第17名的位置。

结论

关于读写能力的争论总是存在争议。术语方面有些怪异的熟悉,1905年教育委员会的一名巡查员——凯瑟琳·巴瑟斯特(Katherine Bathurst)——从一名男孩的新视角描述了学习阅读的过程:

> "一有信号,教室里的每一名孩子就用一种唱歌的嗓音大声喊出神秘的声音:'字母A,字母A。'或者根据具体情况大叫:'字母A啊,字母A啊。'对于门外汉,我解释的第一件事就是拼写的开始,第二件事是构词的开始。古老的有头脑的人将会花费几个小时的时间讨论是'c-a-t'还是'ker-ar-te'才是传递如何阅读单词'cat'的最好的方式。我必须对表现自己拥有一种淡漠,对老师不被允许为他们自己解决这一问题充满同情。"⁶¹

她可能表达了"淡漠"(indifference),但是问题是其他人并没有。理解这一点的一种方法就是看一看我们对受过教育意味着什么的看法与我们对教育目的的看法、通过教育我们关于社会特征的看法以及在其中我们位置的看法的关系有多接近。艾略特(TS Eliot)在他的一篇关于现代教育和传统教育的短文中这样描述教育：

"(教育是)一个不能空泛讨论的主题：我们的一些问题引起了其他的一些问题，如社会经济、金融和政治问题。为了知道我们在教育中想要什么，我们就必须弄清楚一般而言我们想要什么。我们必须从生活的理论得出教育的理论。和这些相比，各种问题间的关系是更为根本的一个问题。"[62]

例如，拥有进步观的巩特尔·克雷斯(Gunther Kress)写道：

"如果我们把在课程中描述读写能力作为一件固定不变的事情，我们就是在鼓励一种不同的态度，即把读写能力描绘成由社会塑造的以及由每一位读者和作家不断再塑造的一系列资源。前者鼓励一种对是什么的接纳，一种对权威的确切态度，一种个人接纳的限制和个人主观性的限制。后者鼓励对事情如何成为它们现在的样子的好奇心，鼓励一种作为活跃的、创造性的以及广阔的个人的内在化。"[63]

然而，更加传统的报纸专栏作家梅勒妮·菲利普斯(Melanie Phillips)在一个章节中讽刺地加了一个副标题"适当的读写能力"。她写道："对语法教学的厌恶成了一种对外部权威形式的普遍的否定。"[64]她将一切归咎于激进的英语老师们：

"毕竟英语这一主题居于我们国家文化身份定义的首位。由于英语教师们是这种身份的主要监护人，所以当我们发现革命分子企图使用这一主题转变已经获得强有力立足点的社会并尝试重新定义阅读本身的非凡意义的时候，我们不应该感到吃惊。"[65]

这些不同并非是政党政客必然的不同，戈夫(Gove)和布朗奇(Blunkett)在政治中属于不同的阵营，但是在读写能力这件事情上他们是一致的。为英国人写了第一本国家课程的布莱恩·考克斯(Brian Cox)，尽管他承认生活中大多数时候都把票投给了保守党,但是,他把自己描述成一名"温和的进步主义者"(doderate progressive [s])[66]。然而目前似乎是原音拼合法赢得了胜利。孩子们不仅被用这种唯一的方法教授阅读,而且在六岁以及一年的结束时还要被测试来检验他们在获得语音知识方面有多成功。根据 APPG 和很多学者的观点,除去事实上不存在证据表明原音拼合法与其他方法相比是一种教授孩子阅读的更好的方法,这种方法对一些学生却是有害的。2011 年 10 月,在一封由"英国读写能力协会"(UKLA)写的信中,他们讲道:

"这证实了我们先前所表达的担心,即从长期来看,唯一的阅读解译方面的测试的使用将损害标准,有能力的阅读者将错误地把测试视为语音学教学进一步的需要。最终的结果就是退步。"[67]

目前为止,联合政府还没有作出回应。

(卢纪垒 译)

注释

1. 蒂姆·格豪斯,《衰退与下降:公立学校和州立大学处在坍塌的拐点?》,于 2011 年 9 月 16 日牛津大学玛格丽特夫人会堂。
2. Ibid.
3. Cox, B.（1995）*Cox on the Battle for the English Curriculum*（p. 37）. London: Hodder & Stoughton.
4. Departmental Committee of the Board of Education（1921）*The Teaching of English in England: Being the Report of the Departmental Committee Appointed by the President of the Board of Education to Inquire into the Position of English in the Educational System of England* [Newbolt Report].（Ch. 3, para. 77: 72）London: Her Majesty's Stutionery Office（HMSO）.
5. Ibid.
6. Cox, B. op. cit., p. 3.
7. Ibid., p. 38.

8. Evening Standard cited in All-Party Parliamentary Group for Education(2011) *Report of the Enquiry into Overcoming the Barriers to Literacy*. London: HMSO.
9. Ibid.
10. Gove, M. (zoio) *Failing Schools Need New Leadership*. Availabel online at www. conservatives. com/News/Speeches/2009/10/Michael_Gove_Failing_schools_need_new_leadership. aspx(accessed 4 December 2010).
11. Blunkett, D. (1999) Commentary: moaners who are cheating your children, *Daily Mail*, 19 July.
12. 布鲁克斯,《英国识读标准的趋势 1948—1997》。论文保存于英国教育研究协会会议,约克大学 1997 年 9 月 11 日至 14 日。
13. Twist, L., Sainsbury, M., Woodthorpe, A. and Whetton, C. (2003) *Reading All Over the World: Progress in International Reading*. Literacy Study (PIRLS) National Report for England. Slough: National Foundation for Educational Research (NFER).
14. Mary Hilton (2006) Measuring standards in primary English: issues of validity and accountability with respect to PIRLS and National Curriculum testscores, *British Educational Research Journal*, 32(6): 817-37; Mary Hilton(2007) A further brief response from Mary Hilton to: 'Measuring standards In primary English: the validity of PIRLS-a response to Mary Hilton'by Chris Whetton, Liz Twist and Marian Sainsbury, *British Educational Research Journal*, 33(6): 987-90.
15. OECD (2010) *Programme for International Student Development*. Available online at www. pisa. oecd. org/document/61/o, 3746, en_32252351_32235731_46567613_1_1_1_1,oo. html (accessed 14 December 2010).
16. Department for Education and Skills (DfES) (2006) *Independent Review of The Teaching of Early Reading: The Final Report*. [Rose Report] London: HMSO.
17. Department for Children, Schools and Families (DCSF) (2008) *Independent Review of the Primary Curriculum: Final Report*. Available online at www. publications. education. gov. uk/eOrderi-ngDownload/Primary_curriculum_Report. pdf (accessed 8 December 2010).
18. DfES, op. cit., p. 4.
19. Ibid, p. 4.
20. Ibid, p. 36.
21. Department for Education and Employment (DfEE) (1997) *The National Literacy Strategy*. London: HMi.
22. Watson, E. and Johnston, R. (2005) *Accelerating Reading Attainment: The effectiveness of synthetic phonics*. St. Andrews: University of St. Andrews.
23. Ellis cited in Rosen, M. (2006) Available online at www. michaelrosen. co. uk/

kingstalk. html (accessed 3 December 2010).
24. Ibid.
25. Ibid.
26. National Institute of Child Health and Human Development (NIH, DHHS) (2000) *Report of the National Reading Panel: Teaching Children to Read* (00 - 4769). Washington, DC: US Government Printing Office.
27. Ail-Party Parliamentary Group for Education (2011) *Report of the Enquiry into Overcoming the Barriers to Literacy*. London: HMSO.
28. Ibid, p. 6.
29. Ibid, p. 4.
30. Ibid, p. 14.
31. Alexander, R. (2009) *Children, Their World, Their Education: Final Report and Recommendations of the Cambridge Primary Review*. London: Rout-ledge.
32. Ibid, p. 269.
33. Alexander, R. (2006) *Educational as Dialogue: Moral and Pedagogical Choices for the Runaway World*. Cambridge: Dialogos.
34. Ibid, p. 5.
35. Dewey, J. (1966) *Experience and Education* (18). London: Collier Books.
36. Street, B. and Street, J. (1991) The schooling of literacy, in D. Barton and R. Ivanich (eds) *Writing in the Community*. London: Sage Publications.
37. Freire, P. and Macedo, D. (1987) *Literacy: Reading the Word and the World* (p. 41). London: Routledge.
38. Aronowitz and Giroux, cited in Ball, S. J., Kenny, A. and Gardiner, D. (1990) Literacy policy and the teaching of English, in I. Goodson and P. Medway (eds) *Bringing English to Order* (p. 61). London: Falmer.
39. Heath, S. (1983) *Ways With Words*. Cambridge: Cambridge University Press.
40. Gee, cited in Corden, R. (2000) *Literacy and Learning Through Talk* (p. 27). Maidenhead: Open University Press.
41. Hoggart, R. (1998) Critical literacy and creative reading, in B. Cox (ed.) *Literacy Is Not Enough: Essays on the Importance of Reading* (p. 60). Manchester: Manchester University Press.
42. Meek, M. (1988) *How Texts Teach What Readers Learn*. Stroud: Thimble Press; Meek, M. (1991) *On Being Literate*. London: Bodley Head.
43. Barnes, D., Britten, J. and Rosen, H. (1972) *Language, the Learner and the School*. Middlesex: Penguin Books.
44. Britton, J. (1974) *Language and Learning*. Middlesex: Penguin Books.

45. Corden, op. cit., p. 8.
46. Vygotsky, L. (1978a) *Thought and Language*. Cambridge, MA: MIT Press.
47. Bruner, J. (1985) Vygotsky: a historical and conceptual perspective, in J. Wertsch (ed.) *Culture, Communication and Cognition: Vygotskian Perspectives*. Cambridge: Cambridge University Press.
48. Dewey, J. op. cit., pp. 28 – 29.
49. Ibid, p. 29.
50. Barrs, M. and Cook, V. (2002) *The Reader in the Writer*. London: CLPE.
51. Office for Standards in Education (Ofsted) (2005a) *English 2000 – 5: A Review of the Inspection Evidence*. London: HMSO.
52. Bell, D. (03.03.2005) A good read., in a speech to mark World Book Day.
53. Ofsted, op. cit.
54. Ofsted (2005b) *The Literacy and Numeracy Strategies and the Primary Curriculum: HMCI* (p. 16). London: HMSO.
55. Ibid, pp. 16 – 17.
56. Twist, L., Sainsbury, M., 'Noodthorpe, A. and Whetton, C. (2003) op. cit., p. 22.
57. Bullock Report (1975) cited in Ofsted (2005a) *English 2000 – 5. A Review of the Inspection Evidence* (p. 24). London: HMSO.
58. OECD (2002) *Reading for change: a report on the programme for international Student Assessment*, cited in Ofsted (2005a) *English 2000 – 5* (p. 2). London: HMI.
59. Ofsted (2004) Reading for purpose and pleasure, cited in Ofsted (2005a) *English 2000 – 5* (p. 23). London: HMI.
60. OECD (2010) *Programme for International Student Development*. Availabel online at www.pisa.oecd.org/document/61/o,3746,en_32252351_32235731_46567613_1_1_1_1,oo.html (accessed 14 December 2010).
61. Bathurst, cited invan der Eyken, W. (1973) *Education, the Child and Society: A Documentary History 1900 – 1973* (p. 121). London: Penguin.
62. Elliot, cited in Tate, N. (1998) *What is Education For? The Fifth Annual Education Lecture* (pp. 3 – 4). London: King's College.
63. Kress, G. (1995) *Writing the Future: English and the Making of a Culture of Innovation* (p. 75). Sheffield: NATE Papers in Education.
64. Phillips, M. (1997) *All Must have Prizes* (p. 69). London: Little, Brown and Co.
65. Ibid, p. 69.
66. Cox, B. (1992) *The Great Betrayal: Memoirs of a Life in Education* (p. 112). London: Hodder & Stoughton.
67. 2011年10月21日,英国文化协会(UKLA)给迈克尔·戈夫的信。

第八章 非正式教育优于正式教育?

贾斯廷·狄龙

导言

这里存在一个你可能发现貌似可信的争议。证据表明越多的学生在学校中体验了"正式的"(formal)科学教育就有越多的学生不喜欢它。然而,把他们带到"非正式"(informal)的教育中,例如科学中心或者户外环境中心,他们就被这种真正的体验迷住了。所以,如果我们能找出年轻人喜欢学校之外科学的什么,并将其用于学校的体验中,我们也会使学校教育更加有趣。

然而,存在几个固有的假设,这些假设没有得到证据的全然支撑。第一个假设是有两种学习的形式,即正式的和非正式的;第二个假设是非正式的学习在一些方面优于正式的学习;第三个假设是把非正式教育的好的方面搬到正式的学校教育体系中,这既是可能的也是迫切的。本章将质疑所有的这三个假设。一项对于年轻人怎样看待学校内外的科学的测试表明,尽管可能要去好好了解科学中心和博物馆为什么受欢迎,但是从一个位置到另一个位置的调换策略不大可能取得成功。对于学校和其他的科学教育机构来说,一种持久的合作伙伴关系的工作可能更加有效。

正式的和非正式的什么?

自从第一所学校出现以来,就有了针对学校的批评家。批评家对学校和学校教育的批评范围从笼统的概括涉及精准、感知的洞察力。一些批评家深信教育整个正式化的过程,不论是在学校里,还是随后的生活中、大学中或者训练设施上,都近似在浪费时间。例如,管理顾问杰·克罗斯(Jay Cross)介绍了他的书——《正式学习:激励创新与绩效的自然途径的再发现》(Informal Learning: Rediscovering the Natural Pathway That Inspire Innovation and Performance):

"相比在教室中,工人在咖啡厅里学到得更多。通过正式学习,他们发现如何做他们的工作:讨论、观察他人、试验、错误以及简单地与懂得多的人一起工作。正式学习——在教室以及工厂里——只占人们在工作中学到的10%到20%。公司在忽略了自然、具有更加简易程序的正式培训计划中过度投资了。"[1]

克罗斯记录的"正式的"和"非正式的"学习"既包含在意识中建立一种新的神经联系又包含适应新的情况,它们非常相同,彼此间共存"。[2]克罗斯解释了这两种现象的不同,如下:

"想象一种学习的频谱。沿着连续介质的一个波段是正式的。它经常采用一种工业时代的方法,受到严格管控,指令都是来自上面。检查人员要检查生产能力。时常,这是一种学习的生产线方法,对于有相似需求的需要灌输学习的人群有用处,比如,技术环境的初学者。

连续介质的另一个波段是非正式的。这是人们万古以来已经学到的:通过观察、试验、犯错、听主母的故事。在我看来,这定义的特点就是非正式学习不包括课程。通常既没有成绩也没有证明,经常是即兴的而非安排好的。"[3]

事实上,读克罗斯的观点,好像相比于学习的思维过程,他谈论的更多的是教育。他谈论了学习发生的环境而非关于学到了什么、怎样学的背景。像这些二分法对一些商业领袖和政治家有吸引力。当然,问题是生活更加复杂,因此,关于问题的论证也必须更加复杂。

克罗斯使正式学习和非正式学习概念化的方式全然不同于其他很多人所这样做的特性。1990年,杰瑞·惠灵顿(Jerry Wellington)写道,学习的两个方面必须在测验科学教育中考虑到：公众对科学的理解和科学本身的优势。他补充道："这些可能唤起正式学习和非正式学习。"[4]惠灵顿做了一个表（表8.1）展现他所描述的科学上的正式学习和非正式学习的特点。

表 8.1　科学上正式学习和非正式学习的特点

非正式学习	正式学习
自愿的	强迫的
随意的、松散的、无序的	有组织的、有序的
开放式的	更紧密的
学习者主导、学习者中心	教师主导、教师中心
正式场合之外	基于课堂与制度
无计划的	有计划的
有很多非计划的结果（结果更加难测量）	很少有非计划的结果
以社会方面为中心（如，社会互动）	很少以社会方面为中心
低成本	高成本
非指导的，非立法的	立法的、指导的（控制的）

专门写过科学中心作用的惠灵顿写道，这些特点"可能有冲突也可能有帮助或者彼此相互帮助"。[5]尽管如此，表格总体表明了两种学习方式相当不同，代表了以显著不同的哲学立场为基础的教育活动。如处在克罗斯的位置上看，相比于过程和内容，惠灵顿似乎谈论的更多的是环境。

惠灵顿深信在20世纪90年代，"科学的非正式学习会发生在各种环境下，通过各种不断增长的媒介来实现"，结果的确是这样。他没有预测的就是在各种环境下以及在学习的影响下的兴趣的水准，而这点不同于最近这些年发展起来的学校。这种改变的出现，部分是由于我们生活在一个在教育和其他方面负有责任的时代。例如，如果英国科学与发现中心协会想要为政府各部门的财政作出说明，他们需要向国务大臣呈现有效的证据。在这种背景下，影响就涉及了学习上的增长或者对科学的态度的改进。看起来好像款项的发放机构把学习简单地视作往一面墙上增添新的砖块的这样一件事情而非增加灰浆使这面墙更坚固。

2002年，海伦·科利（Helen Colley）、菲尔·霍金森（Phil Hodkinson）、贾尼

斯·马尔科姆(Janice Malcolm)收到了很多围绕正式学习、非正规学习、非正式学习的论述。仔细看了在不同环境下使学习概念化的八种方式后,他们发现根本没有学习情景,如果有的话,学习情景中正式元素和非正式元素二者之一是完全缺失的。他们得出的结论非常精明,没有如人们所希望的那样随后产生很多的影响。

"首先,他们中的许多人(但不是全部)通过什么不是正式的,来定义非正式学习。第二,许多列表(但不是全部)进行价值假设。含蓄的或者直率的,它们中一种形式或者另一种形式是内在的优势——有时是道德上的,有时是效率方面上的。第三,人是正式教育和非正式教育的综合体,很难从学习中将其简单、清晰地分离出来。所用的这些问题严肃地质疑了在这些不同的学习或教育的形式中寻求清楚的定义上差别的可能性与适当性。"[6]

克罗斯和同事们注意到:"争论的焦点在于关于一种形式或另一种形式内在优越性主张的冲突。"[7]有人可能要问,为什么所有人要把时间花费在听"正式"学习与"非正式"学习的特点上?如果我们停止形容性地表示正式的环境和非正式的环境,并且就像发生在具体的语境和情况下那样简单讨论学习,那么这一切将会更好。因此:

"非正式情况下的学习涉及了超出传统的或'正式'的学校教育的机会与环境。这类机会与环境包括由博物馆、画廊、科学中心、动物园、植物园以及野生动物园提供的,还被认为可能包括由书本、电视节目、新闻媒体以及互联网所给予的。"[8]

教室外学习的益处

有时对正式的学校教育的批评很严苛。例如,弗兰克·奥本海默(Frank Oppenheimer)——曼哈顿计划(Manhattan Project)以前的科学主任,世界上最

著名的科学中心旧金山探索馆的创始人和第一任主管认为:

"……尽管学生在一门课上失败了——甚至他们'被退学了',但是,没有人曾放弃过一座博物馆、一个电视节目、一座图书馆或一个公园。只有学校才可以给学生们发证书,只有经过学校认可的学生才能进步,结果是只有作为公共教育的学校被人们认可。我想表明的是,目前的证书制度不仅对于教育的进步来说是令人窒息的,而且这种证书制度代价也高、浪费严重。证书就是一种妨碍。"[9]

不管为学习提供可供选择的场地的动机是什么,他们已经成为每天生活的一部分。科学中心、博物馆、植物园以及其他此类机构正逐渐被视为不仅仅是在外面快乐地度过一天的地方。尽管他们最初声明学习的地方通过一些教育家——这些教育家们把在中心发生的事情仅仅说成是寓教于乐——的反对能够得到满足,不断增长的研究证据已经向他们表明要提供一种广阔范围的情境支持。虽然,学习受到很多因素的影响这一点已经变得很清楚,但下面还是要对一些因素进行概述。

与不同环境有关的因素

发生在校外环境下的学习可能受到一系列因素的影响,包括情况的新奇、缺乏固定的课程以及通过一个展览选择自己路线的能力。另一个要考虑的因素是,大多数参观者已经选择参与到学习中去。在某种情况下,他们事实上已经选择为此付款。这种保证和动机的水准会很好地影响到学习的程度。在非正式环境中,教育学家们面临的挑战之一就是参观者所拥有的有效时间很短,事实上,没有时间使他们获得知识。因此,博物馆的教育者需要在人们找出他们自己有的关于主题的知识或体验的各种水准前,擅长使用样本和实体来吸引人们的注意。处在这种非正式环境下的教育者需要一种技能来处理这种全然的不同,这种不同来自学校教师的展示。[10]他们要能够使用"特别的谈话模式——不断发言,重复,总结——去指导、组织、支撑学习者的参与"。[11]最后要考虑的关键点是,校外环境下的学习经常是一种非常社会层面的。不论是班级参观还是家庭远足,团队其他成员的中介性的作用对于所发生的学习会有巨大的影响。家人或朋友的作用对于学习者的学习和参与也是至关重要的,因为他们很了解学习者。

博物馆已经意识到学校的参观能给他们带来直接的或间接的收入,已经完善老师的建议来满足他们的需要,这种需要往往是课程的重点。或许,具有讽刺意味的是,博物馆和户外中心正变得更像有教室、实验室、拿薪水的教师、专注于课程主题的各种活动的学校。他们提供各种材料帮助学校的老师为参观做准备并对后续的很多活动提供帮助。例如,他们通过提供一些网站保存学生在他们参观中选出来的图像。在某种情况下,学校的学生事实上陷入了一种通力合作的展览,陷入了被领着参观的境况。[12]正式环境与非正式环境的界限出现从未有过的模糊。

我们进入了这样的一个时代,在这个时代里,学校与博物馆、科学中心、画廊以及花园之间的关系被视为是必要的而不是令人满意的。这种趋势在美国[13]比在英国更加明显,但是这种间隙正在得到弥合。在英国,教学研究项目(TLRP)声明非正式环境下的学习,"例如校外学习,至少应该被认为像正式学习一样重要,校外学习应该得到重视并应该在正式的学习过程中合理使用"。[14]

户外学习——学习轨迹的转变

目前为止,本章的重点主要是放在了博物馆、科学中心以及相似的场地上。然而,大量班级外的教育发生在英国或海外的学校场地、当地公园、公共场合以及乡村的居住中心。有时,户外教育的支持者对推广户外教育的价值抱有愧疚感。蒂姆·格豪斯(Tim Brighouse)——一位非常著名的教育家——他被引用的话这样说道"室外一节课顶得上室内的七节"[15]。格雷厄姆·史密斯(Graham Smith)写道:"地理学家实地调查的重要性是毋庸置疑的。"[16]伊顿公学的校长相信:"学生在教室外学到的比在教室内学到的更多。"[17]人们对研究证据的考量表明,对户外学习价值更谨慎的评估可能更加准确。

关于教室外学习的最有权威的调查研究由瑞肯森(Rickinson)等人于2014年进行。作者总结道:

"大量存在的证据表明,构想合适、计划充分、教授良好、实施有效的实地调查,通过把价值渗透到学习者每天的课堂体验中的方式,给学习者提供了很多增长知识、发展技能的机会。"[18]

最近,"国家的学校检查官"——教育标准办公室(Ofsted)——评论道"当计划和实施都很好的情况下,教室外学习对提升标准和改善学生个人发展、社会发展和情感发展贡献良多"。[19]教育标准办公室的报告并不是建立在全面的调查研究之上,尽管如此,它肯定了一个越来越多人所持的看法,那就是一些学校没能成功领会户外学习能给学生带来什么。

瑞肯森等人的综述确认了对学生有影响的四个方面,而这已成为重要的研究焦点。这四个领域是认知、情感、社会或人际和身体行为。然而,那些分类反映了文献的综述,这种文献综述通常用更狭隘的方法保持在学校学习方面的研究。一项最近的研究发现,在英国,自然环境下学习的价值包括增强教育成就、对其他学生的态度、环境意识、自然科学的技能、行为结果、社会凝聚力、健康效益、学校员工的精神面貌以及一所更有吸引力的学校。[20]

一些注意事项

大量的证据表明,实地调查存在潜在的益处,尽管这一点是真实的,但是,这些益处能平等地适用于所有环境下的一切学生却不是真的。特别是有两个问题值得讨论:新环境的价值和学生们对户外学习的态度。

尽管可能认为一种体验越新颖越具有教育意义,进而提供这种体验,但是,一些证据表明并非如此。澳大利亚研究高中理科生的研究人员在参观一个海洋主题的公园中写道:"老师们需要确保场地的新奇事物不使学生分心。"[21]过多的新奇事物可能是一件坏事,正如很多事情一样,在新事物和有所准备之间要保持一种平衡。埃利斯(Ellis)在学生去挪威的一次历经9个月实地考察旅行后的积极反馈的基础上,认为不去准备相比于通常准备而发生的,可能引起学生对场景的更真实的反映。[22]尽管如此,却很难设想很多老师因为减少了他们给予学生的准备工作而感到舒服。

虽然很多年轻人喜爱户外活动,喜爱在溪流和池塘里玩耍,但是,还有一些年轻人并不喜欢。当很多针对小学孩子的书把户外活动视为令人激动的事情时，年龄大些的学生的书上却将户外展现为一个危险的地方，所以一些学生对乡村怀有一种恐惧的情绪就不奇怪了。在美国，多拉·西蒙斯（Dora Simmons）采访了来自芝加哥的学生，他关注的是学生对去户外的态度。能辨别出一系列的自然危险也能对由陌生人引起的威胁表现出关注的学生，他们在户外感觉更加舒服。[23] 在其他研究者的研究中，学生表达了对迷路、被蛇咬伤或者植物中毒的担心。[24] 这些担心和恐惧对学生在教室以外的户外学习将产生消极的影响。厌恶敏感性高的学生更喜欢参加那些不涉及处理有机物的活动，他们宁愿在有清水、没有水藻、容易接近的地方玩耍而不愿意蹚过浑浊的溪流。[25]

为什么没有更多的教师利用课堂外进行教育？

有时，人们关注到孩子接近自然的行为正在衰退。这个问题相比于所声明的更加复杂。声明表明，如研究者发现不仅孩子丧失了与自然环境的联系，而且特别是生活在城市环境里的孩子，他们处于劣势。[26] 另一个令人不安的统计就是，相比于40%的成年人年轻时在自然环境中玩耍，现在只有10%的孩子在自然环境下玩耍。[27]

传统的观念下，学校出于三个原因而不经常让他们的学生亲近自然环境：花费、健康和安全的考虑，缺少充足的供应量。尽管这些原因对一些学校来说可能是真实的，但是，这种观点并不能经受住太多审视。一些学校是如何使它们的学生去游览参观而其他的学校却做不到？问题的更深层次的原因也许可以解释这种变化。

首先看一下花费的问题。2005年，众议院教育与技能部调查了户外教育。在报告中，他们不屑一顾："我们认为花销本身不应该为室外教育的衰退负责，向问题简单投钱也得不到解决的方案。"他们补充解释道：

"这一结论得到了来自'英国教育与技能部挑战计划'（DfES London Challenge programme）的证据的支持。作为倡议的一部分，田野调查委员会（Field Studies Council）全额资助学校从而支持异地教育参观。尽管是全然免费的，但是三分之一的学校仍然没有接受这一提议。因此，资助的增长本身似乎并不足以使学校改变它们的行为……"[28]

在学生参观的风险方面，委员会同样不屑一顾：

"向我们的询问提交证据的很多组织与个人引证了对事故的担心和诉讼的可能性，这是目前学校组织学生参观衰退的一个重要原因。在委员会看来，担心与真实的危险完全不成比例。"[29]

很多年来，这种危险一直被夸大了。这与一种盛行的社会趋势有关，这种趋势不仅趋向于使事情变得更加安全，而且趋向于向由于行为或遗漏造成的个人伤害给予补偿。[30]

真正的障碍

另外一系列障碍必定可用来解释个体教师和学校之间的不同。对于教师对课程改变和专业发展的反应的研究表明，很多因素影响教师教学法的选择。所谓教师教学法的选择那就是他们决定教什么以及如何教。这些因素如下：

- 教师对于他们所教科目特点的看法；
- 教师对于教育作用的看法；
- 教师对于有效的教学法的看法；
- 教师的自我效能感；
- 教师的工作实践（计划、教学和评价）；
- 教师和学校领导者对学校——社区联系的承诺；
- 学校和供应者的关系。[31]

鼓励教师使用户外教学的任何尝试都可能因为把这些因素考虑在内而得利。视老师为工作在独一无二环境下的个体的专业发展，可能就是答案。这就是2012年秋天开始的"自然联系示范项目"（Natural Connections Demonstration

Project)所采取的方法。

结论：趋向于协作而非竞争

当人们意识到博物馆和科学中心不仅为对科学有热情的人们提供巨大的潜能，而且能促进科学的学习时，这种正式学习和非正式学习的虚假的二分法就出现了。户外学习的支持者们认识到学校和其他组织机构间的伙伴关系可能提供一种比竞争更好的前进方式，在认识这一点上他们花了一些时间。博物馆、科学中心、植物园和其他的户外机构已经生产出前后的参观资源，从而提供了一种汇集了它们能给予的和学校能给予的经验。虽然依旧有很长的路要走，但是，良好实践的例子不断出现。现在需要的是资金的资助，从而增强和扩展存在的伙伴关系，形成新的联系以及研究这些伙伴关系对于学习者、教师、学校和组织机构本身的益处。在其核心处，公平获得合作提供的学习经验是一个问题。

（卢纪垒　译）

注释

1. Cross, J. (2007) *Informal Learning: Extending the Impact of Enterprise Ideas and Information*. Available online at www.adobe.com/resources/elearning/pdfs/informal-learning.pdf.
2. Cross (op. cit.).
3. Cross (op. cit.).
4. Wellington, J. (1990) Formal and informal learning in science: the role of interactive science centres, *Physics Education*, 25(5): 247–52: p. 247.
5. Wellington (op. cit.).
6. Colley, H., Hodkinson, P. and Malcolm, J. (2002) *Non-formal Learning: Mapping the Conceptual Terrain. A Consultation Report*. Leeds: University of Leeds.
7. Colley et al. (op. cit.).
8. King, H. and Dillon, J. (2012) Learning in informal settings, in N. Seel (ed.)

Encyclopedia of the Sciences of Learning (Part 12, 1905–1908, p. 1905). New York: Springer.

9. Oppenheimer, F. (1975) The Exploratorium and other ways of teaching physics, *Physics Today*, 28(9): 9–13: 11.

10. Tran, L. and King, H. (2007) The professionalization of museum educators: the case in science museums, *Museum Management and Curatorship*, 22(2): 129–47.

11. King, H. and Dillon, J. (op. cit.), p. 1906.

12. See, for example, www.wallacecollection.org/education/specialprojects.

13. Bevan, B. with Dillon, J., Hein, G. E., Macdonald, M., Michalchik, V., Miller, D., Root, D., Rudder, L., Xanthoudaki, M. and Yoon, S. (2010) *Making Science Matter: Collaborations Between Informal Science Education Organizations and Schools. A CAISE Inquiry Group Report*. Washington, DC: Center for Advancement of Informal Science Education (CAISE).

14. Cambridge Primary Review (2008) *Learning and Teaching in Primary Schools: Insights from TLRP*. Available online at www.tlrp.org/themes/documents/PRresearchsurvey.pdf, p. 18.

15. Tim Brighouse, quoted in May, S., Richarason, P. and Banks, V. (1993) *Fieldwork in Action: Planning Fieldwork* (p. 2). Sheffield: Geographical Society.

16. Smith, G. (1999) Changing fieldwork objectives and constraints in secondary schools in England, *International Research in Geographical and Environmental Education*, 8(2): 181–89: 181.

17. Tony Little, quoted in Eyres, H. (2008) Bold Etonians, *Financial Times*, 23 May, p. 1.

18. Rickinson, M., Dillon, J., Teamey, K., Morris, M., Choi, M. Y., Sanders, D. and Benefield, P. (2004) *A Review of Research on Outdoor Learning*. Preston Montford: Field Studies Council.

19. Office for Standards in Education (Ofsted) (2008) *Learning Outside the Classroom. How Far Should You Go?* London: Ofsted.

20. eftec (2011) Assessing the benefits of learning outside the classroom in natural environments. Final Report for King's College London.

21. Burnett, J., Lucas, K. B. and Dooley, J. H (1996) Small group behaviour in a novel field environment: senior science students visit a marine theme park, *Australian Science Teachers' Journal*, 42(4): 59–64: 63.

22. Ellis, B. (1993) Introducing humanistic geography through fieldwork, *Journal of Geography in Higher Education*, 17(2): 131–39.

23. Simmons, D. A. (1994) A comparison of urban children's and adults' preferences and

comfort levels for natural areas, *International Journal of Environmental Education and Information*, 13(4): 399–413; Simmons, D. A. (1994) Urban children's preferences for nature: lessons for environmental education, *Children's Environments*, 11(3): 194–203.

24. Wals, A. E. J. (1994) Nobody planted it, it just grew! Young adolescents' perceptions and experiences of nature in the context of urban environmental education, *Children's Environments*, 11(3): 177–93; Bixler, R. D., Carlisle, C. L., Hammitt, W. E. and Floyd, M. F. (1994) Observed fears and discomforts among urban students on field trips to wildland areas, *Journal of Environmental Education*, 26(1): 24–33.

25. Bixler, R. D. and Floyd, M. F. (1999) Hands on or hands off? Disgust sensitivity and preference for environmental education activities, *Journal of Environmental Education*, 30(3): 4–11.

26. Thomas, G. and Thompson, G. (2004) *A Child's Place: Why Environment Matters to Children*. London: Green Aliiance/DEMOS.

27. England Marketing (2009) *Report to Natural England on Childhood and Nature: A Survey on Changing Relationships with Nature across Generations*. Warboys: England Marketing.

28. House of Commons Education and Skills Committee (2005) *Education Outside the Classroom*. Available online at www.publications.parliament.uk/pa/cm200405/cmselect/cmeduski/120/12002.htm, p. 21.

29. House of Commons Education and Skills Committee (op. cit.), p. 29.

30. Harris, I. (1999) Outdoor education in secondary schools: what future? *Horizons*, 4: 5–8.

31. Dillon, J. (2010) *Beyond barriers to learning outside the classroom innatural environments*. Available online at www.theoutdoorsnation.files.wordpress.com/2010/11/lotc-barriers-analysis-final.pdf.

第九章 社会和情感方面的学习(SEAL)计划

尼尔·汉弗莱

导言

> "这个计划[SEAL]将有助于变革你的学校……
>
> 国家战略网站,2010"

2003年,随着"行为表现和出勤情况试点方案"(the Behaviour and Attendance Pilot)发布,"SEAL"(the social and emotional aspects of learning,SEAL)迅速扩散到英国的教育系统。2010年,据估测,SEAL在90%的小学和70%的中学得以实施。[1] SEAL是新工党倡议的王牌,其作为学校的灵丹妙药得到推动。据称,SEAL能改进学术结果、行为、出勤以及种种其他的重要成果。这项学习计划得到了至少3千万英镑的资金资助。[2] 然而,SEAL远未成为一种普遍的解决方法,对其各种独立评估的严格检验表明,SEAL没有取得大多数的预期成果。这一章节将探讨失败背后的原因,思考例如这样的问题:SEAL的知识和学术基础,在教育政策发展和细化中独立评估的作用,以及"社会和情感的学习"(SEL)方法的更广泛的证据基础。为把没有根据的想法作为一种场景宣传,使用了斯蒂克(Stich)[3]四因素模型得出结论,这将考虑SEAL如何在英语教育体系中提升这种声望。

什么是SEAL?

SEAL被描述为"提升社会和情感技能的一种综合的方法。这种社会和情感技能是有效学习、积极行为表现、定期出勤、员工效率和精神健康以及学校里学习和工作的所有人的幸福的基础"。[4]SEAL以由戈尔曼(Goleman)[5]推广的"情绪智力"(EI)结构为基础。SEAL的组成要素有：(a)能创造一种积极的学校氛围和民族精神的学校本位方式的使用；(b)在整个班级环境中直接教授社会和情感的技能；(c)支持这种技巧学习的教与学的方法的使用；(d)学校人员持续的专业发展。[4]SEAL的实施紧随着如图9.1概述的国家战略所提倡的"干预浪潮"(waves of intervention)的模式。

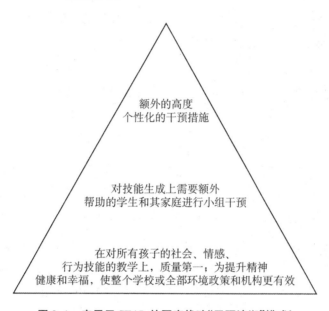

图9.1　应用于SEAL的国家战略"干预浪潮"模式[6]

学校中SEAL的实施获得了很多指导文件和材料的支撑，这些指导文件和材料有着不同的组成成分(例如，"家庭SEAL""SEAL小团队")、形式(例如，"小学SEAL学习""中学SEAL学习")，以及由地方当局提供的行为与出勤顾问和其他专业服务。作为一项计划，涉及SEAL的方法方面的更广泛的文献，多少有点不同寻常。SEAL对学校的改进[7]——而非一揽子应用于学校的结构化的建议——来说，被视为一种松散的能发挥作用的组织。

学校——特别是中等学校的SEAL——受到鼓舞去积极探索不同的方法来实施，支持被认同学校的优先改进而非遵循一种单一的模式。在一些成分(例如，在小学SEAL小团队指导中，学校教职员工被鼓励生成自己的材料，因为其他材料只对四分之三的有主题的干预有用)材料的缺乏中,⁸这种哲学得到了体现,包括了各种各样的形成对比的学校指导研究的实施案例。⁴在某些情况下,这会导致一种"怎样都行"的模式,例如,在这种模式中,一些孩子被告知他们的身体有七个"能量中心",每一个都有不同的颜色,而这是作为 SEAL 的一部分的。²

SEAL 的出现——新工党政策背景的概述

SEAL 来自众多相关的影响和因素的交融。在政策水准上,新工党处在纠正英语教育系统里的技术主义的压力之中。英语教育系统中的技术主义主要体现为"标准议程",例如,过窄地注重名次表、目标和检查制度。⁹这个十年的伊始,他们制定了更多全局性的注重提升幸福的政策指令,如《每个孩子都重要》(Every Child Matters)。¹⁰韦尔(Weare)和格雷(Gray)在教育和技能部(DfEs)资助支持下,发表了一篇有影响的评论,名为《什么在提升孩子们的情感、社会竞争以及幸福上起作用》(What works in Promoting Children's Emotional and Social Competence and Wellbeing)。¹¹这篇报告的主要建议之一就是国家、校本计划的优先次序以及发展和实施,从而提升学生和教职人员的社会和情感技能。丹尼尔·戈尔曼(Daniel Goleman)的畅销书让公众意识到了情绪智力观念(声称其在教育、工作和生活上具有普遍的重要性)。这些因素最终致使教育和技能部采用了一种新的国家战略作为行为和考勤的一部分,于是 SEAL 作为一种很耀眼的事就诞生了,并声称这一计划将产生:

> "对所有学生和学校来说最好的学术成果;更有效的学习……更高的动机;更好的表现;更高的出勤率;更负责任的学生,他们将是更好的公民,更有能力为社会作贡献;更低水平的压力和焦虑;更好的精神面貌、表现以及教职员工的留任;更积极的校风。"

表面上,SEAL 是围绕着"什么在起作用"的关键的原则而设计的,这一关键的原则来自美国和其他地区在社会和情感的学习领域所进行的多年研究。就其本身而言,SEAL 毫无疑问地被拉斯维加斯和全英格兰的学校所采用。

皇帝未着衣——SEAL 的批判性分析

作为一种政策的核心部分——这种政策围绕童年的幸福[12]并且有明显的基于社会和情感的学习证据的支持——SEAL 计划享受了一个很少有批评的蜜月期。事实上,除了这一章节,迄今为止只有克雷格(Graig)、埃克尔斯通(Ecclestone)、海因斯(Hayes)[13,14]以及汉弗莱[15]曾发表过关于这一计划的批判文章。那些对 SEAL 的正统性提出反对的人,他们以意识形态和奇闻轶事而非任何强有力的数据为基础的担忧也消散了。然而,正如这一章节的这部分表明的一样,事实上,SEAL 的问题通过证据的仔细检查而为人所共知。

SEAL 的证据基础

"根据不充分的数据形成不成熟理论的这种诱惑是我们职业的毒药。"
——《名侦探福尔摩斯:恐怖谷》,阿瑟·柯南道尔(Arthur Conan Doyle),1915

当前,已经进行的七项研究至少在某种程度上已经评估了 SEAL 的一部分。这些列成了如表 9.1 所示的表格。

表 9.1 对 SEAL 计划公布的评价

社会和情感学习的构成成分	最初的研究	相关出版物
小学——课程	16	17
中学——试点	18、19	
小学——小团队	20	21、22、23、24、25
中学——整个学校	1	26
小学——家庭	27	
小学或中学——整个学校	19	

这些研究和相关出版物的检查揭示了几个关键的主题。其中的第一个就是

严谨方法的缺失。五项研究声称评价了 SEAL 的影响(关于中学试点的两项研究主要关注的是过程的评价),三项研究缺少控制组或对照组,一项研究还缺少一种纵向元素。然而,这些都不能阻止 SEAL 计划的影响被大大夸大。以哈勒姆(Hallam)等人[16]得出来的结论为例,小学的 SEAL 计划"对孩子的幸福、信心、社会和交流技能以及人际关系有重要的影响,影响包括欺凌、课间行为、亲社会行为以及对学校的态度"。呈现在报告里的分析,随着确切的变量中唯一的统计上的显著变化以及全面的边际效应的大小,没有简单地支持这种声明。[13]

另一个重要的主题就是几项研究所报告的无价值的结果。汉弗莱、维格沃斯(Wigelsworth)、伦德拉姆(Lendrum)、唐尼(Downey)以及威廉姆斯(Williams)[17]等所有的人(与社会和情感竞争的家长等级和最大措施有关)[28],每一个都没有成功发现 SEAL 的一种显著的影响。或许更令人担忧的是,一项研究发现学术表现衰退(对处在关键阶段 1 的孩子来说)和对学校态度(对处在关键阶段 2 的孩子来说)潜在的消极结果,在 SEAL 的实施过程中和哈勒姆等人对小学 SEAL 的评价中,正变得更加糟糕。[16]尽管一项研究——汉弗莱等人关于小学的小团队要素的评价[20]——使用了一种方法上的防御设计,的确报道了 SEAL 在一些领域的显著影响,但是,这只是规则上的例外。

研究在政策制定中的作用——使用和滥用

SEAL 计划提供了一种陌生作用的典范,而研究在教育政策的制定中发挥着作用。恰当的使用,独立的研究能帮着改善政策,而政策的改善是改进教育体系过程的一部分。然而,新工党执政之下,这种研究通常是一种门面的装饰。如果一项评价能作为将要实施政策的直接支持,这项评价就能得到赞赏。如果一项研究结果被认为对政策有害,试图操纵这种证据[19]或者领导这项研究的学者就会受到中伤。[29,30]至于 SEAL,全国范围内开展这项计划之前,教育和技能部渴望利用情绪智力的时代思潮。对于这种时代思潮,他们没有费心地等待试点评价的结果。因此,学校中小学的 SEAL 的指导在 2005 年 3 月就发表了,[31]比 2006 年 1 月才报道的试点评价结果整整早了十个月。相似的是,学校的中学 SEAL 的指导于 2007 年 4 月发表,[4]他们的评价结果比两个试点报道早了三个月。这造成的直接而明显的问题就是,没有机会从试点评价的结果中学习。因此,重要的问题在试点日期中出现了——例如实施上的变化、工作量的挑战、态度和理解以及就中学的 SEAL 而言,在实施的过程中活动放缓[18,32]——这些问题随着在全国的推广而出现。[1]

SEAL 的学术与知识基础

戈尔曼关于情绪智力的书在 SEAL 的发展上发挥了重要的影响,而这一点在给学校提供的指导中得到了清楚的证明。通过 SEAL(包括同情、自我意识、自我管理、动机和社会技能)得到提升的社会和情感技能的架构,与戈尔曼的情绪智力类型学完全相同。事实上,他的工作成果通过各种关于该计划不同要素的文件得到引证。然而,戈尔曼的工作成果受到了很多在情绪智力领域有影响的学者的严厉批评,例如梅耶(Mayer)、萨洛维(Salovey)、斯滕伯格(Sternberg)、蔡德纳(Zeidner)、罗伯茨(Roberts)和马修斯(Matthews)。克雷格(Graig)[13]对于 SEAL 的批评概括了主要的问题,这些问题包括相当模糊的情绪智力的定义、不牢靠的证据基础、情绪智力重要性的夸大陈述以及视其发展为解决社会问题的灵丹妙药。

鉴于这些存在的问题,为什么戈尔曼所赞同的平民主义的情绪智力概念还如此有影响力?原因可能归结为两个因素。第一个,戈尔曼关于情绪智力的定义是极度宽泛、千变万化的。除了在更多的情绪智力模型中推断出来的情绪能力的方面外,[33]戈尔曼注入了温暖、持续和乐观的特点。[5]性格方面,绝对的宽度悄然并且立刻使这种架构的直观吸引力得到增长——这是任何人都有的。或许最重要的是,戈尔曼情绪智力模型纯粹地被作为了 SEAL 的关键,因为它非常受欢迎。因此,情绪智力模型可作为诱使教育者的"鱼钩"。英语学校中极少有老师听说过萨洛维和梅耶,但是更多的老师都熟悉戈尔曼。正如斯滕伯格[34]所说,戈尔曼的工作"搅动了很多人的想象力"。

SEAL 的设计及社会和情感学习中"什么在起作用"的证据

通过 SEAL 的指导所表达的含蓄的观点就是,SEAL 的计划反映了社会和情感学习中的最好和最有效的实践证据。[15]然而,事实上,在SEAL的性质和社会以及情感学习的性质之间存在很多基础性的不同,对于这一点是有更为牢靠的证据基础的。首先,正如先前提到的,SEAL被设计成一种"松散有效的架构"。[17]采取的是"由下到上"的方法,因为"太多的由上到下的方法以及过多强调计划的保真度会导致所有权的缺乏、相关人员权利被剥夺,最终将导致持续性的缺失"。[7]

上面提到的方法与美国采取的方法形成了鲜明的对比。在美国,强调的是描述计划,对计划的干预的程度就像是源于中心模型的偏差数量一样,是有目的的和经过判断的。研究已表明了计划的保真度在决定成功和干预的影响上是至关重要的。例如,杜尔拉克(Durlak)和杜普雷(DuPre)富有创造性的评论就总结道:"更高的保真度的水平明显地与计划的成果有关。"[35]相似地,其他的评论[36,37]也证实了"实施干预的保真度影响计划如何取得成功"。[36]社会和情感学习的文献方面有牢靠证据基础的计划也提供了构造和传递中的前后一致性。[38]SEAL——既作为构想,也作为随后在学校中的传递——缺少这些特点,没有实施的中心模型。事实上,学校积极鼓励"从中得到他们的希望"。[7]

源于社会和情感学习证据的SEAL的分歧,在实施中,并没有止于由上到下和由下到上这两种方法的对立。SEAL的综合的概念化作为一种"整个学校"的方法,是一种普遍的、多成分的(例如,课程、环境/气氛、父母/社区)干预,包括"整体思考,审视包含组织、结构、过程和气氛的整个背景,不仅仅关注学生或者不仅仅关注情况的一个部分"。[4]中学的SEAL的指导声称整个学校的方法最终表明要比单一成分的干预在改善孩子的结果方面更加有效。这是建立在一个命题的基础之上的,即超出课堂多元成分计划的更为广阔的焦点应能更好地支撑新技能的发展。[39]然而,像前面一样,如果我们彻底地检测一下研究的基础,我们会看到这些证据并非是简单的堆积。

现今,关于整个学校、多元成分的社会和情感学习干预的高质量研究是薄弱的。例如,代表国家卫生与临床优化研究所的最近的两项系统评价并没有发现任何计划包含涉及课程、环境/气氛以及父母/社区这些要素的证据。[40,41]此外,在效应量与计划的不同类型有关的系统比较分析发现,多元成分的计划相比于使用一种单一成分的计划并没有优势,而这发现的证据是有效的。[39,42]鉴于此,有人可能会质疑为什么SEAL的一种整个学校、多元成分的模式会被如此大力推广?

随着自下而上与自上而下的对立的分裂,或许能简单地反映出一个事实,即当SEAL出现后,整个学校的方法在教育政策的发展中成为必不可少的。除了歪曲的证据外,构成了一个重要问题的原因就是那些致力于推动整个学校方法的人,事实上可能把学校置于了一个最可能成功的位置上。例如,我们知道,需要不同层次的行动和多种参与者保证的复杂的干预需要更长的时间才能成功实施[35]且更加容易中断。[43]由于更加广阔的范围,这种复杂的干预通常变得非常无力。[42]这些问题结合额外要求的努力以及缺少与自下而上模式相关的清晰指导,意味着像SEAL的计划不能成功实施的风险极大增强。[44]

社会和情感学习领域的更广泛的问题

更广泛的社会和情感学习的领域也有其固有的问题。这个领域的讨论就涉及了"社会和情感的学习",好像这一贯是一个单一的、可限定的、约定性的存在,使用这一术语的人用同样的方式来理解它。就像戈尔曼对情绪智力的定义一样,"社会和情感的学习"是一个千变万化的经常令人难以理解的术语,这一术语被用来描述无数的过程和计划。很多的过程和计划同其他的过程和计划关系不大或者没有关系,有时在社会和(或)情感内容的方式中包含很少的一点关系。杜尔克拉(Durlak)等人[39]提供了一种合理而又严谨的定义,把"社会和情感的学习"描述为一种"获得核心竞争力"的过程。这种核心竞争力包括认识和管理情绪;设立和实现个人目标;欣赏他人观点;建立和保持积极的人际关系;作出负责任的决定以及建设性地处理人际状况。然而,这被认为是一个给定的社会和情感学习的干预方案只需要强调这些竞争力中的一种或多种的发展,这意味着在特征、内容、受众、环境以及期望结果上完全不同的众多方法可以被归进一种结构。[1]霍夫曼(Hoffman)[45]正确地表明这将造成模糊不清和概念上的困扰,因为在同一面旗帜下,来自公众和精神健康的计划、冲突解决的计划、道德和品格教育以及青少年司法的计划全都包含在内了。这种定义能够使不断增长的关于这一计划多样的证据根源逐渐合并。这一计划与任何基础的社会和(或)情感能力的概念的相似性越来越少,至少,它被发展心理学家表达和理解。[46]

SEAL的指导声称社会和情感学习的干预的证据基础——计划表面上的基

础——是势不可挡的。[4]和在这一章节验证的其他这样的声称一样，文献的审查描绘了一种不同的场景。不管社会和情感学习领域固有的概念没有条理的问题，在已出版的研究中缺乏方法上的严格以及有问题的解释使得出牢靠的结论变得困难。值得注意的问题包括缺少控制/对照组，缺少纵向评价，没能对学校的影响成功控制。[1]杜尔克拉等人[39]最近的一项研究更加侧重方法上的缺点。这篇文章代表了对社会和情感学习证据基础的最新和最综合的分析，207项研究被包含在内，代表了对将近25万孩子和年轻人的分析结果。在研究的质量上，作者们报告了一项高水平的变化：53％仅仅依赖于孩子的自我报告（提出了可靠性的问题）；42％没用任何方式监控实施（意味着处理模型的保真度必须得以假设以及任何成功结果有限的贡献）；20％未公开发表的报告（因此，没有受到学术审查的管制）；25％采用了没有可靠性报告的措施（意味着他们随着时间的流逝也不能形成协调一致的反应）；50％采用了没有有效报告的措施（意味着他们不能测定那些他们声称要测定的）。基于这样的基础，作者们（如上）得出结论："目前的发现并非是最终的发现。"

在社会和情感学习的证据基础向英语教育政策和实践的转换中，两个更深远的问题引出了一个至关重要的问题。首先，广阔而主要的证据基础来自美国，只有少数几项研究来自英国（例如，按照布兰克和纪尧姆[41]的观点，只有四十分之三的研究是在英国进行的）。发现的可转让性问题需要小心处理。在主要的领域，美国教育体系不同于英国，例如规模和学校适龄人口的增长率、资金和花费、课程结构和教学法。[47]因此，我们不能假定在一个国家起作用的也能在另一个国家起作用。显然，在英国，发展证据基础是必不可少的。

最后，在社会和情感学习的文献中，有一个"功效"和"有效性"对立的问题。大多数的研究报告了效能试验，在良好控制的具有高层次资源的环境下，计划用来提升实施和监控的保真度。当"按规定比例"进行时，判断一项干涉的有效性，差异是非常大的。关于实践的一种更实用的评估在真实的生活环境中得到传递。这种不一致的潜在的危险被舒克史密斯（Shucksmith）等人所重视：[48]

"研究……已经在多元成分的纵向实验中投入了大量数目的金钱。来自这些实验的结果是非常有用的，并且表明了更有效干预的设计的方法。

但是,关于正常的教育预算中这种资源的有效性,则存在一种严重的怀疑。"

这些事情同样也得到了其他作者的关注,例如格林伯格(Greenberg)等人。内部效度和外部效度之间由来已久的平衡就是底线,这意味着,在教育实践复杂而凌乱的领域是否有效,很多社会和情感学习的实验干预事实上告诉我们的远远少于我们认为的。

总结性的想法:SEAL 以及毫无根据的推广

这一章在英语教育体系中找寻了对 SEAL 的正统说法的挑战,在这样做时,强调了一系列关于计划本身的重要的问题以及社会和情感学习的更宽广的领域。某种程度上,这些目标已经得以实现,逻辑上的下一个问题就是"如何实现的?"。这就是,SEAL 是如何使在上文中已经描述过的给定了的一切变得如此显著?

在尝试回答这个问题中,通过提出毫无根据推广的斯蒂克(Stich)[3]四因素模式,我借用了沃特豪斯(Waterhouse)[49]对于情绪智力的批评。第一个因素,"欺骗"在特定目标服务中,欺骗通常用于描述有意误导人们的行为。尽管在关系到 SEAL 的发展上,这根本不可能发生,但是,自我欺骗的概念或许是中肯的。因此,与游说密切相关的这些人建立了一个有很好意图但是最终不合适的国家、校本计划的潜在模型来促进社会和情感技能的发展,从而产生广泛的影响,改变整个教育体系。沃特豪斯解释道,这样的想法可以从三个原因来理解——信条康梭(如果它能预测一种好的结果的话,就是一种能提供安慰的未经证明的想法),即时满足(这种想法对困难的问题提供了及时的解决)以及轻松解释(如果它能对复杂或者困难的一些事情提供一种简单的故事进行理解的话,这种想法就会被接受)。

斯蒂克的第二个因素"焦虑",在这个领域里通过文献就能发现焦虑。如果 SEAL 以及计划像它一样是一种解决之道,那么这里就需要存在一个问题。在此服务中,各种道德恐慌在一种理性主义者的教育体系中产生了。更普遍地,社会被戏剧性地描绘成情感不幸的源泉。孩子和青年被视为不知情的和被剥夺权利的受害者(作为人的主体性"消失"的观点,这是埃克尔斯通和海因斯[14]所谈到的)。一个说明问题的例子是，考虑到在上一年中学 SEAL 的会议上，一位主讲嘉宾引用了一名大屠杀幸存者的叙述。在这名幸存者的叙述中，恳求未来的教育者避免培养出"学习的怪物、有技能的精神病以及受过教育的艾希曼(Eichmann)"，而这正是作为她关于 SEAL 的重要性主题的一部分。[50]因此，寻求提升 SEAL 好处的人在这种类比中已经相当于"道德企业家"[51]了。

斯蒂克的第三个因素"缺乏证据"，这个因素在缺少证据支撑 SEAL 模式的两个核心层面中得到了反映，这一模式的两个核心层面即"由下到上"的哲学和相伴随的整个学校的、多元成分的实施的方法。无论哪种层面，都没有任何接近于在计划的指导中宣称的"压倒一切的"证据。这一模式中的最后一个因素——忽视证据——完成了我们对 SEAL 迅速扩张的理解。正如早些概述的一样，直接评价 SEAL 影响的评估已经产生了混合的、无效的和(或)消极的结果，但是政策的制定者以及 SEAL 的支持者对其进行了有选择的报告(或完全将其忽视)，如图(Tew)。[52]除此之外，围绕实施说明问题——特别是与 SEAL 的实验版本有关的——的研究，因为着急使方案规模化，在改善随后的主动权的反复上并没有被恰当地利用。最终，SEAL 被视为一种方法类型的典范，而这是托平(Topping)、福尔摩斯(Holmes)和布雷姆纳(Bremner)[53]十多年前所反对的。

"通过教师'感受到的'，通过没有痕迹的进入与离开的蔓延的方式，通过政治家们(他们为了获得选票，感觉应该做一些可以被大众看到的事情)短期的应急手段，在教育之中，政策和实践被重新塑造。"

(卢纪垒 译)

注释

1. Humphrey, N., Lendrum, A. and Wigelsworth, M. (2010) *Social and Emotional Aspects of Learning (SEAL) Programme in Secondary Schools: National Evaluation*. Nottingham: Department for Education.
2. 英国广播公司情感分析测试，有效网址：www.bbc.co.uk/programmes/boo z5bqd.

3. Stich S. (1993) *The Fragmentation of Reason: Preface to a Pragmatic Theory of Cognitive Evaluation*. Boston, MA: MIT Press.
4. Department for Children Schools and Families (DCSF). (2007) *Social and Emotional Aspects of Learning (SEAL) Programme: Guidance for Secondary School*. Nottingham: DCSF Publications.
5. Goleman D. (1996) *Emotional Intelligence: Why It Can Matter more than IQ*. New York: Bloomsbury Publishing PLC.
6. DCSF (2017), see note 4.
7. TeachFind (2011) *The Waves of Intervention Model*. Available online at www.teachfind. com//national-strategies/waves-intervention-model; Weare K (2010) Mental health and social and emotional learning: evidence, principles, tensions, balances, *Advances in School Mental Health Promotion*, 3: 5 – 17.
8. Department for Education and Skills (DfES) (2006) *Excellence and Enjoyment: Social and Emotional Aspects of Learning (Key Stage 2 Small Group Activities)*. Nottingham: DfES Publications.
9. Ainscow, M., Booth, T. and Dyson, A. (2006) Inclusion and the standards agenda: negotiating policy pressures in England, *International Journal of Inclusive Education*, 10: 295 – 308.
10. Department for Education and Skills (DfES) (2003) *Every Child Matters*. Nottingham: DfES Publications.
11. Weare, K. and Gray, G. (2003) *What Works in Promoting Children's Emotional and Social Competence and Wellbeing?* Nottingham: DfES Publications.
12. Ecclestone, K. and Hayes, D. (2009) Changing the subject: the educational implications of developing emotional well-being, *Oxford Review of Education*, 35: 371 – 89.
13. Graig, C. (2007) *The Potential Dangers of a Systematic, Explicit Approach to Teaching Social and Emotional Skills (SEAL)*. Glasgow: Centre for Con-fidence and Well-Being.
14. Ecclestone, K. and Hayes, D. (2008) *The Dangerous Rise of Therapeutic Education*. London: Routledge.
15. Humphrey, N. (2009) SEAL: insufficient evidence? *School Leadership Today*, 1.
16. Hallam, S., Rhamie, J. and Shaw, J. (2006) *Evaluation of the Primary Behaviour and Attendance Pilot*. Nottingham: DfES Publications.
17. Hallam, S. (2009) An evaluation of the social and emotional aspects of learning (SEAL) programme: promoting positive behaviour, effective learning and well-being in primary school children, *Oxford Review of Education*, 35: 313 – 30.

18. Office for Standards in Education (Ofsted) (2007) *Developing Social, Emotional and Behavioural Skills in Secondary Schools*. London: Ofsted.
19. Banerjee, R. (2010) *Social and Emotional Aspects of Learning in Schools: Contributions to Improving Attainment, Behaviour and Attendance*. Sussex: University of Sussex.
20. Humphrey, N., Kalambouka, A., Bolton, J., Lendrum, A., Wigelsworth, M., Lennie, C. et al. (2008) *Primary Social and Emotional Aspects of Learning: Evaluation of Small Group Work*. Nottingham: DCSF Publications.
21. Humphrey, N., Lendrum, A., Wigelsworth, M. and Kalambouka, A. (2009) Primary SEAL group interventions: a qualitative study of factors affecting implementation and the role of local authority support, *International Journal of Emotional Education*, 1: 34 – 54.
22. Humphrey, N., Kalambouka, A., Wigelsworth, M. and Lendrum, A. (2010) Going for goals: an evaluation of a short, social-emotional intervention for primary school children, *School Psychology International*, 31: 250 – 70.
23. Humphrey, N., Kalambouka, A., Wigelsworth, M., Lendrum, A., Lennie, C. and Farrell, P. (2010) New Beginnings: evaluation of a short socialemotional intervention for primary-aged children, *Educational Psychology*, 30: 513 – 32.
24. Lendrum, A., Humphrey, N., Kalambouka, A. and Wigelsworth, M. (2009) Implementing primary social and emotional aspects of learning (SEAL) small group interventions: recommendations for practitioners, *Emotional and Behavioural Difficulties*, 14: 229 – 38.
25. Humphrey, N., Lendrum, A., Wigelsworth, M. and Kalambouka, A. (2009) Implementation of primary social and emotional aspects of learning (SEAL) small group work: a qualitative study, *Pastoral Care in Education*, 27: 219 – 39.
26. Wigelsworth, M., Humphrey, N. and Lendrum, A. (2011) A national evaluation of the impact of the secondary social and emotional aspects of learning (SEAL) programme, *Educational Psychology*, iFirst: 1 – 26.
27. Downey, C. and Williams, C. (2010) Family SEAL-a home-school collaborative programme focusing on the development of children's social and emotional skills, *Advances in School Mental Health Promotion*, 3: 30 – 41.
28. Humphrey, N., Kalambouka, A., Bolton, J., Lendrum, A., Wigelsworth, M., Lennie, C. et al. (2008) *Primary Social and Emotional Aspects of Learning (SEAL): Evaluation of Small Group Work*. Nottingham: DCSF Publications.
29. Thomson, P. and Gunter, H. (2006) Stories from commissioned research. In: *Proceedings from the British Educational Research Association Conference*.

Warwick: 2006.

30. Baty, P. and Shepherd, J. (2006) Ministers vilify researchers, *Times Higher Education Supplement*. Available online at www.timehighereducation.co.uk.
31. Department for Education and Skills (DfES) (2005) *Excellence and Enjoyment: Social and Emotional Aspects of Learning*. Nottingham: DfES Publications.
32. Smith, P., O'Donnell, L., Easton, C. and Rudd, P. (2007) *Secondary Social, Emotional and Behavioural Skills Pilot Evaluation*. Nottingham: DCSF Publications.
33. Salovey, P. and Mayer, J. (2008) Emotional intelligence, *Imagination, Cognition and Personality*, 9: 185–211.
34. Sternberg, R. (2002) Foreword, in G. Matthews and M. Zeidner (eds) *Emotional Intelligence: Science and Myth*, pp. xi-xv. Boston, MA: MIT Press.
35. Durlak, J. A. and DuPre, E. P. (2008) Implementation matters: a review of research on the influence of implementation on program outcomes and the factors affecting implementation, *American Journal of Community Psychology*, 41: 327–50.
36. Carroll, C., Patterson, M., Wood, S., Booth, A., Rick, J. and Balain, S. (2007) A conceptual framework for implementation fidelity, *Implementation Science*, 2: 40–49.
37. Greenberg, M., Domitrovich, C., Graczyk, P. and Zins, J. (2005) *The Study of Implementation in School-based Preventive Interventions: Theory, Research, and Practice*. Washington, DC: US Department of Health and Human Services.
38. Catalano, R. F., Berglund, M. L., Ryan, J. A. M., Lonczak, H. S. and Hawkins, J. D. (2004) Positive youth development in the United States: research findings on evaluations of positive youth development programs, *The Annals of the American Academy of Political and Social Science*, 591: 98–124.
39. Durlak, J. A., Weissberg, R. P., Dymnicki, A. B.; Taylor, R. D. and Schellinger, K. B. (2011) The impact of enhancing students' social and emotional learning: a meta-analysis of school-based universal interventions, *Child Development*, 82: 405–32.
40. Adi, Y., Kiloran, A., Janmohamed, K. and Stewart-Brown, S. (2007) *Systematic Review of the Effectiveness of Interventions to Promote Mental Wellbeing in Children in Primary Education*. Warwick: University Of Warwick.
41. Blank, L., Baxter, S., Goyder, L., Guillaume, L. and Wilkinson, A. S. H. et al. (2010) Promoting wellbeing by changing behaviour a systematic review and narrative synthesis of the effectiveness of whole secondary school Behavioural interventions, *Mental Health Review Journal*, 15: 43–53.
42. Wilson, S. J. and Lipsey, M. W. (2007) School-based interventions for aggressive and disruptive behavior: update of a meta-analysis, *American Journal of Preventive*

Medicine, *33*: S130 – 43.

43. Yeaton, W. H. and Sechrest, L. (1981) Critical dimensions in the choice and maintenance of successful treatments: strength, integrity, and effectiveness, *Journal of Consulting and Clinical Psychology*, *49*: 156 – 67.
44. Lendrum, A. Implementing social and emotional aspects of learning (SEAL) in secondary schools in England: issues and implications. Unpublished PhD thesis: University of Manchester.
45. Hoffman, D. M. (2009) Reflecting on social emotional learning: a critical perspective on trends in the United States, *Review of Educational Research*, *79*: 533 – 56.
46. Saarni, C. (1999) *The Development of Emotional Competence*. New York: Guilford Press.
47. US Department of Education (USDE) (2005) *Comparitive Indicators of Education in the United States and Other G8 countries*. Washington, DC: USDE.
48. Shucksmith, J. (2007) Mental wellbeing of children in primary education (targeted/indicated activities). Teeside: University of Teeside.
49. Waterhouse, L. (2006) Multiple intelligences, the Mozart effect, andemotional intelligence: a critical review, *Educational Psychologist*, *41*: 207 – 25.
50. Gross, J. (2010) *SEAL and the changing national education agenda*. In: 4th Annual Secondary SEAL Conference. London: Optimus Education.
51. Becker, H. (1963) *Outsiders: Studies in the Sociology of Deviance*. New York: The Free Press.
52. Tew, M. (2011) lgnore the Nay-sayers: Commitment to Enhancing Relationships will Lead to Improved Behaviour and Learning. Available online at www. antidote. org. uk.
53. Topping, K. , Holmes, E. A. and Bremner, W. (2000) The effectiveness of school-based programs for the promotion of social competence, in R. Bar-On, and J. Parker (eds) *The Handbook of Emotional Intelligence: Theory, Development, Assessment, and Application at Home, School, and in the Workplace* (pp. 411 – 32). San Francisco, CA: Jossey-Bass.

第十章　计算机好，计算器坏？

杰里米·霍金

导语

随着英国联合政府着手开展国家课程标准的又一次改革，部长们开始热衷于探讨科学技术、计算器和电脑在学校中的应用情况。我们经常被告知，计算器是不好的。比如，教育部长尼克·吉布（Nick Gibb）就担心年幼学生们的计算能力可能会因为他们太过于依赖计算器而下降：

"如果孩子们在很小的时候就开始使用计算器，那他们很可能变得对计算器过于依赖。他们不应该每次都借用一个小玩意来处理一个简单的加法题。他们应该做的是熟练掌握加法、减法、乘法表和除法，通过快速可靠的纸笔计算方式。这种严格训练会为他们将来教育中遇到的更为复杂的数学题打下基础。"[1]

前教育部长（工党人员）戴维·布朗奇（David Blunkett）此前也有相同观点，在1997年，推行了计算器禁令：

"心算能力是孩子们必须掌握的基本技能。他们同时也必须理解计算法则的原理和含义。计算器不应该在小学初级阶段就介绍给孩子们，要比他们现在首次接触计算器的时间再晚点。因此，一旦他们已经有了心算能力的基础，他们就能更高效更熟练地使用这项能力。学习计算的孩子们必须知道如何理智地使用计算器,能理性地做出何时该用何时不该用的决定。我们必须确保没有一个孩子是完全依赖于计算器的。"[2]

这些言论反映出在政治家以及其他一些人中广泛流行的一种观点,即计算器会阻碍数学的学习,尤其是在小学阶段。相反,计算机却通常被认为有利于学习。国家教育部长迈克尔·戈夫(Michael Gove)一方面抱怨当时的 ICT 课程(信息与通信技术课)[3],一方面也坚持认定科技给教育带来了一场"影响深远的改变","传统教育"模式的老师"有可能会在 10 年内消失":

> "幻想一下,一旦我们扫除 ICT 课程实施中的障碍后,在接下来的几年里可能会出现的巨大变化。孩子们不再被乏味的教师教导如何乏味地使用电脑文档和表格编辑制作软件(Word 和 Excel,微软电脑办公软件),而是我们看到 11 岁的孩子可以使用由麻省理工学院设计的软件搓碟(Scratch)来制作简单的 2D 电脑动画。当他们到达 16 岁可以理解形式逻辑时,就能上以前到大学里才开始学习的课程并且能为智能手机编写他们自己的 APPs(应用软件)。"[4]

这种对计算机和科技的积极态度也被前工党政治家们所认可。比如,在 1999 年,托尼·布莱尔(Tony Blair)宣称教育和科技将会是"我们最好的经济政策"[5],因此,为了同时给初等学校和中等学校开辟更多接触科技的机会,投入了大量资金。这种投资的一个结果是,几乎在英格兰的每间教室里都有安置一个交互式智能白板(Interactive White Board),这项技术更适用于辅助传统教师教学,可见迈克尔·戈夫的观点过时了。

在这一章中,我会探究计算器和计算机在教学中的影响。因为我的焦点是在计算器,同时政府也格外关注算术教学和计算能力,因此,这一章中我会更多地谈及数学教育。

计算器与学业成就:国际调查数据

有一种观点常常很盛行,取得高数学成就的国家都会颁发计算器禁令,而这

也正是它们成功的原因之一。比如,为了在议会上回答一个关于计算器的问题,尼克·吉布这样说道:

> "这些国际调查结果同样很清楚。高效率的管理遍布全球……限制小学数学课堂上计算器的使用。遵循马萨诸塞州原则(principles for the Massachusetts),新加坡和香港的课程标准不允许让计算器代替基础理解和技能……小学生们要学会在不使用计算器的情况下演算基础数学题。全球最成功的教育机制表明计算器只有在学生对数字或者数键有着深刻基础的认知后才能介绍给他们,这些认知包括熟记乘法表,同时,计算器也只有在目标集中于解决一个问题而不是集中于计算过程时才能被用于辅助数学教学。"[6]

这些陈述不管是对于英国的数学表现还是对于计算器在英国小学的使用率来说都是有一定偏见的。事实上,在小学阶段,英国是最近的国际数学与科学教育成就趋势调查(TIMSS, Trends in International Mathematics and Science Study)的数学部分中表现最好的国家之一。[7] 随着 1999 年国家计算策略(National Numeracy Strategy)的推行,计算器的使用在英格兰是被限制的。大部分的孩子会在小学高年级阶段的 5 年级时接触计算器,他们那时 9 岁左右。[8] 正好是 TIMSS 调查的对象,因此我们一点也不会奇怪计算器的使用量会那么高了。在被吉布高度赞扬的 3 个地区中,只有新加坡颁发了小学阶段的计算器禁用令,在马萨诸塞州,只有 8% 的四年级学生[9]在教室被禁止使用计算器。证据显示,在英国,中等教育的数学教学与初等教育相比出现的问题更多。针对 9 年级学生的 TIMSS 测试中学生表现只比平均分高一点(比针对小学生表现预估的要低),而在经济合作与发展组织(OECD's, Organization of Economic Co-operation and Development's)针对 15 岁学生开展的 PISA 测试(Program for International Student Assessment,国际学生评估项目)中表现还低于平均水平。[10] 但是,这些有着卓越数学测试表现的国家或地区在中等教育的数学政策上却有不同规划。中国台湾、韩国和日本针对一些精英小班学生不允许使用计算器,同时,在新加坡和中国香港,几乎所有的学生和英国的学生一样,都可以使用计算器。[11]

TIMSS 报告提供了拥有高测试表现或低测试表现的不同国家和地区中的计算器使用情况。学生在教室里使用计算器的分布比例参差不齐。一些国家或地区还提供了计算器使用的课堂规则,是否使用计算器更大程度上取决于地方、老师、学校和教育学区,而非整个国家。[12]

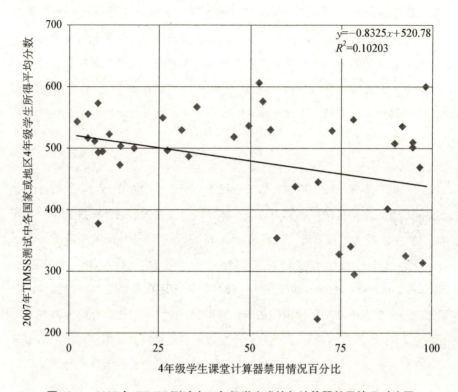

图 10.1　2007 年 TIMSS 测试中 4 年级学生成绩与计算器禁用情况对比图

在图 10.1 中,每个国家或地区的 4 年级学生[13]禁止使用计算器的情况和 TIMSS 测试分数都在图上标示了出来。整体上看,它们之间有轻微的负比趋势。换句话说,这里有轻微的趋势表明 4 年级的学生在不被允许更多使用计算器的情况下表现较差。但是,在许多小学课堂里,计算器的使用更多是被限制而不是禁止。也可以说,教师们允许学生在特点时间针对特定任务使用计算器,在其他时间,则使用其他方法进行计算。在 2007 年的 TIMSS 调查中,在教室里计算器使用不受限制的学生们表现比受限制或是禁止的学生们表现明显要差很多。计算器使用被限制的学生虽然表现要稍微好一点,但是从统计分析来看也无法得出它与被禁止的情况之间有显著的不同。[14]同时也有数据表明,在计算机使用受控度极好的一些高年级小学课堂中,学业成就的取得也与完全禁令的关系不大。

计算器禁令的消极影响更多地发生在中学生身上(见图10.2)。计算器使用受不受限制之间的区别不大,但禁止使用时学生表现明要比前两者低,这与小学阶段的结果形成强烈对比。[15]这些证据表明,在中等教育初级阶段的课堂里,禁止使用计算器是无益的,使用计算器才是有益的。

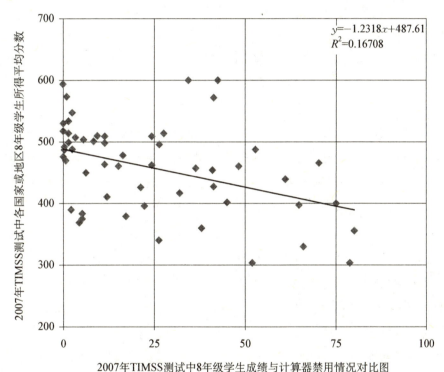

2007年TIMSS测试中8年级学生成绩与计算器禁用情况对比图

图10.2　8年级学生课堂计算器禁用情况百分比

国际测试数据应该谨慎小心地进行解读,从这些调查中可以得出影响成功的最大因素应该是一个国家或地区的课程教学内容与被测试的内容相匹配的程度。[16]我注意到计算器使用和学业成就之间一直被强调的关系除了表面上的一点关联外,二者之间并无因果关联。脱离背景直接从排名靠前的国家或地区借鉴取经是很危险的。[17]同时，TIMSS测试的结果表明在任何年级的教学过程中禁止使用计算器都是不可取的。

计算器的使用能促进学习吗？

TIMSS等国际测试中简单地提供了计算器使用的大致情况，但是在其使用影响的调查上却着力不多。从上个世纪70年代计算器开始大范围地推广开来起，就有许多干预性研究深度着力调查计算器的使用与其影响。

剑桥大学的希拉里·舒阿德（Hilary Shuard）引导的计算器数字认知项目（the Calculator Aware Number project，CAN）针对英格兰小学组织设计了有关计算器使用的新型数学课。在1986年到1989年期间，这一项目在许多学校和老师的课堂上被开展。在1995年6月开展的一场后续研究则开始测验经历过这一特殊课程学生的学习成果，他们从1989年入小学起全程接受了"计算器认知"课程。[18]他们的比较对象是在同一所学校里经历传统教学的控制组的学生。计算器认知组的学生在题目理解和计算流畅度上表现得较好，同时，出乎意料的是，他们计算器使用的频率要低于控制组的学生。他们能更频繁更高效地使用心算能力，同时倾向于只在必要时才使用计算器。心算活动在进行一些计算时会比使用计算器计算要快（如，能得出一个常用数字的加法计算时）。这些学生知道这些是因为他们已经被教过在哪些时候才应该使用计算器。

对54份研究的荟萃分析[19]发现计算器的使用大体上并不会阻碍数学学习，这在不同年级中情况差不多（小学与初中或高中相对比）。[20]但是，当测试内容包含计算器的使用时，学过计算器使用的学生明显就表现得非常出色。这就是要推广计算器使用的有力证明，因为在当今计算器大量使用的背景下，数学教育的一个重要目标就是培养学生能熟练使用计算器这一数学素养。

另一让人惊讶的发现大概就是计算器使用对学生们数学态度的影响了。受过计算器教育的学生对数学有着更加积极的态度。[21]一些证据表明学生不喜欢数学的原因是他们觉得数学十分枯燥乏味。如果使用计算器能扭转学生们的这一观点，那么这又是一个在教学中推广计算器使用的有力论据了。

伦敦国王学院的玛格瑞特·布朗（Margaret Brown）教授等人推行的利华休

姆算术研究计划(the Leverhulme Numeracy Research Programme)在 1997 年到 2002 年间追踪了英格兰境内 2 000 多名小学生,把他们分为两组进行研究。[22]分析了在小学课堂中使用计算器频率高低带来的不同影响。大部分时间都允许使用计算器的学生获得一个较低的成绩(效应量:-0.31)[23]。但是,计算器使用频率过低,只允许学生对算式非常熟悉后才准使用时,学生表现更差(效应量:-0.41)。看来,让学生过多或过少地接触计算器都不利于成绩的提高,而事先利用计算器来教导学生们认识数字可能会更有积极作用。

因此,我们可以得出,计算器如何被使用才是最重要的,这一点在小学阶段尤为适用。这些例子表明计算器的使用能提高学生对数字的理解和流畅使用,这些影响是积极有益的。对于小学生,最重要的事是去规划计算器的使用而不是禁止使用计算器。

接下来,让我们把目光转向计算机。

计算机和学业成就:国际调查数据

TIMSS 调查得出高频率的计算机使用有助于学业成就的获得。在图10.3中,表明了从小学 4 年级教师那得到的计算机使用情况与各国家或地区学生测试结果的对比。它们之间呈正相关。8 年级的情况也是如此。但我想说明的是图 10.3 的分析显得太过于简化,但是另一些分析研究又显得模棱两可。比如,一项研究表明,在巴西,科技在学校里应用渠道的扩充有助于提高学生成绩,但在挪威,没有什么显著变化,在日本,甚至还会导致成绩下降。[24]同样,来自 1996年的美国进步教育评估(US National Assessment of Educational Progress,NAEP)的一份数据表示不管是 4 年级还是 8 年级的学生,增加计算机的使用与学业成绩的提高之间都没有明确联系。[25]在英国,ImpaCT$_2$ 的研究发现,尽管在科学技术应用范围扩充时初等和中等教育的学生们学业成就会有提升,但这种提升效果并不显著。[26]

同时,我们要注意到的是,这里所谈论的计算机使用情况并不意味着是在提高计算机使用率。2006 年第二教育信息技术研究(the Second Information Technology in Education Study,SITES)所开展的国际调查中表明[27],从 1998 年

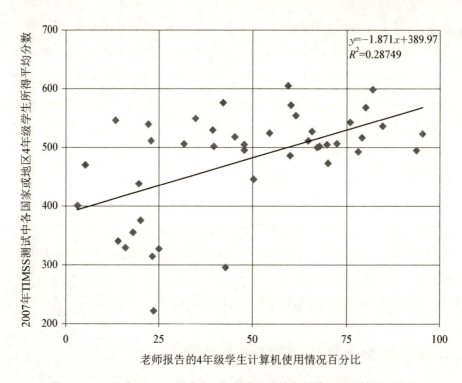

图 10.3　2007 年 TIMSS 测试中 4 年级学生成绩与计算机使用情况对比图

起,尽管大多数国家或地区都加大了对科技的投入,计算机使用渠道也被大幅度扩充,但是,对科技和计算机的实际使用情况却依旧不乐观。而且,SITES 还发现学生计算机的使用和教师利用高科技设备教学之间没有关联。计算机的使用情况在不同学科的学习时是不同的,如科学老师就会比数学老师更多地使用信息与通信技术设备(ICT)。这些发现表明,TIMSS 调查中电脑使用情况和学业成就数据得来的部分原因可能是依据各个国家或地区的财力和 GDP 来决定的。同时,许多国际测量数据也表明计算机无法在接下来的几年中完全改变当前的教育形态。

计算机能促进学习吗?

许多研究表明科技在教学中的介入能加强对数学的学习和理解。一个对 46 份研究报告的荟萃分析表明,大体上看科技的介入能对学习产生积极的影响,尽管小学生得到的影响会高于初中生。[28]在更加传统主义的教学中,这种影响会小一些。动态地图式地理软件就享有很高的声誉,知识渊博的使用者们也很认可这一技术。[29]在前教育部长戈夫的"英国教学与科技"(British Educational Training and Technology)演讲中[30]被谴责的电脑表格制作软件,事实上却帮助了学生提高对数学的理解。[31]

然而,要把使用高科技的影响与教学法进步的影响区分开来是十分困难的。有一些观点就认为所谓的使用科技带来的学业进步实际上是受教学法改变影响的结果。[32]换句话说,科技能产生影响,但最关键的是老师们如何使用这些科技来产生影响。比如,剑桥大学的肯·鲁斯文(Ken Ruthven)教授就认为老师们喜欢使用科技设备来校准和加强他们已有的教学实践模式。[33]尼古拉·布尼彻(Nicola Bretscher)针对89名教师高科技设备使用情况调查也得出了高科技应用中的这种保守趋势。[34]她发现教师们会经常使用画图软件,但却很少允许学生们使用。对比起来,学生们经常使用的是"MyMaths.co.uk"网站,主要是用于复习回顾。当然,复习也是很重要的,同时也有证据表明这样的电脑使用方式是有益的。[35]但是,这种形式的科技应用实际上和传统练习之间在本质上是相同的。

布尼彻的调查中还有许多针对交互式白板一体机(IWBs)使用的情况调查记录。我在前面也提到过,交互式白板的大范围推广是工党政府大力增加科技投资的直接结果。也有几个研究来测验交互式白板一体机的使用对数学以及其他科目学习产生的效用,虽然都没有得出什么结果。一个研究发现交互式白板能够促进师生互动从而加快教学进程。与没有配置交互式白板的课堂相比,学生们回答问题会更频繁,但是这些回答也都很短小,不会去影响老师原定的讲课节奏。[36]另一个发现是互动活动中也包含简单的"让孩子们使用白板"("getting kids up to the board"),尤其是在低学业成就的班级课堂上,这会影响整场课程的进度。[37]而另一个针对比较交互式白板使用效果和其他科技设备使用效果的研究中发现使用交互式白板的课程里,学生很少提问,大部分情况都是老师在讲解。[38]这些发现都证实了鲁斯文的观点,如果没有特别的支持或者说是教学策略,那么科技的使用只会倾向于保守。

因此,我们可以得出,计算机能促进学习,但是这种促进是不能被保证的,而且依赖于教学方法的转变。如同其他的教学法改革一样,可使用和可接触某新鲜事物都不足以推动变革的发生，教师们需要帮助和专业的培养发展机会。[39]

结论

计算器经常被视为学生计算能力低下的罪魁祸首，而计算机则被视为改革教育的天降神兵。但我们收集的例子却说明这种观点是错误的。计算器可以提高学生的计算能力，而且国际调查数据表明不应该在小学阶段颁发全国性的计算器使用禁令。同样，计算机可以促进学生学习，但是经验和事实证明这种促进是渐进式而不是革命式的。

只把焦点简单地放在科技对数学学业成就的影响上是不明智的。成人数学的研究表明，成人很少使用他们在传统课堂里被教授的纸笔计算法。[40]相反，他们主要使用的是计算器、电子图表软件和心算法。忽略甚至阻碍对科技产品的介绍学习就如同把我们的脑袋埋进沙子里。教育应该让孩子们为未来的生活和工作做好准备。"现实世界"是技术世界——人们依赖于计算器、电脑和心算能力来解决计算问题。为生活在这样的世界设计的课程应该是要拥抱接纳科技的。但令人震惊的是，教育标准局（the Office for Standards in Education, Ofsted）在2008年调查发现在过去的7年里课堂电脑使用率在下降。[41]

几乎在40年前，斯图尔特·普伦基特（Stuart Plunkett）在他的重要论文里说道，"分解物和所有的腐烂物"（Decomposition and all that rot）：

> "计算器的诞生给我们带来了巨大机遇。我们让所有的公民从永无止境的复杂计算中解放出来。因此我们可以抛弃大众的并且有所限制的纸笔计算法，而去追求一种更贴切于我们的思维和计算目标的方式……孩子们应该学会理智地使用计算器，对于我们日常所见的大部分计算，他们应该用心算的方式处理……更重要的是，孩子们应该从心算中更好的理解数字而不是陷于他们所不能理解的计算器反复使用中。只有当心算作为他们进行简单计算的第一方法时，计算器才能在他们心中找到合适的位置。它们是复杂计算的绝佳工具，是心算活动的理想盟友。"[42]

40多年来的研究报告表明要达到普伦基特的理想依旧"路漫漫其修远兮"。在改良课程规划时,我们也不应该忽略计算机在教育改革中的作用以及不能将计算器视为计算教学中的阻碍物。提升数学课的一个好办法就是把科技设备的使用视为是课堂中不可分割的部分。鲁斯文就大力推荐此类课程的推行。[43]我们只能等待直到大部分的政治家们都相信计算器和心算活动的力量,到那时这样的课程才会拥有政治基础而被大力推广。

(钱 黎 译)

注释

1. Subtracting calculators adds to children's maths abilities, *The Guardian*, 1 December 2012.
2. Tables turn on children's calculator culture, *The Independent*, 1 April 1997.
3. 信息和通信技术(Information and communication technology/ICT)是一个有关于技术并涵盖范围广泛的术语,包括计算机和计算器以及数字技术。
4. 参照戈夫(Goves)于2012年1月11日在英国教育技术展(BETT)上的演讲。
5. 摘引自kritt, D. W. and Winegar, L. T. (eds) (2007) *Education and Technology: Critical Perspectives, Possible Futures*. Plymouth: Lexington Books.
6. Hansard, 2012年11月30日。
7. Mullis, I. V. S., Martin, M. O., Foy, P., Olson, J. F., Preuschoff, C., Erberber, E. and Galia, J. (2008) *TIMSS 2007 International Mathematics Report*. Chestnut Hill, MA: TIMSS and PIRLS International Study Centre, Boston College. 国际数学与科学教育成就趋势调查(TIMSS)对象是4年级和8年级的学生。这同等于英国5年级(9到10岁)和9年级(13到14岁)的学生。
8. Department for Education and Employment (DfEE) (1999) *The National Numeracy Strategy: Framework for Teaching Mathematics from Reception to Year 6*. London: DfEE.
9. 事实上,新加坡的国家政策最近已经转而鼓励在小学高年级阶段使用一些计算器。
10. Bradshaw, J. Ager, R., Burge, B. and Wheater, R. (2010) *PISA 2009: Achievement of 15-year-olds in England*, Slough: NFER. 也可以参照Hodgen, J., Brown, M., Küchemann, D. and Coe, R. (2011) Why have educational standards changed so little over time: the case of school mathematics in England. 文章出现在the

British Educational Research Association (BERA) Annual Conference, Institute of Education, University of London.

11. Mullis 等。(前面也有引用,参照注释 7)。
12. Eurydice (2011) Mathematics Education in Europe: Common Challenges and National Policies. Brussels Education, Audiovisual and Culture Executive Agency (EACEA P9 Eurydice); Mullis, I. V. S., Martin, M. O., Olson, J. F., Berger, D. R., Milne, D. and Stanco, G. M. (Eds) (2008) *TIMSS 2007 Encyclopedia: A Guide to Mathematics and Science Education Around the World* (Vol. 1). Chestnut Hill, MA: TIMSS and PIRLS International Study Center, Lynch School of Education, Boston College.
13. Mullis 等。(前面也有引用,参照注释 7)。
14. 在教室里可以无限制使用计算机的 4 年级学生的平均量数为 450,有限制地使用的是 476,禁止使用的为 472。利用国际数学与科学教育成就趋势调查(TIMSS)的国际数据资料得出的显著分析数据。可参照网址 www.nces.ed.gov/timss/identimss/(进入 16 Mach 2012)。
15. 在教室里可以无限制使用计算机的 8 年级学生的平均量数为 447,有限制地使用的是 450,禁止使用的为 438。利用国际数学与科学教育成就趋势调查(TIMSS)的国际数据资料得出的显著分析数据(同上)。
16. Burstein, L. (ed.) (1992) *The IEA Study of Mathematics III: Student Growth and Classroom Process.* Oxford: Pergamon Press.
17. Askew, M., Hodgen, J., Hossain, S. and Bretscher, N. (2010) *Values and Variables: A Review of Mathematics Education in High-performing Countries.* London: Nuffield foundation.
18. Ruthven, k. (1998) The use of mental, written and calculator strategies of numerical computation by upper primary pupils within a 'calculator-aware' number curriculum, *British Educational Research Journal*, 24(1): 21–42.
19. 荟萃分析是一种统计技术,用于汇总一系列相关研究的影响。
20. Ellington, A. J. (2003) A meta-analysis of the effects of calculators on students' achievement and attitude levels in precollege mathematics classes, *Journal for Research in Mathematics Education*, 34(5): 433–63.
21. Ellington(同上)。
22. Brown, M., Askew, M., Hodgen, J., Rhodes, V., Millett, A., Denvir, H. and Wiliam, D. (2008) Individual and cohort progression in learning numeracy ages 5–11: results from the leverhulme 5-year longitudinal study, in A. Dowker (ed) *Children's Mathematical Difficulties: Psychology, Neuroscience and Education* (pp. 85–108). Oxford: Elsevier.

23. 效应量是指组平均值之差除以标准偏差,得到的标准偏差中的效应量度。效应量通常用于评估教育活动和干预措施的影响。小于 0.2 的效应量通常被认为是极小的或可以忽略的。

24. Guzel, C. I. and Berberoglu, G. (2005) an analysis of the programme for international student assessment 2000（PISA 2000）mathematical literacy data for Brazilian, Japanese and Norwegian students, *Studies in Educational Evaluation*, 31(4): 283 - 314. doi: 10.1016/j. stueduc. 2005.11.006.

25. Wenglinsky, H. (1998) *Does it Compute? The Relationship Between Educational Technology and Student Achievement in Mathematics*. Princeton: Policy Information Service.

26. Harrison, C., Comber, C., Fisher, T., Haw, K., Lewin, C., Lunzer, E. and Watling, R. (2003) *ImpaCT2: The Impact of Information and Communication Technologies on Pupil Learning and Attainment*. Covenry: BECTA.

27. Law, N., Pelgrum, W. J. and Plomp, T. (2008) *Pedagogy and ICT Use in Schools Around the World: Findings from the IEA SITES 2006 Study*. Hong Kong: GERC-Springer. Note that England did not take part in the SITES survey.

28. Li, Q and Ma, X. (2010) A meta-analysis of the effects of computer technology on school students' mathematical learning, *Educational Psychology Review*, 22(3): 215 - 43.

29. 可以参照,Jones, K. (2000) Providing a foundation for deductive reasoning: students' interpretations when using dynamic geometry software and their evolving mathematical explanations, *Educational Studies in Mathematics*, 44(1): 55 - 85.

30. Gove(参照注释 4).

31. Ainley, J., Bills, L. and Wilson, K. (2005) Designing spreadsheet-based tasks for purposeful algebra. *International Journal of Computers for Mathematical Learning*, 10(3): 191 - 215.

32. Higgins, S. (2003) *Does ICT Improve Learning and Teaching in Schools? A Professional User Review of UK Research Undertaken for the British Educational Research Association*. Nottingham: BERA.

33. Ruthven, K. (2009) Towards a naturalistic conceptualization of technology integration in classroom practice: the example of school mathematics, *Education & Didactique*, 3(1): 131 - 52.

34. Bretscher, N. (2011) *A survey of technology use: the rise of interactive whiteboards and the MyMaths website*. Paper presented at the CERME7 Seventh Congress of the European Society for Research in Mathematics Education, Rzezsow, Poland 12 January.

35. Higgins(参照注释 32).
36. Simith, F., Hardman, F. and Higgins, S. (2006) The impact of interactive whiteboards on teacher-pupil interaction in the National Literacy and Numeracy Strategies, *British Educational Research Journal*, *32*(3): 443–57.
37. Moss, G., Jewitt, C., Levacic, R., Armstrong, V, Cardian, A. and Castle, F. (2007) The Interactive Whiteboards, *Pedagogy and Pupil Performance Evaluation: An Evaluation of the Schools Whiteboard Expansion Project-the London Change*. London: Institute of Education.
38. Zevenbergen, R. and Lerman, S. (2008) Learning environments using interactive whiteboards: new learning spaces or reproduction of old technologies? *Mathematics Education Research Journal*, *20*(1): 108–26.
39. Spillane, J. P. (1999) External reform initiatives and teachers' efforts to reconstruct their practiced: the mediating role of teacher's zones of enactment, *Journal of Curriculum Studies*, *31*(2): 143–75.
40. 可以参照,Cockcroft, W. H. (1982) The mathematical needs of adult life, in W. H. Cockcroft (ed.) *Mathematics Counts* (pp. 5–11). London: Her Majesty's Stationery Office (HMSO), Hoyles, C., Noss, R. and Pozzi, S. (2001) Proportional reasoning in nursing practice, *Journal for Research in Mathematics Education*, *32*(1): 4–27.
41. Office for Standards in Education (2008) *Mathematics: Understanding the Score*. London: Ofsted.
42. Plunkett, S. (1979) Decomposition and all that rot, *Mathematics in school*, *8*(3): 2–5.
43. Ruthven, K. (2001) Towards a new numeracy: the English experience of a 'calculator-aware' number curriculum, in J. Angileri (ed.) *Principles and Practice in Arithmetic Teaching* (pp. 165–88). Maidenhead: Open University Press.

第三部分

学习者

第十一章　左脑、右脑、大脑游戏和游戏袋：教育中的神经神话

科琳·里德　迈克·安德森

> 人们应该知道那不是源于其他任何事物,而是会导致欢乐、喜悦、欢笑和运动,并且还会产生痛苦、悲伤、依赖和苦闷。因此,通过这种特别的方式,我们获得了智慧和知识,并且看见、听见和知道什么是污秽的、什么是公平的、什么是不好的、什么是好的、什么是甜的、什么是难吃的……与此同时,因为同样的器官,我们变得疯狂甚至精神错乱,而且恐惧和恐怖困扰着我们……所有这些事情我们都是通过大脑来忍受……
>
> ——希波克拉底,公元前460—370(Hippocrates, 460 - 370BC)

导言

在这一章我们主要讨论一些导致糟糕教育的神经神话。这些神话主要有以下几种观点:我们仅仅使用了我们大脑的10％,我们中的有些人是左脑思考者而其他人是右脑思考者,一些简单的运动(如:玩视频游戏和游戏袋)能够通过帮助提高孩子在学校的学习能力来改变孩子的大脑。然而,我们也在探索一种更一般的神话;那就是:学习的科学应该最终是大脑的科学。这样做使我们解决了为什么现代的神经科学对教育家对此有吸引力的问题,并且讨论了一些对教育持脑中心论的危险分子。

神经科学、神经神话和神经的共同进化

数百年来,通过打开大脑之谜来理解人类天性和智慧之谜的可能性一直吸引着很多的哲学家、科学家、物理学家、心理学家和教育家。在这条道路上,在有关大脑是什么、大脑是如何与我们是谁相联系的以及我们如何度过我们生命的知识方面,我们实现了惊人的飞跃。在通过认知渠道来理解我们是如何处理我们的世界这方面,我们得到了显著的提高,这使得一些创新技术,如仿生耳和盲人的合成视觉,开始得到运用。与此同时,我们被一些"神经神话"所蒙蔽了,这已经在我们专业的社会团体中留下了重要的足迹。例如,哲学家、科学家和物理学家科斯塔·伊本·鲁卡(Qusta ibn Luqa)(864—923),写过一篇论文,他这样认为:

> "想要记忆的人会往上看,因为这能增加蠕虫状的颗粒(在大脑中呈松果体状)、打开通道,并且能够恢复后脑的记忆。另一方面,想要思考的人会朝下看,因为这会减少颗粒、关闭通道、保护中脑的精神免受后脑记忆储存的干扰。
>
> [非洲康斯坦丁诺斯(Constantinus Africanns)1536,第 310 页,据洛克霍斯特(Lokhorst)报道,2011 年]。[1]①"

其他的神经神话对个体病人和群体中的我们有更严重的影响。在 18 世纪,弗朗茨·加尔(Franz Gall),德国的物理学家和颅相学之父,他提出道德和智力才能位于大脑的具体区域,并且进一步认为这些相当于头皮地形。[2] 他认同这个观点,因此,针对那些有犯罪或激进倾向的青少年,他提出了药物治疗和道德治疗。显然,他提倡对罪犯和精神疾病进行温和的治疗,这种治疗是基于他们体系的起源行为以及在一定程度上是超越他们职责的。

---

① 康斯坦丁诺斯(Constantinus Africanus):c1010-c1087,医学翻译和本笃会僧侣,出生在迦太基遗址,游历了北非和亚洲各地四年,对医学和其他科学积累着手稿。——译者注

萨卡斯和同事将精神外科的发展作为纠正不同年龄段许多极端行为症状、情感症状和认知症状的一种方法。[3]在石器时代，人们在头骨上认真钻洞来释放脑海中的有害精神。将近30 000个额叶切断术在英国完成，美国在20世纪50年代早期才有，同样，以一种缓和的或者治疗的目的来毁坏大脑区域被认为是对避难所和医院的病人不起作用的。甚至连出生在美国政治家族的罗斯玛丽·肯尼迪（Rosemary Kennedy）也做了额叶切断术来治疗他的认知和行为问题。[4]这种技术有很高的价值，以至于1949年的诺贝尔生理或医药奖一半的奖金都给了安东尼奥·埃加斯·莫尼斯（Antonio Egas Moniz），因为他发现了精神错乱切断术的治疗价值。切断术被ECT或休克疗法取代，在休克疗法中，电流能够刺激大脑中的电路从而使治疗能够继续。这件事的主要价值就是：在所有的年代里，这项技术都有拥护者，这如果不是蒙昧的，那么这项技术现在可能很荒谬。尽管这样，大脑的有形、似乎硬性质量的解剖以及神经学科的证据对科学家、教育家、治疗师和其他的许多健康专家仍具有吸引力——也许从来没有这么多的教育工作者。全球书籍词频统计器的数据（图11.1）表明：自20世纪90年代中期以来，神经科学和教育交叉的材料的出版物实现了快速增长。同时，尽管神经科学和教育并没有精神病学和神经科学那样的戏剧性的历史，但是，二者的联合对我们关心的孩子，无论健康与否，都能产生同样的影响。

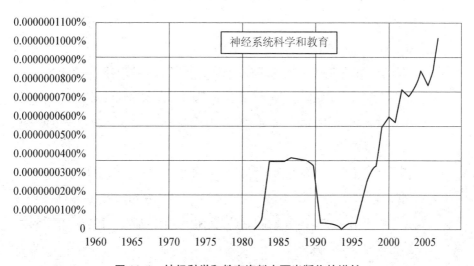

图11.1 神经科学和教育资料方面出版物的增长

教育中的神经神话

伴随着对神经科学和教育之间潜在联系的浓厚兴趣也产生了一些担忧,这种关于直接证据的稳定性的担忧主要来自两个方面。[5]两方面因素造成了这种担忧:(1)将两门有不同语言的学科结合的困难、知识发展和研究设计的不同方法。(2)神经学科的结果错误运用到教育实践中的例子会产生许多固执的神经神话。[6]正如我们在这章开始部分已给出的历史案例中看到的那样,这种神话会显示出或演变成非常有害的政策和实践。

神经神话1:我们仅仅使用了我们大脑的10%

尽管没有人确定这种神话的出处,但是它导致了大量脑训练组织的产生和蓬勃发展,这些组织旨在开发你的大脑潜力。虽然有大量的证据是反对这种说法的,并且没有证据来支持它。但是,贝叶斯滕(Beyerstein)(1999)总结了一些关键的论点[7]和证据,他认为:

1. 我们的大脑被划成功能性区域,并且在不同种类的任务和活动中会被激活。几年的脑地形图将会表明在普通的大脑里并不存在无功能区域。
2. 大脑损害的长时间研究突出了在广度和深度上的不足,这甚至发生在以下的对大脑一个或另一个区域轻微损伤。事实上,证据表明大脑在没有丧失能力时,其区域是不会受损害的。
3. 不同形式的脑地形图技术(EEG,PET,FMRI)能够共同显示出发生在不同大脑区域的活动。仅仅在严重的脑病理和脑损伤的案例中,大脑才存在没有活动的区域。功能性磁共振成像表明,甚至在我们睡着时,我们的大脑仍在活动。
4. 如果没有使用大脑的显著部分,那么健康大脑的尸检就并不能反映出所期待的变性差的程度。我们的身体一般是基于使用而运行,否则就会失去它的原则,因此,如果大脑仅仅被使用了10%,那么我们应该会看到大脑结构的部分衰减。
5. 如果大脑的功能有剩余的话,那么进化将会决定更小的大脑和头部大小的选择性繁殖。分娩时较大的人头所导致的风险将会说明这是事实。

因为我们需要用大脑来生存,所以我们保留了大脑。

这个神话说明了一个完全缺乏证据甚至没有概念基础的观点是如何保留下来的。

神经神话 2：有些人是左脑思考者而有些人却是右脑思考者,每种人都需要一种不同形式的学习指令

这个盛行的神话断定一些人是左脑思考者或者是逻辑思考者,而其他的人主要是右脑思考者或直觉思考者,这些右脑思考者通过非语言或空间的方式会学得更好。人们认为左脑思考者擅长任务分析和基于语言的思考,而右脑思考者则在空间任务、艺术和数学方面表现更好。[14]与该神话相关联的观点是：人们有主导的感官学习偏好或者有不同类型的智能,因此学生会偏向特定的信息呈现模式。[8]比如说 VARK 系统,该系统提出了四种感觉学习模式：视觉、听觉、读写和动觉。人们认为每一种感觉偏好都会产生不同的学习类型,并且都假定能够反映一种学习者获取信息所偏向的神经系统。如今由这种信念体系所引导的教育实践案例包括单一性别学校的课程发展,这种学校认为男孩和女孩的学习是不一样的。[9]更多量身定制的网络学习环境的发展是为了适应学习方式上的"大脑区别"。[10]

然而大脑偏侧性的证据并不是基于大脑正常运转的研究上的,而是基于那些在事故或手术中胼胝体切断的患者的历史研究上的。对于这些病人,就像目前大脑损伤的病人一样,脑部偏侧性是切断病理学的一种症状,而不是大脑首选和最佳的功能模式。在正常的大脑中,尽管有一定程度的功能局限,但是对于每一个日常任务,靠近大脑两边的多感官输入和功能综合都有压倒性的证据。[11]语言和空间信息甚至能够同时被大脑两个半球进行不同的处理。因此,如果不可能实现的话,那么介入另一个脑半球是很难的,但是即使是可能的,通过这样做,我们可能会阻碍所有重要的合成大脑半球处理能力的获得。而且没有证据表明针对这些类型的介入在提高学习方面是成功的。[12]

神经神话 3：在学习提高时期大脑的发展存在关键期

可以毫无疑问地说,大脑是随着年龄变化而变化的。对于与感觉运动问题相关联的经验期待的大脑可塑性,比如说 3D 视觉的发展,甚至是有神经科学证据支持关键期的存在。然而,对于大脑的经验依赖性区域,如涉及学校学习讨论的许多方面,并没有证据表明这基本上是正确的。[13]尽管这是正确的,比如说,从出生到 3 岁,[14]非常快速的突触生长和日益增加的神经元密度存在一个独一无二的时期,但与流行的看法相反,这并不能为使义务教育和早期教育形式化的国际化政策的盛行提供证据支持。假设这种突触增长意味着对学习独特的开放性是一次概念性并且富有证据性的跳跃,一个更远的跳跃就是这种开放性是对学校环境下的正规教育的一次最佳回应。[15]现在的证据表明,大脑结构和功能的变化对于不同发展阶段的不同类型的学习很可能是一种相似的透明度,而非不同的学习率。没有证据表明突触的数量和更好的学习有关。而且,尽管有越来越多的证据说明基于劣势背景的孩子能够从基于中心优质护理服务和儿童早期教育[16]中显著受益,[17]甚至更多的证据也表明以家庭为基础的支持对于这些孩子可能是不利的,但是仍然没有证据显示非劣势儿童群体在这些环境下将会经历强化学习。事实上,甚至有证据表明来自中产阶级背景的孩子在全日制早期学习环境下取得的进步比在家庭里取得的进步更小。在美国的一项针对 14 000 所幼儿园的调查研究中,与在家庭中抚养的孩子相比,在日托所里的白人中产阶级的孩子在社会性发展方面存在迟缓现象。[18]尽管这些迟缓到了三年级就会消失,但是,它会质疑证据基础的干预指导决策和社会干预这些主要的国际趋势的准确性。

神经神话 4:交叉偏侧和协调的身体活动能够促进大脑的发展和学习

在过去十年里,大量的基于大脑[19]、脑兼容[20]、脑型[21]和脑靶向[22]的指导方法取得了进步。大部分系统都是基于一系列中心原则上的,这些中心原则突出了个性化指导和拓宽了我们学习的挑战机会的重要性,也强调了思维、大脑、身体的结合对综合所有学习系统的重要性[23]。这些相同的原则会产生一系列的指导技术,这些指导技术有强烈的常识吸引力,比如说指导教室里的活动、鼓励自我管理、有助于将信息转化成长期记忆以及使用记忆装置。然而,这些方法经常不与基于广泛引用证据来支持的神经科学相联系[24]。有一些大胆的观点遭到教育学者的极力反对,比如说泰特(Tate)(2004;见注释 19)的主张是她的大脑兼容指导能够"生长树突"[25]。然而,其他人提供了一个似乎令人尊敬的理由并且指出了一系列的理由。具体实例就是主张资源的大肌肉运动能够刺激大脑的交叉偏侧，并且增加了语言的接收和获取，这反过来又支持阅读。[26]尽管与证据相反，但是像游戏袋这样的游戏和平衡练习已经被作为提高交叉横向联合的方式，这种交叉横向联合主要是为了提高学习和阅读能力。这些主张需要在证据的支柱之间实现推理的飞跃，从而支持基于愉快或身体健康的合理化活动。和神经发展的主张进行配对时，他们需要一个道德责任感作为证据基础。

一个富有争议的项目 ddta①，也叫多尔程序，它是基于一系列致力于解决学习障碍的身体活动，这个组织提供了以下的理由：

"小脑在学习过程中很关键，它使得技能通过练习变得自动化，但是如果小脑没有有效地运转，你很可能会遇到以下的一种或更多的困难——吃力的阅读和写作、注意力分散、协调不好或者是社交技能薄弱。多雷的非药物计划主要由日常的身体运动组成，这些活动旨在提高平衡、协调、注意力和社交技能。

（来源：www.dore.co.uk/learningdifficulties/，摘自2012年1月28日）"

尽管没有证据说明通过这样的身体活动使小脑得到了有效的发展，但是，这个组织却获得了大量的媒体关注，并且得到世界各地家长的青睐。一个科学杂志的五个编辑提出辞职，因为他们认为这个刊物关于治疗的错误研究是有效的。许多著名学者都反对这个组织和它的证据基础。然而这个组织多年来在许多国家都进行着商业化运转。

在评估许多基于大脑的学习手段上，另一个困难就是，尽管有一个相当具体的理论来源并且之后会变得很难测试，但是，他们会发展成为一系列综合的技术和干预措施。NLP②（Neuro linguistic Programming）是这些例子之一。泰星

---

① 阅读障碍运动障碍治疗：多尔程序最初被称为阅读障碍运动障碍治疗，它声称对阅读障碍、注意缺陷多动障碍有效，第一个多尔中心成立于英国。——译者注
② 神经语言规划：是一套技术、原理和信念，初始概念是在1973年由学生理查·班德勒（Richard）和语言学教授约翰·葛林德（John Grinder）结合社会科学家葛列格里·贝特森（Gregory Bateson）所发展出来的。——译者注

(Tosey)和西森(Mathison)认为NLP反映了这样一个原则：一个人是一个全部身心系统，[27]在神经过程、语言和学习的行为策略之间有一致的图案连接。[28]凯里(Carey)和同事们评论了NLP上的文学作品并且发现了超过77种基本的NLP技术。[29]虽然他们有组织的有效证据，这些组织将它们自己确定为NLP，但是在他们评估的110份研究中的大约30%里，并没有方法辨别是组织的什么元素导致他们成功的。而且有了所有其他的基于大脑的学习程序的评估，因此就没人再试图使用有针对性的基于大脑的成果的措施。

神经神话5：大脑训练能够促进学习

虽然许多商业性的大脑训练的电子游戏和活动声称他们有能力提高你的学习能力，并且能够使你变得更聪明，但是陪审团仍然在讨论这是否是可能的。由于学校和父母继续花费大量的钱希望改变孩子的学习方法，所以机构的悠久历史并没有包括科学评估的严格审查。[30]然而，在科学和道德职责上，最近出现了更多的积极尝试。管理功能方面的训练似乎有当下最好的神经科学理论支撑，并且可能在实践中产生更大的影响。当人们把工作记忆概念化为一种管理功能的一部分时，一个认真实施的研究发现了基于电脑的工作记忆训练任务的密切影响。[31]更多的一般智力是大多数神经教育干预的"圣杯"，这不仅是因为其效果不只是局限于教室里的复杂活动，而是会对整个人生产生广泛的影响。[32]而且，在所有提高智力的干预中，通过成立的协会，管理功能的训练有最先进的科学理念，这些训练主要是关于维持任务目标的管理能力、大脑额叶的操作和流体智力措施的性能。科林伯格(Klinberger)和他的同事也汇报了那些患有注意缺陷多动障碍的孩子在工作记忆训练上取得的初步成功，注意缺陷多动障碍对复杂的推理技能和ADHD①(Attention Deficit Hyperactivity Disorder)父率症状有广泛的影响。[32]托尔和同事发现，对于面临管理功能挑战的孩子，早期干预的常识十分重要，他们试图对学龄前儿童的工作记忆和抑制电脑游戏方面进行训练。[33]这些研究中的每一个都处于初步阶段。两个相关的孩子既没有包含对参与者的综

---

① 注意力缺失障碍症：是由一位对孩童疾病有兴趣的乔治史·提尔(George Still)医生在伦敦发表的相关文章中提出的，主要特征是不专注、过动和冲动。——译者注

合分析、这些参与者允许对结果措施的认真调查，也没有一种通过解释发现结果和调查变化的关键机制的理论框架。

为什么它在课堂上很重要？

也许在这一点上，如果神经神话在教育体系中实行了，那就有必要问一问它为什么重要，孩子花时间向另一个人扔豆袋并且玩电脑游戏会有关系吗？这些活动在某一层次上是无害的。然而因为我们没有证据说明这种干预措施的有效就是我们应该避免的东西，所以花费在干预措施上的教育基金是一种浪费[一个经典的例子就是麦金托什（McIntosh）和里奇（Ritchie）的故事说明：教育机构是如何用大量的费用提供彩色隐形眼镜来解决阅读困难的]。³⁴ 而且，在这章所讨论的例子中，我们已经看到课堂哲学的政治和经济决策被似乎无伤害的神话所影响是多么重要啊。比如说，在开始义务教育的年龄段，男孩和女孩在学校里是否应该被隔离开。在我们的诊所里，我们也能看到这样的孩子，因为课堂哲学受这样的观念的支撑，即如果我们仅仅能找到打开孩子学习模式或智力的钥匙，那么所有孩子的潜力是一样的，所以他们在学校里已有二次失败的经验。这些对神经研究的误解将会使我们对孩子的能力产生不准确的期待。这会使孩子在学校体系中面临学校挑战甚至会是进一步的风险，同时也会将我们的注意从基于证据的方法转移到引导每天的教学实践上。停下来想一想在 2010 年，霍华德-琼斯（Howard-Jones）调查了 182 位学校教师，结果发现 82% 的教师认为用他们偏爱的学习模式来教孩子能够提高学习效率；65% 的教师认为协调练习能够提高左右脑半球功能的合成；并且 20% 的教师认为如果他们一天喝的水少于 6 到 8 杯，那么他们的大脑就会萎缩。

解决方案是什么？

富有挑战的个人神经神话是一种抗衡教室中他们的扩散和影响的方式。然而看那些神经神话里思维或练习的一般错误可能会为促进学科之间形成有效联系提供稳固基础，并且也为回答学习科学是否应该是大脑科学这种问题提供了坚实的基础。

教育神经神话下的共同方法挑战和专业挑战

在学科之间搭建桥梁

为了进一步回答教育是否应该是基于大脑的这个问题,需要在教育、神经科学和心理学之间建立广泛的联系。有些人对行为解释倾向于将基于大脑的理论置于一种终极位置,而另一些人则倾向于心理学或行为科学的理论。[35]尽管有很多哲学争论,但是最终还是要在从业者和研究者之间建立跨学科的联系,这将为评估相关的联系、调查方法和解释性的框架是否达成一致提供机会。

在不同层次的解释间搭建桥梁

大多数神经神话都来自不同层级解释间的推理性跳跃。教育一般是在行为水平运转,而神经科学是在生物水平运转。在我们自己的研究中,我们已经发现小学适龄儿童的学习行为措施及生物措施和错误处理能够产生不同的结果,并且对于一个孩子是如何从错误中学到最多给出了不同的解释。[36]我们能够通过认知理论来区分和评估这些假设,这种认知理论能够将生物观察和行为观察相结合并且产生意义。在教育的环境中,在解释大脑数据上,理解它们的不同和在行为、认知和生物水平间建立联系的方法是一个重要的中介步骤。[37]认知功能、大脑发展和学习行为或学习成果之间的关系的认知理论为我们在各级之间推进提供了关键的路径。[38]

在基于实验室的研究和基于学校的研究之间搭建桥梁

在标准的实验室科学研究上,所有基于教育干预措施的神经科学都应该有一些根据。但是一个成功的或是富有成效的理论结构并不一定会在学校产生影响。我们日益采取标准的基于实验的研究方法和孩子实际上能够真正进行学习的环境。在我们自己的研究中,我们已经优先发展了一个研究模型,这种模型能够通过综合性的方式解决其中的每一个问题。我们称这种模型为"儿童项目"。这种模型急切需要优先前后的有效性以及后续的发展机会。我们这个多学科团队已广涉心理学家、教师、神经科学家和儿科医生。我们共同设计了一个基于"休息日"结构的神经认知组织。总共有24个孩子参加了这个特别设计的并设有操场和工艺区的孩子研究机构。ERP①（Event Related Potential）相关事件的潜力设计为训练宇航员；能力心理评估设计为电脑游戏；学校的成就任务就像社会发展和情感发展的游戏一样被完成。所有的任务都是由高度训练的儿科评估团队通过标准化的方式进行管理，并且所有的任务都是以游戏的形式同时呈现的，这些游戏能够获得代币来交换工艺材料，以便在包括所有孩子和职工的团体游戏中使用。因此，连续两天后，我们会汇集许多能力和技能的生物、认知和行为方法。我们会通过定义明确的认知理论来整合数据，安德森（Anderson）的最小认知建构学是基于所获数据的三种层次的解释间的连接桥梁。[39]

在大脑数据的解释和推理使用上的警告

目前存在一种过度解释大脑扫描数据的倾向。艾尔富瑞克（Alferink）和他的同事举了一个出现在新闻周刊的脑扫描例子，它比较了正常孩子和问题孩子的PET扫描数据。因为这种不同会产生重大的社会政策意义，所以，拥护儿童的组织已经对此作出了解释。然而，尽管对于不加批判的读者来说是有不同的，但是，这些扫描数据还是被同行-评审期刊的刊物拒绝了。[40]而且，如果大脑的一部分在扫描器中产生光亮，那么就可以推测它和事件的发生存在因果联系。它不仅不可能是因果式的，而且也不可能是行为的基本特征，甚至也不是一个基本的标志，并且肯定不是固定而独特的标志。充其量，我们可以理直气壮地说那是我们正在探寻的功能、能力和行为的一个必要而不充分的标志。激活也可能不总是积极活动的一种标志——如果我们扫描一个孩子的大脑，我们很有可能发现局域性的活动，这种活动我们可以解释为"学习"，但这可能不利于我们推动扫描的发展。

我们过分解释大脑数据的倾向也能够由韦斯伯格及其同事的研究巧妙地说明，无论是否有假的脑图像和脑信息，研究数据都呈现给人们了。[41]大脑图像提升了在数据准确性方面的报道信心。迪纳也质疑我们是否真的理解脑图像所呈现和没有呈现的信息，这也许预示着它将可能被看作新颅相学。[42]显然，几乎没有包含基于大脑的改变措施的教育研究来评估不同学习选项的有效性。

---

① 事件相关电位：是测量脑响应是一个具体的直接结果知觉的，认知，或发动机事件，更正式地说，这是任何刻板电生理学对刺激的反应。——译者注

在非人类研究解释上的警告

很多神经科学研究都是在猴子、猫和老鼠身上进行的。这就包括了被广泛引用的突触研究——这个研究大部分都是在恒河猴身上展开的。类似地,有关发展的关键期研究是基于在缝合猫的眼睛是否影响它们之后的视力的研究上的。不仅该研究是针对严重剥夺而非正常发展,而且对于动物的大脑结构、功能和发展在哪方面和人类存在显著的不同,我们也有许多例子。更不要说那种反对老鼠的靶基因的研究也存在诵读困难的风险。

基于病例研究的推断方面的警告,为了在正常发展的孩子的课堂中进行实践

神经科学的许多研究是通过临床样本进行操作的,其中有某种脑病理学。这对于孩子的研究是十分正确的,因为对那些在过程中有临床需要的孩子进行脑扫描操作,我们通常只能获得伦理上的准许。正如我们从偏侧研究中所看到的那样,对于脑受伤或脑疾病的人来说是正确的,对于非临床的人来说通常是不正确的。在教育上,这是一个十分重要的问题。在过去,在实践中误用精神病学的研究证据仅仅只是一小部分的人口,包含了对一些人的可怕影响。在教育上,建立在对神经科学证据误解上的政策影响了所有的孩子。早期教育年龄的例子说明证据支柱间的抢先跃起是如何潜在地影响世界各地的百万儿童的。

从实验研究中推理需要注意的方面

神经科学和大脑扫描几乎全部都是在实验室中操作的,几乎没有在课堂中进行的。在把神经科学带入教育政策和实践上是一个很大的障碍。在控制的情境里,在一个认真设计的实验任务中,孩子的大脑对一个独立事件所做的反应是不可能和在真实世界环境中所做出的反应是一致的,即有许多分散因素。将来语境有效性将会是一个需要考虑的关键性因素。

结论

因为我们所拥有的教师和心理学家超过了其他职业,因此,我们有权利和责任来支持每个学生实现他们全部的潜能。未来,神经科学甚至可能在课堂中有更大的呈现。除了帮助我们理解孩子的学习需求,它还有可能会被用来解释社会挑战和像欺凌、暴力和精神疾病的情感挑战的习惯。[43]脑的十年会快速地演变成脑的世纪。它向我们提供了同样的潜力,因为通过使用经验测试它已经提供药物来探索疾病机制。实际上,尽管我们的神经神话的讨论应该谨慎,但是应该注意过去的许多心理外科技术、颅相学技术和电休克技术对于我们现在所认为的最好的神经外科实践来说是先导。神经神话是有一定道理的。但是如果我们继续支持神经科学,那么我们就更加需要情境化和理论驱动的证据搜集来发展描述精神过程结构的本体论,以至于能够评估他们在真实学习环境中的反应。[44]我们需要更加清楚和理性地思考如何以最佳的方式搜集证据,同时我们还需要谨慎、严格地精确评估大脑数据和学校学习习惯之间的稳固联系。有时神经神话是学科发展不可避免的结果。知识的局限解释了这个弱点。然而,神经神话也源于疏忽和缺乏意识到仓促运用的潜在代价。罗斯玛丽·肯尼迪就是一个很好的提醒。

(郑　丽　译)

注释

1. Lokhorst (2011) Constantinus Africanns, 1536, De animoe et spiritus discrimine liber, in: Constantini Africanni OOpera, pp: 308 – 17, Basel. (In Latin) Referenced by Lukhorst, Gert-jan, 'Desforcartes and the Pineal Gland'. The stanford Encyclopedia of Philosophy (Summer2011Editin), EdwardN. Zalta (ed.), http://photo.stanford.edu/archives/sum2on/entries/pinealslaul/. 选自 2012 年 5 月 28 日。
2. Gall, F. J., letter to Retzer, 1798. Translated in D. G. Goyder (1857), *My Battle for Life: The Autobiography of a Phrenologist* (pp. 143 – 52). Oxford: Bodleian Library. 来源网址 www.historyofphrenology.org.uk/stexts/retzer.htm.
3. Sakas, Damianos, E., Panourias, L. G., Smgounas, E. and Simpson, B. A. (2007) Neurosurgery for psychiatric disorders: from the excision of brain tissue to the chronic electrical stimulation of neural networks, in Damianos E. Sakas and B. A. Simpson (eds) *Operative Neuromodulation. Functional Neuroprosthetic Surgery: An Introduction* (pp. 365 – 74). New York: Springer.
4. Shorter, E. (2000) *The Kennedy Family and the Story of Mental Retardation*. Philadelphia, PA: Temple University Press.

5. Ansari, D. (2011) Culture and education: new frontiers in brain plasticity, *Trends in Cognitive Sciences*, 16(2): 93 - 95; Christodoulou, J. A. And Gaab, N. (2009) Using and misusing neuroscience in education-related research, *Cortex*, 45(4): 555 - 57; Della Sala, S. (1999) *Mind Myths: Exploring Popular Assumptions About the Mind and Brain*. Chichester: John Wiley & Sons Ltd; Della Sala, S. And Anderson, M. (2012) Neuroscience in education: an (opinionated) introduction, in S. Deila Saia and M. Anderson (eds) *Neuroscience in Education: The Good the Bad and the Ugly*. Oxford: Ox-ford University Press; Goswami, U. (2006) Neuroscience and education: from research to practice? *Nature Review of Neuroscience*, 7(5): 406 - 11; Howard-Jones, P. (2010) Introducing Neuroeducational Research: Neuroscience, Education and the Brain from Contexts to Practice. New York: Routledge; Purdy, N. (2008) Neuroscience and education: how best to filter out the neurononsense from our classrooms? Irish Educational Studies, 27(3): 197 - 208; Willingham, D. (2009) Three problems in the marriage of neurascience and education, *Cortex*, 45: 544 - 45.

6. Beauchamp, M. H. And Beauchamp, C. (2012) Understanding the neuroscience and education connection: themes emerging from a review of the literature, in S. Della Sala and M. Anderson (eds) *Neuroscience in Education: The Good the Bad and the Ugly*. Oxford: Oxford University Press.

7. Beyerstein, B. (1999) Whence cometh the myth that we only use 10% of our brains? In S. Della Sala (ed.) *Mind Myths: Exploring Popular Assumptions About the Mind and Brain*. Chichester: John Wiley & Sons Ltd.

8. Fleming, N. D. (1995) I'm different; not dumb: modes of presentation (VARK) in the tertiary classroom, in A. Zelmer (ed.) Research and development in higher education, Proceedings of the 1995 Annual Conference of the Higher Education and Research Development Society of Australasia (HERA DSA), HERDSA, 18: 308 - 13; Gardner, H. (1993) *Multiple Intetlligences: The Theory and Practice*. New York: Harper Collins.

9. Keller, S. (2011) Teaching methods at single sex high schools: an analysis of the implementation of biological differences and learning styles. Senior Theses, Trinity College, Hartford, CT; Trinity College Digital Repository. 来源网址: www. digitalrepository. trincoll. edu/theses/48.

10. Wolf, C. (2007) Construction of an adaptive e-learning environment to address learning styles and an investigation of the effect of media choice, Ph. D. thesis, School of Education, RMIT University.

11. Goswami (2012) Principles of learning, implications for teaching? Cognitive

neuroscience and the classroom, in S. Della Sala and M. Anderson (eds) *Neuroscience in Eclucation*: *The Good the Bad and the Ugly*. Oxford: Oxford University Press.

12. Dembo, M. H. and Howard, K. (2007) Advice about the use of learning styles: a major myth in education, *Journal of College Reading and Learning*, 37(2): 109 – 09; Kratzig, G. P. and Arbuthnott, K. D. (2006) Perceptual learning style and learning proficiency: a test of the hypothesis Journal of Educational Psychology, 98: 238 – 46.

13. Bruer, J. T. (1997) Education and the brain: a bridge too far, *Educational Research*, 26(8): 1 – 13; Anderson and Della Sala (2012), 见注释 4.

14. Davis, A. (2011) (ed.) *Handbook of Petliatric Neuropsychology*. New York: Springer Press.

15. Alferink, L. A. and Farmer-Dougan, V. (2010) Brain – (not) based education: dangers of misunderstanding and misapplication of neuroscience research and brain based education, *Exceptionality*, 18(1): 42 – 52.

16. Schweinhart, L. J., Barnes, H. and Weikart, D. (1993) *Significant Benefits*: *The High/Scope Perry Preschool Study Through Age 27*. Ypsilanti, Ml: High-Scope Educational Research Foundation, Monograph #10; Loeb, S. Bridges, M., Bassok, D., Fuller, B. and Rumberger, R. (2005) How much is too much? The influence of preschool centers on children's social and cognitive development. NBER Working Paper No. 11812, December, JELNo. I2, I3.

17. Miller, S., Maguire, L. K., Macdonald, G. (2011) Home-based child development interventions for preschool children from socially disadvantaged families, *Cochrane Database of Systematic Reviews*, 12, Art. No. CD00813. DOI: 10.1002/.14651858. CD008131.pub2.

18. Loeb, S., Bridges, M., Bassok, D., Fuller, B. and Rumberger, R. (2005) How Much is Too Much? The Influence of Preschool Centers on Children's Social and Cognitive Development. National Bureau of Economic Research Working Paper No. 11812, http://www.nber.org/papers/w11812.

19. Jensen, E. (2008) A fresh look at brain-based education, *Phi Delta Kappa*, 89(6): 408 – 17; Laster, M. T. (2007) *Brain-Based Teaching for All Subjects*: *Patterns to Promote Learning*. Lanham, MD: Rowman & Littlefield Education cation (ISBN: 978 – 1578867226); Dennison, P. (2006). Brain Gym and Me: Reclaiming the Pleasure of Learning. Ventura, CA: The Educational Kinesiology Foundation; Caine, G. and Caine R. N. (2010) Overview of the systems principles of natural learning [PDF 文件]. 来源于卡恩学习网站: http://www.cainelearning.com/files/

Summary. pdf; Kiedinger, M. (2011) Brain-based Learning and its Effects on Reading Outcome In Elementary Aged Students. Masters Thesis. University of Wisconsin-Stout.

20. Ronis, D. (2007) *Brain Compatible Assessments*. 2nd edition. Los Angeles, CA: Corwin Press; Tate, M. (2004) Sit and get won't grow dendrites. Los Angeles, CA: Corwin Press.

21. Perez, K. (2008) *More Than 100 Brainfriendly Tools and Strategies for Literacy Instruction*. Los Angeles, CA: Corwin Press.

22. Hardiman, M. (2003) *Connecting brain research with effective teaching: the Brain-targeted Teaching Model*. Lanham, MD; Scarecrow Press.

23. Caine, G. and Caine, R. N. (2010) *Overview of the Systems Principles of Natural Learning* [PDF 文件]. 来源网站: www. cainelearning. com/files/Summary. pdf.

24. Coltheart, C. and McArthur, G. (2012) Neuroscience, education and educational efficacy research, in S. Della Sala and M. Anderson (eds) *Neuroscience in Education: The Good the Bad and the Ugly*. Oxford: Oxford University Press.

25. Alferink & Farmer-Dougan, (2010); 见注释 15.

26. Lyons, C. A. (2003) *Teaching Struggling Readers: How to Use Brain-based Research to Maximize Learning*. Portsmouth, NH: Heinemann; Shaywitz, S. E. (2003) *Overcoming Dyslexia*. New York: Random House Inc. ; Wolfe, P. (2009) *Building the Reading Brain: PK-3* (and edn). Thousand Oaks, CA: Corwin.

27. Tosey, P. and Mathison, J. (2010) Neurwlinguistic prograraning as an innovation in education and teaching, *Innovations in Education and Teaching International*, 47 (3): 317 – 26.

28. Dilts, R. , Grinder, J. , Bandler, R. and DeLozier, J. (1980) *Neuro-Iinguistic Programming, Volume 1: The Study of the Structure of Subjective Experience*. Capitola, CA: Meta Publications.

29. Carey, J. , Churches, R. , Hutchinson, G. , Jones, J. and Tosey, P. (2010) *Neurolinguistic Programming and Learning: Teacher Case Studies on the Impact of N. LP in Education*. Reading: CfBT Education Trust.

30. Howard-Jones, P. (2010) *Introducing Neuroeducational Research: Neuroscience, Education and the Brain from Contexts to Practice*. New York: Routledge.

31. Jaeggi, S. M. , Buschkuehl, M. , Jonides, L. and Perrig, W. J. , (2008) Improving fluid intelligence with training on working memory, *Proceedings of the National Academy of Sciences of the United States of America*, 105(19): 6829 – 33.

32. Klingberg, T. , Fernell, E. , Olesen, P. , Johnson, M. , Gustafsson, P. , Dahlstrom, K. , Gillberg, C. G. , Forssberg, H. and Westerberg, H. (2005)

Computerized training of working memory in children with ADHD-a randomized, controlled trial, *Journal of the American Academy of Child and Adolescent Psychiatry*, 44(2): 177–86.

33. Tborell, LB., Lindqvist, S., Bergman, S., Bohlin, G. and Klingberg, T. (2009) Training and transfer effects of executive functions in preschool children, *Developmental Science*, 12(1): 106–13.

34. McIntosh & Ritchie, (2012) Rose tinted? The use of coloured filters to treat reading difficulties, in Della Sala & Anderson (eds) *Neuroscience in Education: The Good the Bad and the Ugly*. Oxford: Oxford University Press.

35. Miller, G. (2010) Mistreating psychology in the decades of the brain. *Perspectives on Psychological Science*, November 5: 716–43, doi: 10.1177/1745691610388774.

36. Anderson, M. and Reid, C. (2009) Don't forget about levels of explanation, *Cortex*, 45: 560–61.

37. Cragg, L., Fox, A., Nation, K., Reid, C., and Anderson, M., (2009) Neural correlates of successful and partial inhibition in children: An ERP study. *Developmental Psychobiology*, 51: 533–43; Richardson, C., Anderson, M., Reid, C. and Fox, A. (2011) Neural indicators of error processing and intraindividual variability in reaction time in 7 and 9 year-olds. *Developmental Psychobiology*, 53: 256–65,. doi: 10.1002/dev.20518.

38. Coltheart and McArthur (2012), 见注释23.

39. Anderson, M. (1992) *Intelligence and Development: A Cognitive Theory*. Oxford: Blackwell.

40. Bruer, J. T. (1999) *The Myth of the First Three Years: A New Understanding of Early Brain Development and Lifelong Learning*. New York: Free Press.

41. Weisberg, D. S., Keil, F., Goodstein, J., Rawson, E. and Gray, J. R. (2008) The seductive allure of neuroscience explanations, *Journal of Cognitive Neuroscience*, 20: 470–77.

42. Diener, E. (2010) Neuroimaging: voodoo, new phrenology, or scientific breakthrough? Introduction to special section on fMRI, *Perspectives on Psychological Science*, 5(6): 714–15.

43. Viding, E., McCrory, EJ, Blakemore, S-J. and Frederickson, N. (2011) Behavioural problems and bullying at school: can cognitive neuroscience shed light on an old problem? *Trends in Cognitive Neuroscience*, 15(7): 289–334.

44. Poldrack, R. (2010) Mapping mental function to brain structure: how can cognitive neuroimaging succeed? *Perspectives on Psychological Science*, 5(6): 753–61.

第十二章　从固定智力到多元智能

菲利普·阿迪

导言

人们可以知道霍华德·加德纳(Howard Gardner)发展他的多元智能理论的动机在哪。在 1994 年，哈佛其他两位教授，理查德·赫恩斯坦(Richard Herrnstein)和查尔斯·默里(Charles Murray)出版了一本名叫《钟形曲线》[1]的书，这本书很快就在教育界流行了起来。这本书是依照社会科学领域学者高斯的正常分布曲线与其他人是相似的这个观点来命名的，该书提出了一个极端的智力遗传观点，认为人的一生中的机会更多是由他或她的概念基因组合决定的，而不是由任何其他东西决定的。这个观点对大部分教育者来说是一个诅咒。如果学生的能力甚至在他们走入教室之前就已经固定了，那么对此我们应该做些什么呢？加德纳的多元智力理论产生于反对赫恩斯坦和默里的固定智力理论，因为这个是值得称赞的，但是仅仅反对一个错误理论并不能充分支持多元理论。很不幸，许多在学校工作的多元智能支持者已经不加批判地使用该理论并设计了一些混乱课程。

在这一章，我将试着在高度遗传理论和多元智能之间开设一门狭窄的课程。一旦避免了这些危险，我们将会看到远方清澈的大海，整个教育体系将会有更加明确的目标。

让我们以固定智力理论为开端吧。

智力大部分是遗传的

"'她真的很能干'

'他的能力非常有限'

……最高的能力设置"

这些表述在学校里非常常见,并且总体上是不可动摇的,因为它的意思对大部分的教师而言似乎相当明确。然而,我质疑经常在学校里使用的"能力"这个词的含义,为总结这个词使用的一些含义,并且能够为整个教育目标提供一个可供选择的意见。

多年来,我一直在问教师他们所理解的"智力"或"一般能力"是什么?孩子的哪种行为能够说明智力?不同国家和不同学科间教师的答案却是意外地一致。以下就是教师所认为的智力行为的一些看法:

- 在不同的观点之间建立联系;
- 发现数据中的模型;
- 将今天所学习到的原则运用到不同的情境中;
- 问探究性的问题;
- 超越所给定的;
- 创造性地思考。

完成这些需要在不同的观念之间建立联系并且发现不同知识领域间的关联。因为这个由主张一般能力本质的专业人士的描述和心理学家传统的智力解释相当类似,即从数据最后发现联系并且通过数据模型进行预测的能力。这就是智力测试试图测试和表达的 IQ。教师和心理学家对几乎与上下文无关的一般能力论没有质疑。那就是,这个真的有很强的一般性,它可以用来学习数学、法语或者是历史——一些人认为也可以运用到探究、足球和跳舞上。目前为止,效果很好。

但是所隐含在一般能力概念中的就是,它一定程度上是一种天生的个性特征。鉴于我们都相信,通过一点努力,几乎所有的孩子都能学到一些基本的信息,如日期、表格和拼写。我们将这种能力归于抽象的理解力并且仅仅使用一小部分的更高水平的批判性思考力。但是我们认为这些不同是来自哪儿呢?它们是由基因决定的吗?它们是被内置入个体的微生理吗?它们不受教育变化的影响吗?正如上文引言中所述,"能力"这个词的随意使用隐含了没有一个学校或老师能够完成个人的基本属性,但是也隐含了它一定是作为一个以给定的共同工作的人。

如果把这个位置带到了极限,那么它的缺点就会变得很明显。如果一般能力真的不受影响,那么我们在教育中所做的是什么呢?教育体系的作用将会下降,以至于天真的孩子的噩梦就是要根据他们的能力进入学校和班级,并且设计一个多层次的课程以至于每一个孩子都能根据自身的水平选择合适的材料来教育,个体并没有机会从一个水平移到另一个水平。实际上,这是潜在的选择原则通过 11 年多来将孩子分配到不同类型的学校。在 19 世纪 60 年代,这个实践在英国大部分地方被遗弃了(但是在一些当地政府这仍然顽固地存在)。它也是基于流动或固定的实践的原则,这将会在第三章中涉及,并且它基本上被误解了。

不久前,自然——发展的争论成了热点(我们是遗传的产物还是环境的产物),但是对遗传学的现代理解已经基本上改变了争论的风向。基因本身很少起直接的决定作用,它们在建立蛋白质的过程中起着模板的作用。但是真正蛋白质的建立、调配以及对生活方式的影响绝对不是预先决定的。这种决定式的论调是没有意义的,因为这就和十年前的智商固定比例是一样的,或者和遗传决定论与环境决定论是相同的。我们是基因和环境交互作用的产物,这种交互作用是十分复杂的,并且不能简单地被分解成各部分。

罗伯特·普洛明(Robert Plomin)和他的同事在伦敦大学国王学院的心理协会多年来一直在研究双胞胎,并试图比较他们在不同环境中成长时的同卵和异卵的智商分数。当然,同卵(相同的)双胞胎有相同的基因机构,然而,异卵(不同的)双胞胎和其他的兄弟姐妹相比并没有分享更多的基因。通过比较两种不同类型的双胞胎,尽管事实上两种潜在资源的变异不能被扰乱,但是,普洛明还是能够发现基因和环境间的交互作用(父母提供不同的基因和环境)。普洛明认为出生时的基因占了智商的 20%,但是这个比例在十四岁时会提升到 60%。[2] 这个建议就是在概念后的不久,遗传结构的任何潜能都会受父母的环境的影响而扩大,而环境本身受基因的影响,因此似乎多年后基因会有更大的影响而不是完全归因于它们。事实上,基因与环境的交互作用排除了由西里尔·伯特(Cyril Burt)在20世纪30年代提出的那种简单的分析,甚至在这之前他就开始用数据来支撑他的理论。[3]马特·里德利(Matt Ridley)的教养与天性为这个问题提供了可读性的解释,马尔科姆·格拉德威尔(Malcolm Gladwell)的离群为社会和文化环境对天才的影响提供了一个典型的案例。甚至连莫扎特(Mozart)和比尔·盖茨(Bill Gates)成为他们自己那样都需要10 000个小时的练习。[5]

一个潜意识的危险观点就是:在孩子的自我实现能力方面,我们所能做的并不多。如果我们假设基因不能应对困难的观点,并且对他们而言,一切事情都可以毫不费力就得到解决,那么我们就是在剥夺他们智力生长的机会。当然,考虑到现在的能力,任务必须被裁减,但是这并不意味着要填鸭式的;而是意味着设置一些在外力帮助下能够实现的挑战。

而且,如果孩子和老师都相信智力基本上是固定的,那么它就会被固定。卡罗尔·德维克已经证明了孩子在学校生涯早期是如何发展智力观念的。[6]进一步说,比如,一些所谓的从根本上固定看待他们自身能力的发展认为:在变得更聪明方面,他们没有多少可以做;并且还认为更加努力或者努力提高他们的思维能力没有任何意义,或者认为他们的成功是因为内在的能力并且他们不需要做出任何努力。然而,其他的孩子对他们自身的能力却持完全不同的看法。他们相信,努力并且迎接面临的挑战能够提高解决问题的一般能力,或者说尽管他们现在很成功,但是额外的努力能够带来更大的成就。想象形成智力的每一个自我视图的智力环境类型并不难。以下是两个场景,两个都是我第一次见证:

场景12.1

一年7科学班。老师已经解释了他想要班级做的是什么,但是并不是很清晰。他问道:"现在还有人不理解吗?"

学生(很犹豫):"不,老师,我不是很懂……"
老师(严厉):"你怎么回事?你刚刚一点都没听吗?我是在说火星语吗?"

> **场景12.2**
>
> 一年7科学班。他们已经完成了关于控制变量的活动,老师已经总结了他们所发现的东西,"现在每个人都理解了吗?"
>
> 学生(犹豫):"老师,我们(指向他的同伴)并没有真正理解。"
> 老师:"谢谢你告诉我,你们为什么不一起讨论呢(指向另外两个学生),看看是否他们解释得比我更好,如果你还是很困惑再来找我吧。"

现在来看一下,在这两个教室中,哪个教室的学生更可能形成这样的观点:通过一点努力,并且在朋友的帮助下,他们不仅能够丰富自身的知识,而且理解事情的能力也会得到提高。哪个教室的学生会认为智力的本质是固定的?而哪个会认为它是灵活的呢?

在我摈弃智力固定的观点之前,可以明确的是,我并不是赞成智力生长的完全自由化。如果我夸大了智力可塑性的事实,那么它是通过反对现在盛行的趋势来低估一般智力被修正的程度。事实上,我们能够提高多少孩子的一般智力仍然是受限制的,但是我认为最好是低估这些限制,而不是将它们作为不认真教学的借口。

对智力固定观念的回应:多元智力?

"先提出一个假设或理论,然后再来证明它是必要的。仅仅就像理论的优点和不足为大家所知道一样,最初的假设的合理性也会变得明显。"因此,正如霍华德·加德纳在他的书《智力的结构》中所提出的多元智力理论那样(1993:59)。与上面的观点是一致的。

从最后一节我们可以得出结论,即一般智力基本固定的概念是站不住脚的。但是我们如何反对这种观点呢?一种在许多学校已经运用的回应就是加德纳的观点:智力并不只有一种,智力是多元的。他的多元智力理论是反对时钟曲线的观点的,理由是并不存在一般智力这样的事物[因为斯皮尔曼(Spearman)的时间,经常会涉及一般智力],因为智力是多方面的。在《智力的结构》的最开始,加德纳提出了七种智力,每一种智力都存在与之相对应的一个或更多的天才指数。[7]这七种智力和相对应的代表：

> 数学逻辑智能：阿尔伯特·爱因斯坦（Albert Einstein），约翰·冯·诺依曼（John von Neumann）
> 语言智能：T. S. 艾利奥特（T. S. Elliot），威廉·莎士比亚（William Shakespear）
> 空间智能：巴勃罗·毕加索（Pablo Picasso），弗朗西斯·克里克（Francis Crick），詹姆斯·沃森（Jame Watson）
> 音乐智能：沃尔夫冈·阿马德乌斯·莫扎特（Wolfgang Amadeus Mozart），耶胡迪·梅纽因（Yehudi Marceau）
> 运动感觉智能：伊莎多拉·邓肯（Isadora Duncan），马歇·马叟（Marcel Marceau）
> 人际智能：圣雄甘地（Mahatma Gandhi），林登·约翰逊（Lyndon Johnson）
> 自我认识智能：西格蒙德·弗洛伊德（Sigmund Freud），马塞尔·普鲁斯特（Marcel Proust）

最近有建议认为情感智力、环境智力和精神智力都应该纳入这个行列中。加德纳从没有认为最初的列表是全面的，但是他为可能会被算作是所谓的智力提供了准则，这些准则是：

- 与大脑的一个特殊部分相联系；
- 在那个领域存在天才；
- 不同的操作，发展史和进化；
- 心理的独立。

约翰·怀特（John White）对这些准则做了一个系统的批判[8]，但是在这里我想更多地聚焦心理学。大脑的区域和白痴学者的存在理论的合理化方面起着特别重要的作用。每一个将会反过来被考虑。

大脑区域化

事实上,大脑的不同部分含有不同的功能,甚至在脑扫描出现之前,我们就知道因为受伤或撞击而导致大脑部分区域受损很可能会导致一些功能受到损害。左颞和额叶区域主要是和语言联系在一起的,枕叶是和视觉相联系的,等等。像机能性磁共振成像(FMRI)这样的扫描方法的发展已经充分证实了这些区域的功能,但它也提供了许多细节并且能够让我们明白任何一种功能如语言、视觉、空间意识等等都是由大脑的许多区域提供的。例如,左颞区域尽管是和语言相关联的,但是也有许多其他区域有语言理解、分析、综合和生产的功能。结果表明那种认为不同大脑区域有唯一的功能的观点是简单化了。

但是即使画面是简单的——一个大脑区域有一种功能——这就能否定一个总体调节器或指导的存在吗?这能否定所有的大脑区域都有独特的功能?事实表明[9]如果学科的问题有大量的空间需求或语言需求,那么大脑的相应区域会出现更多的活动,好像这是以一种高水平来解决空间或语言过程中的细节。这个总体管理者的功率和效率就相当于一般智力,通用处理器的发展和刺激会影响一般认知发展的进程。前额叶似乎是为这种执行功能奠定了基础,在所有的认知区域,它履行了大脑功能中的计划、选择和策划的一般功能。事实上,人类大脑的这个部分比其他灵长类动物相对更大,并且在前额叶布线的最后阶段——大脑发展的最后阶段,这发生在人类13—15岁左右,因此强化了这种概念,至少是一般智力发展的最后阶段。

但是那种认为大脑区域化意味着多元智力的观点遇到了另一个问题。假如大脑的一个部分受到了损伤,那么与它相关联的功能也会受到相应的损害,通常大脑的其他部分会在失去的功能上发展能力,中风患者大脑受损部分一般是不会修复的,而如果大脑其他区域接管了受损区域的功能的话,那么它们的语言和运动功能会得到一定程度上的恢复。这也说明了一种策划的原则,那就是通过检测重要功能的修复和引导可选择的路线,至少在一定程度上大脑的功能能够执行。我们能够得出结论:大脑区域本身远远不能为独立的多元智能提供证据。

学者

一小部分个体在一个区域里有真正的卓越能力,而在一般心理功能上却严重欠缺,他们的存在是好奇和浓厚兴趣的来源。这些个体有卓越的能力,比如说在计算、记忆、音乐、画画方面,但是他们在其他方面有严重的学习问题和社会交往问题。他们通常是自闭症患者,但也不总是这样。著名的例子包括德里克·帕拉维奇尼(Derek Paravicini)(1979—),他是一个有绝对音感的音乐天才,在听完一首音乐作品后就能立刻完整地弹奏出来。他在两岁的时候就开始弹钢琴,但是在其他方面存在严重的学习困难,他双眼失明,是一个自闭症患者。史蒂芬·威尔特(Stephen Wiltshire)有特殊的画画才能,他在观看完一个城市的样貌后能够立刻准确地再现这座城市,他是个自闭症患者,没有其他突出的能力。金姆·皮克(Kim Peek)(1951—2005)虽然大脑严重受伤,但是他却有非凡的记忆力,他产生了电影《雨人》的灵感(尽管皮克不是自闭症患者)。他一个小时能够读完一本书并且完全记住,多年后还能详细地记住书的内容,但是在现实生活中他不能正常地生活,他甚至不能自己穿衣服。其他的学者是历法计算者,他们能够告诉你一个历史日期是一个星期中的星期几(例如:1765年5月9日—星期二)。

引用这些学者的例子能够证明,尽管其他的智能远远落后,多元智能中的一种智力也能够发展成天才水平。在这里困难的就是:应该运用到整个人类的多元智能模型是建立在极小部分极端与众不同的个体基础上的。据估算,被确切报道的非凡学者不超过100人,这些人中至今仍健在的不超过50人。实际上,他们的能力十分特殊,到目前为止,对于这些非凡学者的现象并没有满意的解释。尽管我们没有提供一个合理的解释,但是,这并不意味着我们能够接受任何解释。就像许多学校所做的那样,在多元智能理论中,投资信念和课程资源是为了使用极小部分特殊的人来决定大众所采用的教师方法。这没有任何意义。

智力间的关联

不难理解老师和其他的人为什么喜欢使用多元智能理论。它似乎是应对身体受伤的单个想法,对于大部分教育者而言,固定智力是很容易遭到反对的。而且它允许普遍善良、思想自由的教师相信每个人能够擅长一些事情。弗雷德不是很喜欢阅读和写字,但是他的人际交往技能很好,他长大后可能会成为另一个理查德·布兰森(Richard Branson)。每个人都是胜利者。不幸的是,有一个争论反对这种令人不快的观点,无论我们怎样赞同这个观点,它都不会是合理的。虽然反对固定遗传智力这种观点,但是它仍然是值得称赞的,多元智力作为一种选择,它的合理性是没有证据支撑的。

多元智能理论被断定为七种或九种,智力之间是相互独立的,并且每一种智力是沿着自己的方向发展的,而不受其他智力或一般智力限制。但是,实际上,不同的能力之间总是存在着关联,那就是一个人存在这样一种趋势:在一个领域很强,则在所有领域也会很强,这就是大家都知道的"积极歧管"。从整个全人类来看,不同特殊能力间的积极联系是强烈反对潜在一般智力的存在的。从特殊能力的测量中产生的一般智力仅仅只是一个统计假象一直被争论着,选择性的数学模型能够产生多元独立智力的方案,但是更多的复杂分析(众所周知的路线分析或者是结构方程模型)使其很明确:但目前为止,对其联系的最合理的解释就是存在真正的一般智力因素,这些因素为特殊能力提供了基础(如图 12.1 所示)。一个学生在任何特殊任务上的表现取决于特殊能力和一般能力,每一种的比例是随任务的变化而变化的。这些由一种一般因素和许多特殊因素组成的智力阶级模型,已经存在了将近一个世纪了,而且都是以不同的伪装面目出现的。

这些模型中最缜密的一个是由约翰·卡罗尔(John Carroll)(又是哈佛的)提出的,他是从 20 世纪 30 年代到 70 年代收集的上千份测试结果中进行再分析得到的。约翰·卡罗尔轻微指责[10]加德纳多元智力模型中忽略了一般因素。

在极少数情况下,一个人能够将特殊能力发展到很卓越的程度,而忽视其他的能力,并且明显排除了一般因素。因此,一个在早期就对音乐有天赋的孩子可能会被鼓励投入大量的时间练习(实际上很喜欢),因此,他会成为一个音乐神童而忽视了文学、艺术和其他的特殊才能。同样,一名足球运动员可能会完全投入到训练球技中而忽略学习任务,因此,他最终会被别人称为"无知的足球运动员",不是因为缺少任何的一般智力,而是因为单纯地追求一个领域的卓越而忽视了在更广泛的领域发展潜能。但是纵观整个人类,不同领域的能力是相关联的,一个人可能会有这样的感觉,说:"擅长写作而不擅长数学",这可能归因于学生和老师自我应验的预言。

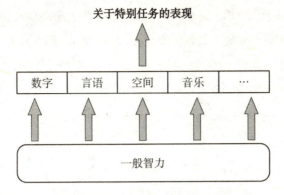

图 12.1　特殊能力的一般智力因素

总结这一节，毫无疑问我们可以从实际操作和逻辑上来区分不同类型的能力——数学、预言、空间、动觉等等。问题来自主张这些特殊能力之间是完全独立的观点。所有的心理测量和共同经验表明一个人的特殊能力都是以一种共同的一般智力因素为基础的。

智力的可塑性

因此，如果我们不能将智力从它的一般位置中列出来，我们怎么能够合理地反对固定一般智力的观点呢？多元智力通过批评"一般的，固定的"智力来迷惑我们；它已经指向了一般要点，这实际上是有合理性的，它忽视了固定这一点，这是更脆弱的。一旦我们意识到智力，甚至是一般智力，在环境（家庭教育、教学、营养等等）的影响下能够发生有意义的变化，那么它就会失去它的刺。它可以通过十分有限而又有很强针对性的干预措施向我们提供许多提升成就的机会，而不是成为我们的学生所能得到的决定性制动。

能够提供什么证据来说明智力实际上是可以改变的呢？

弗林效应

多年的智商测试管理数据表明人类的平均智商在稳步上升，速度是每十年上升三个点，[11]尽管有证据表明在斯堪的纳维亚这个国家的平均智商已经到达顶峰并且不再继续上升。为什么人类的智商应该上升是一个需要推测的问题：

难道是更多的孩子去上学并且活得更长了？难道是更多来自电脑游戏等一般刺激？所有这些假设或者更多其他的假设能够被推断出，但是实验学的甚至是流行病学的证据很难通过支持一个来支持另一个。无论原因是什么，多年来人类智商上升的事实就表明了智力不是固定的，而是很容易发生改变的。

反弗林效应

上文虽说指出了一般趋势，但是最近迈克尔·谢尔(Michael Shayer)的测量结果指出在过去的二十年里，英国学生的一般推理能力实际上下降了很多。[12]在20世纪70年代，谢尔和他的团队在英国开展了一次针对9至16岁年龄段的认知发展水平的调查，抽取了14 000个学生作为样本，并且严格确保了样本在总体中的代表性。这次调查的两个显著结果分别是：（1）在任何年龄段的测量认知能力的范围都比以前所确信的更广。（2）离校年龄在16岁的在校生没有超过30%，表明抽象思维力的有用性。(有人可能会增加第三个令人惊讶的结果——那就是这个规模巨大而重要的调查在教育者、记者和政客间并没有引起骚动。头仍然留在沙滩里，但这是另一个故事。)后来，在2008年9月，谢尔在他曾经于20世纪70年代使用的同一个测试中，通过一个新的、有代表性的样本，他得到了一些结果。男孩子平均下降了1.4sd，女孩下降了0.55sd。

又一次，我们能够推测出这种下降的原因(国家的课程？教学测试？电脑游戏？)，但是下降本身的证据也表明人类的智商不是一个定量。

教学思想

也许智力可塑性的最有说服力的证据是由一些组织提供的，这些组织已经成功地证明更好的思维受合适的教学策略积极影响。为了直接教孩子更好地思考，也就是为了让孩子变得更聪明，很多课程机构和教育学产生了。不幸的是，很多这种组织并不能提供任何能够产生有影响的、有说服性的证据，并且这些机构已经使"教学思想"的游戏变得很不光彩。但也有一些例外：最近一份针对当地公立小学中的一个名叫"儿童哲学"[13]机构的评估表明：通过一年中的每星期里一个小时的半干预后，其对认知能力产生影响的大小是0.48。更重要的是，在控制状态下的实验组在干预后所获得的维持了至少两年，一直到小学生进入中学之后。认知加速(CA)的方法已经被证明近年来产生了很大的影响。以下是从 CA 中众多结果报告[14]中选取的 2 种：

1. 在最初的实验中，据 1991 年的报道，那些 7 年级和 8 年级期间在科学课上使用 CA 的学生又跟进了 3 年，与对照控制组相比，他们在一年级的 GCSE 科学课、数学和英语课上所得的分数更高。规模大小从 0.35 变化到 1.1。

2. 在数学科目上使用年级一和年级二活动的学生在关键阶段 1 收获了 0.51 的规模效应。当继续跟进一年后，与没有运用 CA（规模效应是 0.36）的平行班相比，他们在关键阶段 2 英语国家测试方面收获了更多。

重要的是，在学科领域得到的远远超过设立的思维课上得到的。如果不同类型的思维真的有区别，那么人们是不能获得这个交叉的。转变为潜在的一般智力提供了依据。机制就是干预是通过科学来刺激学生的一般智力发挥作用，并且这反过来也会使包括英语在内的所有领域的学习受益。

总结

毫无争议，在这章我已经讨论了 19 世纪到 20 世纪早期的观点：在遗传学说中，智力或多或少是固定的说法是站不住脚的。但是我也讨论了多元智能理论，这是作为一种矫正遗传性一般智力的方法而提出的，也是同样作为人类活动的模型而提出的。来自大脑区域和愚钝学者的证据并不能使许多独立的智力存在这样的主张合理化，并且不同类型能力的测试之间的固有联系表明：在一般智力处理器支撑下的特殊能力构成了一个阶级模型，它提供了到目前为止最合理的人类智力结构。基于多元智能理论的学校课程设计被误导了。

最后，我认为有足够的理由相信，学生的一般智力是能够通过合适的课程干预得到提升的。一般智力远不是教育者的限制，一旦人们承认它是可以变更的，那么它就将成为一次大的教育机会。我们总是可以从书本和网页上获得信息，但是如何处理这些信息，包括批判性地评价它，在不同概念间建立联系并且适宜地与特殊问题相联系，这些都取决于智力。从幼儿园开始的教育过程的主要功能——可能直到第一学位——应该是发展学生的一般智力。

(郑 丽 译)

注释

1. Herrnstein, R. and Murrary, C. (1994) *The Bell Curve: Intelligence and Class Structure in American life*. New York: Free Press.
2. Plomin, R. (2001) Genetics and behaviour, *The Psychologist*, 14(3): 134-39.
3. 来源网址：www.indiana.edu/~intell/burtaffair.shtml.
4. Ridley, M. (2003) *Nature via Nurture*. London: Harper Perennial.
5. Gladwell, M. (2011) *Outliers: The Story of Success*. New York: Back Bay Books.
6. Dweck, C. S. and Bempechat, J. (1983) Children's theories of intelligence: consequences for learning, in S. G. Paris, C. M. Olson and H. W. Stevenson(eds) *Learning and Motivation in the Classroom* (pp. 239-56). Hillsdaie, NJ: Lawrence Erlbaum.
7. Gardner, H. (1993) *Frames of Mind* (2nd edn.). New York: Basic Books.
8. White, J. (2008) Illusory intelligences? *Journal of Philosophy of Education*, 42(3-4): 611-30.
9. Duncan, J., Seitz, R. J., Kolodny, L, Bor, D., Herzog, H. And Ahmed, A. (2000) A neural basis for general intelligence, *Science*, 289: 457-59.
10. Carroll, J. B. (1993) *Human Cognitive Abilities*. (p. 641). Cambridge: Cambridge University Press.
11. Flynn, J. R. (1994) IQ gains over time, in R. J. Sternberg (ed.) *Encyclopedia Of Human Intelligence* (pp. 617-23). New York: Macmillan.
12. Shayer, M., Coe, R. And Ginsburg, D. (2007) 30 years on-a large anti 'Flynn effect'? The Piagetian test *Volume & Heavirwss* norms 1975-2003. *British Journal of Educational Psychology*, 77(1): 25-41; Shayer, M. And Ginsburg, D. (2009) Thirty years on-a large anti-Flynn effect? (ii): 13-and 14-year olds. Piagetian tests of formal operations norms 1976-2006/7, *British Journal of Educational Psychology*, 79(3): 409-18.
13. Topping, KJ. And Trickey, S. (2007a) Collaborative philosophical enquiry For school children: cognitive effects at 10-12 years, *British Journal of Educational Psychology*, 77(2): 271-78; Topping, K. J. and Trickey, S. (2007b) Collaborative philosophical enquiry for school children: cognitive gains at 2-year follow-up, *British*

Journal of Educational Psychology, 77(4): 787-96.

14. Summarized in Adey, P. And Shayer, M. (2011) *The effects of cognitive Acceleration*. Paper presented at The Socialization of Intelligence Available. 来源网址: www. kcl. ac. uk/sspp/departments/education/research/crestem/CogAcc/Cognaccel. aspx For a more comprehensive approach to the idea of intelligence in education,见: Adey, P., Csapo, B., Demteriou, A., Hautamaki, J. and Shayer, M. (2007) Can we be intelligent about intelligence? Why education needs the concept of plastic general ability, The *Educational Research Review*, 2(2): 75-97; Shayer, M. (2008) Intelligence for education: As described by Piaget and measured by psychometrics, *British Journal of Educational Psychology*, 78(1): 1-29.

第十三章　不可靠、无效、不切实际却仍广泛利用的学习风格

弗兰克·科菲尔德

导言

1580 年，米歇尔·德·蒙田（Michel de Montaigne）在他的文章中写道："我不知道我们是有多么的自相矛盾。"接着，他选择了九组完全相反却感觉非常符合自己的形容词来描述自己："腼腆，傲慢；纯洁，淫荡；多言，寡语；坚强，怯弱；聪明，愚笨；无礼，友善；欺诈，诚实；博学，无知；慷慨，吝啬。"[1] 300 年后的 1862 年，俄国小说家杜斯妥也夫斯基（Dostoevsky）在伦敦拜访了查尔斯·狄更斯（Charles Dickens）。多年以后，杜斯妥也夫斯基写了一篇关于他们会面内容的报告，他写道："狄更斯认为我的身体里有两个我……一个是他感受到的我，另一个是与他感受相反的我。这个给人感受相反的我展现着我身体里的邪恶角色，而那个给人感觉像我的角色却试着过自己的生活。我在想，难道自己只有这两重人格吗？"[2]

现在，我们做一个非常令人吃惊且异想天开的假设，假设杜斯妥也夫斯基和查尔斯·狄更斯同时被邀请完成科尔布（Klob）的"学习风格量表"，他们必须完成十二道题目，从每个题目的四个选项中选择其一，用来描述他们的学习风格。假设他们完成这个任务（当然这是一个很大的假设，因为他们的思维天真而简单，很可能会陷入惊讶），他们将被归属于活跃或沉思，抽象或具体的学习风格。之后，我再反复找出不超过十二个形容词。

霍尼（Honey）和芒福德（Mumford）的"学习风格问卷"研究得更加深入，共

有 80 个题目,但研究过程与结果却是和科尔布一样的。比如"我总是对猜测人们在想什么感兴趣"的题目,会根据人们对该题目打了对号还是错号来断定是沉思型还是冲动型,是理论型还是实践型。像罗斯(Rose)说的,"这些反义词组是教科书式的,却也是狭隘和误导人的"。[3]斯坦·艾维(Stan Ivie)提醒到,约翰·杜威(John Dewey)抵制"要么……要么"式思考,因为这种思考方式会产生错误的二元论,诱使我们相信存在泾渭分明的差异,然而现实中这些只不过是连续的经验而已。[4]

科尔布以及霍尼、芒福德的方法都建立在外显理论基础上,这种理论适用于很多学习风格问卷,被学校、学院以及大学广泛应用。这些学习风格问卷由大学导师亲自设计,却丝毫没有考虑问卷工具的效度和信度。例如,关于学生们喜欢的烹饪学习方式调查,让学生从"查看教学手册"、"请教某人"、"亲自动手尝试"中进行选择。学生只能有一个选择,所以当学生同时选择三种烹饪学习方法时将被迫重新进行选择或直接判定为错误选项。用这种方法,学生可以迅速被塞进不同人群,以此判断学生是视觉性、听觉型还是动觉型学习者。这些方法的使用,使一些心理学家不能意识到人类本性的复杂性与矛盾性,比较明显的是蒙田和狄更斯;他们明显忽视了一点,即环境总是强烈地影响行为。作为对生活中各种挑战与机会的回应,有一天我们将成为冲动型、沉思型、理论型或实践型的学习者。

研究

文章建立在一个跨时 18 个月的研究基础上,由大卫·摩斯利(David Moseley)、伊莱恩·霍尔(Elaine Hall)、凯瑟琳·埃克尔斯通(Kathryn Ecclestone)和我共同实施。我们对学习风格及其对教学方法的影响进行了一次系统的、批判性的回顾。本研究由学习与技能发展机构(Learning and Skill Development Agency)委任,在 2004 年出版了两篇报告。第一篇题为"我们应该使用学习风格吗?"研究的实践价值针对学生、教师、教育管理者和检查员。[5]第二篇报告更加详细,题目是"16 岁以上人群的学习风格与教育:系统与批判性回顾"[6],服务对象为研究者、学者以及任何对此话题有浓厚兴趣的人。两篇报告都可以从网站 www.LRSC.ac.uk 免费下载。

文章列出了准备回答的四个关键问题,讲述了本文回顾学习风格所用的方法,并描述了每个学习风格模式是如何做出分析的。然后,文章讨论了学习风格的"阴暗面",描绘了一些明显缺陷,并提出一些积极建议。

四个关键问题

我们打算回答以下问题:

- 众多学习风格的主要模式是什么?哪些是最有潜在影响力的学习风格?
- 哪些实验性证据能证明学习风格模式的主张?
- 学习风格模式会对教学方法产生什么影响?
- 哪些实验性证据能证明学习风格模式对学生学习有影响?

我们想根据自己独立研究发现的证据识破学习风格工具发明者的主张。

方法

第一个我们要指出的是,研究包含大量的文献(当然这不完全是优点)。例如,大卫·科尔布的妻子爱丽丝(Alice)草拟了一个包含所有调查研究的文献目录,加进了科尔布的经验学习理论以及学习风格量表中,到 2000 年 1 月目录数已多达 1 004 条。

从大量文献中,我们发现了 70 种学习风格模式,又从中选择了 13 种最有影响(或潜在影响)的学习风格模式(详见下文)。多达 70 种学习风格工具存在的事实,充分说明了学习风格工具在这个无组织的研究领域正在不受控制地扩散。

风格模式研究

- 阿林森和海耶斯的认知风格量表(Allinson and Hayes' Cognitive

Style Index)
- 阿普特的动机风格简况(Apter's Motivational Style Profile)
- 邓恩和邓恩的学习风格问卷(Dunn and Dunn's Learning Style Questionnaire)
- 恩特维斯尔的学生学习方法和技能量表(Entwistle's Approaches and Study Skills Inventory for Students)
- 格雷戈尔的风格描绘工具(Gregorc's Style Delineator)
- 赫尔曼的全脑优势发展工具(Herrmann's Brain Dominance Instrument)
- 霍尼和芒福德的学习风格问卷(Honey and Mumford's Learning Style Questionnaire)
- 杰克逊的学习风格简况(Jackson's Learning Styles Profile)
- 科尔布的学习风格量表(Kolb's Learning Styles Inventory)
- 迈尔斯—布里格斯类型指示器(Myers-Briggs Type Indicator)
- 赖丁的认知风格分析(Riding's Cognitive Styles Analysis)
- 斯腾伯格的思考风格(Sternberg's Thinking Styles)
- 维蒙特的学习风格量表(Vermunt's Inventory of Learning Styles)

为防止迅速陷入混乱,我们需要一些标准来评判那些收集来的大量书籍及文章。我们选定的标准如下：

- 总的来说,研究方法必须是大量引用的,并且被视作该领域的主要方法。
- 学习风格模式要建立在外显理论基础上。
- 选择的学习风格模式要是全部文献以及所有学习风格模式的代表。
- 理论要是公认的富有成效的,能引导他人进行更深一步的研究。
- 学习风格问卷要是被教师和管理者广泛使用的。

参照以上标准,一些其他的研究行为应该被抵制:

- 研究方法是派生的，并且没什么新特点。
- 研究焦点在教学风格或创造性方面而非学习风格。
- 出版物是文献的回顾而不是新模式的描述。
- 研究针对小样本学生群体，是对具体工具标准的应用，对于理论与实践均无涉及。
- 研究方法论存在缺陷。

我们在评价那些为研究选出的出版物时，面临着一个严重的困境。学习风格的主题对于教师而言有非常现实的意义，然而，许多讨论却是非常专业和深奥的，比如在数据分析时，应该用哪一种因素分析类型等。解决困境的办法便是写两篇报告，一篇针对领域内的实践者，第二篇则针对专家。第一篇旨在使我们的研究方法、发现以及建议能被更多人知晓；第二篇非常详细地审核了13种学习风格模式。[7] 我们也把另一个版本提供给13种学习风格模式的作者。只有一位作者没有回复，其他的都更正了一些细小错误，提供了一些即将发表论文的副本，并修改了我们在引用文章时的疏忽之处，所有这些都帮助我们巩固了自己的结论。

模式的分析

为保证13种模式的可比性，我们使用了相同的框架去评判它们。在对作者采用的概念定义以及工具的适用范围作了普遍的介绍性评论之后，我们简明地描述了每一种模式的设计。然后，我们提供了由设计者告知的工具模式的详细信度与效度，并和独立研究的结果进行比较。最后，我们调查了学习风格模式对教育影响的证据，并提供了正在讨论的学习风格模式的完整评价和关键原则。我们还总结了13种模式的优点与缺点。

主要发现

总的来说，对学习风格的研究可以看作是小范围、非连续、不加批判的，并且不关心外界。至今，已有的文献既不能提供一个通用的概念框架，又不能为教师与研究者提供通用的语言。我们的两个报告提供了关于概念扩散、设备、教学策略以及大量其他矛盾说法的详细证据。简言之，即关于学习风格的研究领域，在理论上不连贯、概念上混淆。这听起来像是太过严厉的评判，为了证明所言属实，我们列出了文献中二元论的数目，并在下文中呈现了 29 个。这些概念存在大量的重复，但相似点与不同点并不清楚。没有成型的专有词汇，也没有成型的理论支撑。新方法不断繁殖，且每个都有自己的语言，只会增加现存的困惑。

二元论

- 辐合学习者与发散学习者
- 语言表达型与意象学习型
- 全面型与具体型
- 深层学习与表层学习
- 冲动型与沉思型
- 实践型与理论型
- 传承者与创新者
- 同化者与探索者
- 场依存者与场独立者
- 综合型与分析型
- 同化者与适应者
- 想象型学习者与分析型学习者
- 理论家与人道主义者
- 组织者与革新者
- 定向学习者与非定向学习者
- 实践者与理论家
- 实用主义者与沉思者
- 封闭型与开放型
- 静态学习者与动态学习者
- 具体型学习者与抽象型学习者
- 断续型学习者与连续型学习者

- 发起者与推理者
- 直觉论者与分析论者
- 外倾型与内倾型
- 感觉型与直觉型
- 思考型与情感型
- 判断型与感知型
- 左脑思考者与右脑思考者
- 左脑/分析/归纳/连续型处理者与右脑/综合/演绎/同时型处理者

我们决定把这13种学习风格模式与心理测验的四个最低标准进行匹配：

- 内部一致性，即测试题目是否测量了相同的内容或特质？
- 重测信度，即测试同一人群，得分的相似程度？
- 结构效度，即测试分数是否显示了想要测试的内容？
- 预测效度，即测试分数是否达到预测的结果？

表13.1指出，13种学习风格模式中只有三种达到了最低标准，它们分别是阿林森和海耶斯（Allinson and Hayes）、阿普特（Apter）以及维蒙特（Vermunt）的量表。还有三个只达到其中两条，它们是恩特维斯尔（Entwistle）、赫尔曼（Herrmann）以及迈尔斯—布里格斯（Myers-Briggs）的量表。杰克逊（Jackson）模式与众不同，因为模式相对新颖，所以我们发布两篇报告时，还没有独立的评价体系颁布。[8] 剩下的六种模式，尽管30年来不断修订与改善，但还是不能满足标准，因此，在我们看来，这些模式不应该在学校使用。

表13.1 学习风格模式与最低标准适配情况

序号	模式人物	内部一致性	重测信度	结构效度	预测效度
1	杰克逊（Jackson）	—	—	—	—
2	赖丁（Riding）	×	×	×	×
3	斯腾伯格（Sternberg）	×	×	×	×

续表

序号	模式人物	内部一致性	重测信度	结构效度	预测效度
4	邓恩和邓恩（Dunn and Dunn）	×	×	×	√
5	格雷戈尔（Gregorc）	×	×	×	√
6	霍尼和芒福德（Honey and Mumford）	×	√	×	×
7	科尔布（Kolb）	—	√	×	×
8	恩特维斯尔（Entwistle）	√	—	√	×
9	赫尔曼（Herrmann）		√	√	—
10	迈尔斯—布里格斯（Myers-Briggs）	√	√	—	—
11	阿普特（Apter）	√	√	—	√
12	维蒙特（Vermunt）			√	×
13	阿林森和海耶斯（Allinson and Hayes）	√	√	√	√

阿林森和海耶斯的认知风格量表（Allinson and Hayes' Cognitive Style Index，CSI）是最符合标准的模式。尽管这种模式对教育的影响还没有得到完全开发，但是我们已有充分证据证明它的信度与效度。该量表作为研究工具服务于成人机构（比如公司或小型企业），它被看作是调查成人如何思考与行动、如何在工作环境中学习等问题的手段，但很不幸的是，它并不适用于在校生。

学习风格的阴暗面

自我们的报告在 2004 年夏天公开出版，已经收到很多教师的邮件，他们抱怨他们的督察员与高层管理者仍然要求用学习风格把学生划分为不同等级。随着学习风格渗透到教学工作，我希望那些使用学习风格的督察员与管理者能够回答几个问题：你们推荐使用的学习风格问卷是什么？问卷的信度与效度是多少？一位教师在信中写道,他曾经访问一所本地学校,课桌上都有标明学生学习风格的标签,比如"我是动觉型学习者"、"我是积极的实践者"等。教育学院教育哲学名誉教授约翰·怀特(John White)曾写过一段话,认为霍华德·加德纳多元智能理论只是个"神话"。

"把孩子装进那些不一定存在的盒子里可能会限制他们受到的教育,导致教师过度刻板地看待学生潜质,更糟的是,会导致一种新的刻板印象"。[9]

一些人反对测验的商业化,测验开发者在反驳时保护的不仅仅是自身的学术声誉。例如,丽塔·邓恩(Rita Dunn)坚持认为实施她的"22元素模式"很容易,但是在纽约宾馆也花费了她和丈夫相当大的代价做试验。除去餐费和住宿费外,2009年每个实习生的基本花费是1 225美元。研究中学习风格工具的使用训练又花费了1 000美元。[10]

一些模式的声明很明显是过分的。比如,邓恩和邓恩(Dunn and Dunn)模式的整个观念体系都极为自大。以下是部分声明:

- 适合从幼儿园到职业成人间的所有年龄群组。
- 测试促使学术成就、学习态度以及行为方面获得统计学意义上的更高分数。
- 测试适用于所有学科,包含从学校教授的学科到更高教育阶段教授的学科。

如果这些还不够的话,邓恩和邓恩(Dunn and Dunn)还宣称他们的测试总结了学生学习风格是依存型、情感型、社会型、生理型、整体型还是分析型。[11]所有这些都可以从一个仅有104个题目的学习风格问卷中得知。这些过分的声明只会给学习风格领域带来骂名。他们还认为问卷并不完全相似,所以选择哪个学习风格问卷以及如何使用是很重要的。制作学习风格问卷是非常困难的,比如邓恩(Dunn)、邓恩(Dunn)和普莱斯(Price)制定的104个题目陈述中有这样一个:"当我冷静的时候思考状态最好。"这里指的是温度或时髦吗?更糟的是这样的,"我喜欢和成年人一起办事"以及"对我来说,那些已经在头脑中的知识,记忆起来容易"。这些都是不可模仿的。

太简单、脱离语境与去行政化

很多人期望有相对简单或是自评式的测验。这一类测试的困难是众所周知的:个人可能不能准确而客观地对自己的行为进行分类,可能不能准确反映他们学习与研究的方式,可能做出社会渴望的回答,也可能对先已决定的形式感到非常拘泥。因此,我们反对任何仅根据某一学习风格测量工具而做出的教学干预。

此外,"学习风格问卷"呈现了脱离语境与去行政化的学习观和学习者。一个例子可以很好地表明这一点。斯腾伯格·瓦格纳的谈话风格自评量表(Sternberg-Wagner Self-assessment Inventory on the Conservative Style)中有这样一个题目:"面对问题时,我喜欢用传统的方法解决。"[12]心理学家思考的这类问题没有详细的描述,回答往往取决于他(她)选择提供的语境,因为解决问题的方法很大程度上取决于问题的特征。欧元区危机、性别收支不等、同事争斗以及全球变暖都是问题,一些可以用传统方法解决,一些需要新的解决办法,然而也有的可能根本没有解决办法。重要的是,有的问题只能大家共同解决。"面对问题时,我喜欢用传统的方法解决",不论这个脱离语境的描述怎样,让个人通过七分量表进行自我评估的做法并不会对人类文明有所增益。这是假性的,也是不精确的。

学习风格的传统研究曾因对来自不同社会阶层、种族和性别学习者的去政治化对待而备受批判。令人担心的是,英国缺乏对学习风格与社会阶层关系、学习风格与种族问题关系的研究,而美国已有学习风格与种族问题关系的研究。这里主要指控的是,大部分学习风格文献忽略了学生生活和就读学校的社会经济情况以及文化背景,这会导致研究集中于学生个体因素。

积极的建议

在大量文献阅读中我们发现一些有价值的东西,所以我们想提供一些积极的建议。

与直接被鉴定为某种学习风格不同,学会鉴别不同类型学习风格的利弊,对学生更为有益。教师的任务不仅是研究学生怎么学习,还要展示出他们是如何通过灵活的学习方法而不是只用一种方法解决问题来提高学习的。获得知识本质上不是最终结果:在学生努力学习数学和历史时,他们还需要知道如何利用知识解决遇到的问题。

作为教育者,通过给学生介绍各种学习方式的概念,我们希望得到的是什么?在伦敦某会议上,一位教师描述了一种理想的结果。当督察员问道"你是什么类型的学习者"时,一位11岁的女孩回答:"我融合了所有的类型,我用什么类型的学习风格取决于我正在做什么以及我怎样做。"对于这个问题,一种可怕的回答是这样的:"我是动觉型学习者,我希望所有课程都以动觉形式呈现给我。所以不要跟我谈话,我不是一个听觉型学习者,也不要给我看图表、图片和电影,我也不是视觉型学习者。"

和学生讨论学习也可以提供大量的"学习词库",比如讨论自己与他人的学习表现;人是如何学习的以及学习的经验教训;为什么要尝试学习;不同的人如何看待不同的学习方法;如何计划与监控学习以及教师是如何帮助与阻碍学习进程的;等等。

但是,目前学习风格有很多自相矛盾的词汇,尚且没有统一语言。我们推荐恩特维斯尔(Entwistle)使用的语言系统,[13] 因为他讨论的是深层(比如,理解阅读)、表层(比如,记忆获得)以及策略(比如,组织获得)的学习方法而不是深层、表层和策略型的学习者。恩特维斯尔(Entwistle)和彼得森(Peterson)认为教学活动要鼓励深层学习方法。例如,保持主要目标、教学方法以及评价程序之间的持续关联,提高学生对自我认知过程、学习方法以及掌控自我情绪、感觉、努力的意识。[14]

但是仅包含三个独立形容词(深层、表层、策略)的语言系统不会生成太多交际。所以,教师需要读一些其他理论,如维蒙特(Vermunt)建立的丰富框架。[15] 这个框架讨论了目的定向、应用定向、再生定向以及其他间接学习方式。这种学习风格的决定性转变,很快就会提及和教师之间的关联,使讨论不再聚焦于个体,因而学习风格就会获得提升。就比如,改正偷窃的错误要好过于在学生脖子上贴上小偷的标签。所以，我们不是讨论不同的学习者类型，而是建议讨论不同的学习方法（比如，建立框架、寻找具体事例或是记忆主要内容）；不同的学习定向（比如，自我提高、职业兴趣或是能力证明）；不同的学习模式（比如，与专家对话、应用知识或是通过考试）；以及伴随出现的不同的学习情绪（比如，内在乐趣、实际兴趣或是逃避失败）。

把学习风格作为打开师生之间学习对话的方式，前提是要假定教师是学识渊博的，不仅知晓各种学习风格测量工具的主要区别，还要了解学习本身。如果教师不能满足条件，我们还是建议教师先读一读大卫·哈格里夫（David Hargreaves）编制的小册子《关于学习》（About Learning），这本小册子作为该话题的导言，专为独立的智囊团 DEMOS 编写。[16] 我们的两份报告将会提供更多关于此问题的解释以及大量综合参考书目。[17]

有个最流行的建议，即将学生的学习风格和教师的教学风格联系起来，叫做"相配假说"。不幸的是，来自匹配研究的证据说好点是模棱两可的，说坏了就是自相矛盾的。我们的回顾也没能发现实质、无争议、牢靠的经验证据，来证明学生与教师风格的匹配能大大提高学生成就。2009 年哈罗德·帕施勒（Harwold Pashler）与同事针对他们的假设进行了一次彻底检验，而不仅是学习风格的回顾；他们假设，通过教师风格与学习风格的匹配，学生的学习获得了提升。他们的结论是非常值得引用的：

"没有足够的证据证明将学习风格评价投入普通教育实践是可行的。因此，有限的教育资源最好用于其他有充分证据支撑的教育实践，而这样的教育实践数目正在不断增加。"[18]

一些研究者甚至建议采用经过深思熟虑的失配策略，通过提供符合学生学习风格偏好的课程来避免学生觉得无聊。例如，维蒙特（Vermunt）[19] 偏好"建设性摩擦"方法，建议教师给予学生更多决定学习内容、过程以及结果的机会。

教师在决定将学习风格引入教学实践前，理应考虑是否存在其他的干预手段更为有效。换句话说，为学习风格辩护将不得不与那些支持言语思考技巧、同伴辅助或形成性评价的观点进行辩论。我们的观点在两份报告中已经详细解释了,即教师应该聚焦于形成性评价,而不是聚焦在学习风格上,因为有证据表明形成性评价能产生重要的、实质性的学习成果。[20] 换句话说,有证据表明,提供给学生大量反馈要比给他们贴上"左脑主义者"、"右脑主义者"等没有生物学认证的标签产生的影响要大得多。

结论

通过学习风格的研究,我们得出一个结论,即我们每一个人都需要一些健康的怀疑精神,以帮助我们丢掉对一些职员发展时代所呈现事物的敬仰之情。在我们的研究中,学习风格工具被认为是不真实、无效、对实践缺乏影响力的。然后,我们该如何解释学习风格的那些明显且不可抵挡的风险呢?

第一,教师与学生都知道,每个人都有自己的学习风格。但是,还是会发生这样的事,即在一些简单问卷的帮助下,许多教师开始给学生贴标签,认为学生有一个固定、不可变更的学习风格。严密的经验研究表明,直觉吸引和信念是危险而错误的。有趣的是,诉诸直觉在德语地区消失了,他们反对学习风格,因为他们悠久的教育传统一直反对教学与学习风格的关联,他们认为学习风格是普遍性的,与教学内容、主题以及环境脱离。

第二,学习风格依旧流行,因为一些测量工具能够免费获得,管理者容易得到;杂志上流行心理学测试,有为广大读者写的"帮助你自己"手册以及心理方面的文章。正如帕施勒(Pashler)所言,找出一个人属于什么类型的想法永远有强大的吸引力;学生现在也可以将自己的失败归咎于教师教学没有根据他们的学习风格,而不是他们自己缺乏动机与努力。[21]

第三,将学习风格与个体搭配,可以看作是通过将人们分类来理解与控制世界的一部分,这样一来,分类系统的质量就变得很重要,将学生个体放入固定类别所带来的风险就变得更加真实。我们需要避免的是,性格是以一个稳定的方式植入个体(或群组)的,它会随着时间和情景而变化。[22]

第四,学习风格测量工具给教师提供了一个解决复杂教学与学习问题的简单办法。复杂性可以被看作一枚硬币的两面,我们不应该总是向往简单,也是该庆祝、欣赏并研究教学与学习内部复杂性的时候了。

自从报告在 2004 年发表，我已经在超过 20 个会议上谈论这个主题了。[23] 在一个讨论组中，我了解到，许多教师在学期初，例行公事将一种学习风格问卷发给所有新生，分析问卷，储存电子结果，将表格放在抽屉里，然后就忘记它们了。所以他们给了学生希望，让学生以为之后的教学将和他们偏好的学习风格匹配，但是很快他们的期望破灭了。我猜想，教师根据班级每位学生的学习风格将他们分成四组，并根据学习风格教学的任务显然是艰巨的，但不是不可能的。但是，教师该如何用动觉型的教学风格来教 AS 课程阶段的德语、A2 课程阶段的数学或是 BTEC 课程中的商业研究呢？

最后，我支持理查德·森尼特（Richard Sennett）的观点，他在人类能力讨论会中提出，人类能力往往"把程度上的轻微区别看作类型上的强烈区别，使得特权制度合法化"。[24] 他认为，个体能力差异不是人类最重要的东西，更重要的是每个人要有一种信念相信自己有能力做好自己的分内工作。

> "我们公开、公正地测量那些可以让我们变成优秀工匠的天赋：正是追求特性的动机与抱负，使人们沿着适合自己生活的路走。社会条件的不同改变着动机。"

（于　婷　译）

注释

1. Quoted by Sarah Bakewell（2011）*How To Live：A Life of Montaigne in One Question and Twenty Attempts at an Answer*（p. 278）. London：Vintage.

2. Quoted by Claire Tomalin（2011）*Charles Dickens：A Life*（p. 322）. London：Viking.

3. Quoted by Gutierrez, K. D. and Rogoff, B.（2003）Cultural ways of learning：individual traits or repertoires of practice, *Educational Researcher*, 32(5)：19-25.

4. Ivie, S.（2009）Learning styles：Humpty Dumpy revisited, *McGill Journal of Education*, 44(2)：177-92.

5. Coffield, F., Moseley, D., Hall, E. and Ecclestone, K. (2004a) *Should we be Using Learning Styles? What Research has to Say to Practice*. London: Learning and Skills Research Centre, LSDA.
6. Coffield, F., Moseley, D., Hall, E. and Ecclestone, K. (2004b) *Learning Styles and Pedagogy in Post-16 Learning: A Systematic and Critical Review*, London: Learning and Skills Research Centre, LSDA.
7. I have also written a much shorter, eight-page summary of our research: Coffield (2005) Learning styles: help or hindrance? *Research Matters*, 26, Autumn, Institute of education: National Schools Improvement Network. Available online at www.nsin.org.
8. Jackson, C. J., Hobman, E. V., Jimmieson, N. L. and Martin, R. (2009) Comparing different approach and avoidance models of learning and personality in the prediction of work, university and leadership outcomes, *British Journal of Psychology*, 100(2): 283–312.
9. White, J. (2005) The myth of Howard Gardner's multiple intelligence, *ioelife*, London: Institute of Education, 1,9.
10. Pashler, H., McDaniel, M. Rohrer, D. and Bjork, R. (2009) Learning styles: concepts and evidence, *Psychological Science in the Public Interest*, 9(3): 105–19.
11. Quoted by Pashler et al. 2009: see note 10.
12. Sternberg, R. J. (1999) *Thinking Styles*. Cambridge: Cambridge University Press.
13. Entwistle, N. J. (1998) Improving teaching through research on student learning, in J. J. F. Forrest (ed.) *University Teaching: International Perspectives*. New York: Garland.
14. Entwistle, N. J. and Peterson, E. (2004) Learning styles, learning strategies and approached to studying, in C. D. Spielberger (ed.) *Encyclopedia of Applied Psychology*, (pp. 537–42). New York: Elsevier.
15. Vermunt, J. D. (1998) The regulation of constructive learning processes, *British Journal of Educational Psychology*, 68: 149–71.
16. Hargreaves, D. H. (2005) *About Learning*, London: Demos. Available online at www.demos.co.uk.
17. See notes 5 and 6.
18. See note 10.
19. See note 14.
20. Black, P. J. and Wiliam, D. (1998) *Inside the Black Box: Raising Standards Through Classroom Attainment*. London: King's College.
21. See note 10.

22. Gutierres, K. D. and Rogoff, B. (2003) Culture ways of learning: individual traits or repertoires of practice, *Educational Researcher*, 32(5): 19-25.
23. At one such conference, one teacher told me that, although she was convinced by the evidence I had presented, she would continue to administer learning styles. Why? "Well, I have 500 copies of the questionnaire in my room and I don't want to waste them." So routine and paper prove to be more important than potential damage to students.
24. Sennett, R. (2008) *The Craftsman*. London: Allen Lane/Penguin.

第十四章　电视儿童：更少的情感，更多的科学！

安妮特·卡米洛夫·史密斯

导言

电视形式和光盘形式的荧幕曝光发生在越来越早的年龄阶段,[1]媒体——科学和大众——一直在激烈讨论这个现象,并且认为荧屏曝光从本质上看是不利于孩子的健康的,而且还会使孩子容易患上注意缺陷综合征伴多动症,孩子也容易变成麻木不仁的木偶。[2]而且在1997、2001和2011年,美国儿科研究院曾经提议在孩子24月大之前不要让其接触大屏幕。[3]为了试图消除这种情绪反应,很多科学家已经开始测量孩子在童年期接触荧幕后在注意力[4]、语言和认知发展方面的影响。[5]然而结果已经混合在一起了。一些研究表明那些过多接触荧幕的人在语言发展方面已经延迟了[6]——英国和美国的媒体都迅速地报道了这个研究,因为这个研究符合大众的观点。其他的研究认为荧屏和现实学习情境并没有差别,[7]能够增强父母和孩子间的联系,[8]它尽管很流行,但是现在没有深入的研究表明荧幕曝光对神经、认知和行为的影响,但这可能会成为不久的将来众多研究的焦点。有一件事是明确的:尽管颁布了许多官方禁令,但是,孩子仍然可以继续看电视,并且继续参加多种形式的荧幕曝光活动和电子游戏。现在,即使是很小的孩子都在用触摸式平板电脑并且玩得很好。因此,无论我们是否喜欢它,荧幕曝光都在占据并且会继续占据很多孩子的大部分日常生活时间。

孩子的电视和光盘：一个大规模扩张的工业

在过去二十年里，一些很有实力的商家声称电视和光盘能够激发学习潜力并且导致大脑的变化，尤其是针对婴幼儿，这就导致了大量面向孩子的机构的增加。然而，反对者认为那会对孩子发展产生长期的不利影响。这种说法太多，以至于沃尔特·迪斯尼（Walt Disney）公司因为不公和欺骗性的说法而遭到集体性诉讼。苏珊·林恩（Susan Linn），商业自由童年运动的指挥者，针对沃尔特·迪斯尼公司的爱因斯坦宝贝系列和另外一个公司（聪明的男孩）的教育声明，她对美国联邦商业委员会提出了抱怨。结果，两个公司都将"教育"这个词从市场中撤出了。但是商业自由童年的运动仍然不满意，并且坚持要求迪斯尼把全额货款退还给所有那些购买了爱因斯坦宝贝视频的人。迪斯尼败诉并且同意退款，造成了很大的经济损失。事实上，美国儿科协会尽管要求禁止2岁以内的儿童看电视，但是迪斯尼每年仍然销售出超过20亿的产品。2009年，纽约时报[9]的塔玛·勒温（Tamar Lewin）报道了迪斯尼事件，他认为爱因斯坦宝贝系列可能已经成为一个很大的电子保姆，但是沃尔特·迪斯尼公司反常地退款给数以百万的顾客，这似乎是默认这个系列并没有提高婴儿的智力，并且有潜在的危害。

爱因斯坦宝贝系列是由朱莉·艾格纳·克拉克（Julie Aigner-Clark）于1997年在她的卧室看连续剧时发现的，她是美国的一个家庭主妇。它是最早的播放机之一，并且成为针对婴幼儿的巨大电子媒体市场。这个公司在2001年后被沃尔特·迪斯尼收购，并且随后扩展为书、玩具、抽认卡和一系列包含莫扎特宝贝、莎士比亚宝贝和伽利略宝贝的系列光盘套装，很奇怪，他们并没有用莫里哀宝贝、皮耶罗·达·芬奇宝贝和歌德宝贝侵占第二语言市场！这些录像带——以音乐为特征的简单产品、木偶、机械玩具、淡淡的色彩、较少的单词——成了美国婴儿生活的主要产品，并且很快占领了英国和其他欧洲大陆的市场。《纽约时报》报道了2003年在美国6个月到24个月大的婴儿中，三分之一的孩子中至少有一个爱因斯坦宝贝录像带。[9]而且，即使迪斯尼把钱还给了那些父母，大众媒体也一直在敲警钟，但是世界上很多其他的公司仍然继续进入宝贝光盘市场。

有多少荧幕曝光？

对荧幕曝光主要的担心就是它可能会替代更多所谓的自然形式的创造性玩乐、书本阅读和社会交往。然而，与此同时，父母很难确保孩子在开始上幼儿园时就已经有媒体素养。毋庸置疑，对于是否将荧屏曝光作为幼儿园日常活动的一部分或者极力避免，幼儿园教师感到很困惑。但是为了重申一个早期的观点，在婴儿期、幼儿期和儿童期看电视和光盘在这可以保留下来。因为政府的禁止所以它不会消失的，而且它很可能会继续增加。美国（这对英国和许多其他国家而言也可能是正确的）最近的研究表明早在孩子三个月大时，他们中的大部分就已经接触了常用的针对婴儿的屏幕媒体。而且，从 12 个月后，大部分婴幼儿每天花 1—2 个小时在荧屏前。因此，对父母和老师而言，挑战并不是在学龄前孩子的生活中如何停止或替代电视和光盘，而是如何控制它的使用并且使它的学习潜能最大化。不要对它的负面影响作出情感下意识的反应，或者关注它的积极影响方面的未经证实的商业索赔，我们要用科学的态度来看待。

数字化时代

尽管一致认为当下许多电视、光盘节目和电子游戏并不适合婴幼儿，但是问题是它们为什么不好，并且在适宜的环境下，哪方面的荧屏曝光是对早期发展有益的？

有趣的是，孩子面对新事物的自然好奇心和自信使得他们成为最成功的（也是最脆弱的）新技术使用者。例如，在塔纳莉亚·库什科娃（Natalia Kucirkova）[10]为英国心理社团写的关于数字化的文章中，她指出几乎 50% 热销的苹果应用都是针对学龄前或基础教育阶段的孩子的，而且每天会发布将近 100 个新的应用，其中许多都是为婴儿设计的。令人感到吃惊的是孩子在没有父母的指引下却能够很轻松地使用不同的应用。事实上，年龄较小的孩子通常能够熟练掌握一门数字化语言，而这是许多成人无法精通的。之后经常会出现强调技术间不同的标题："孩子比成人更聪明！"研究仍然没有包括那些幼小的婴儿是否应该接触光盘、智能手机、触摸式平板电脑和其他的电子产品——技术精英宝贝——在学校里,认知和社交上有好转,但是争议仍在持续。正如库什科娃适时指出的那样,现在仍然不知道"在数字化世界中更有文化"的含义,但是理解荧屏曝光在发展方面的积极和消极影响间的联系不可或缺。

那些反对荧幕曝光并且认为孩子必须对一切事情都有动手经验的人没有看到这样的事实:很多孩子是不能直接感知什么是大象和什么是飞机的,与通过荧屏上的移动来追踪动态的画面相比,在书中看静态的图画所获得的信息会更少。比如说,在内陆城市的孩子很少能够将在现实世界里飞行的鸟与飞机的机械飞行进行比较,因此通过媒体荧幕来看这些飞行也许能够增加感知方面的知识,并且逐步导致分类和概念化的知识的增加。在圣地亚哥的加利福尼亚大学,简·曼德勒(Jean Mandler)和她的同事研究发现:概念化的知识在生命中的第一年中能够在玩的过程中体现出来。[11]他们的研究表明如果给婴儿两个几乎相似的塑料玩具,一个象征飞机,另一个是带有翅膀的小鸟,他们会假装用两种不同的方式来移动它们:让飞机在他们的头上平缓的移动,而让鸟在桌子上跳跃着运动,这表明尽管它们看上去很相似,但是孩子却知道它们在概念上是不一样的。这样的知识可以通过从荧幕上接触鸟和飞机来获得,我们应该接受新的技术,并且探究在发展的视角下,它们是如何被明智地用来提高学习的。

荧幕曝光在认知方面涉及什么?

我们经常会遗忘从荧屏曝光中学习涉及许多复杂的认知任务。第一个就是2D代表物和3D物体间的转化。那些抱怨荧屏视像都是关于2D影像的人忘了这些同样可以运用到书中的2D图像中去!一个激起科学家兴趣的问题是:学龄前儿童是否能够意识到荧幕中和现实世界中的物体的图像间的不同。结果表明他们是能够意识到的。例如,荧屏上的人偶不能对孩子的反应做出回应,这在发展的过程中能够很早地被理解。法国埃默里大学的发展心理学家飞利浦·罗莎(Philippe Rochat)研究表明:对于他们自己在荧幕中的习惯,婴儿能够区分认知和非认知的反应。[12]幼小的孩子在看到荧幕中的野生动物时并不感到害怕,或者说他们不伸向荧幕中的事物也表明他们知道荧幕和现实生活的区别,尽管伴随着 3D 时代的到来，这实际上也会改变。

当我们将好与不好的光盘和电视节目进行比较时，其他的不同就出现了。首先，在针对婴幼儿的大部分媒体中，随着背景的移动，荧幕中心突出的人物和动作也凸显了出来。尽管观看者的眼睛运动聚焦在中心并且保持了最低限度，但是当前景运动时，我们的成人视觉系统解释了这一点。相比之下，是真正的运动而非推断的运动能够吸引婴儿的视觉系统。然而，婴儿一点儿都不需要转动眼睛来聚焦大部分节目中的中心人物。这就使得他们成为十分被动的观察者。一些人会反对这一点：对婴儿来说，书确实比荧屏曝光更好。然而，书中的认知图片是静止的，而婴儿视觉系统很容易被运动吸引。因此，尽管阅读是有利于亲子间的交流的，但是婴儿通常很容易被翻书时纸张发出的声音效果所吸引，而不是被书中的真实内容所吸引！有人可能会进一步反对：看婴儿床上面的运动的物体是动态的。然而，回忆动态运动在中心视像中旋转十分重要，因此，婴儿的眼球很少运动，而从荧幕的一边到另一边追踪一个物体涉及眼球跳动的复杂动力学，这对视觉体系来说是一个刺激。

第二，从认知上说，婴儿必须区分荧屏中的前景和背景（当然，同样也适用于书本）。但这也是有问题的，因为通常电视里的颜色在前景和背景间并没有很高的对比度。我们成人的视觉体系有充分的体系化知识来区分两个背景，但是婴儿没有。

第三，声音能够被认知地转移这一点很重要。一个研究表明：6 至 18 个月大的婴儿的模仿能力很容易受两方面的影响而中断，一个是现场示范中简单音效的加入，另一个是录像带中的背景音乐。在荧幕曝光的背景中，那些所谓的听觉装饰会给小孩增加大量的认知负担，特别是当它并没有将视觉和听觉的内容联系在一起时。这方面一个好的例子就是数字领域。通过两个或三个物体来证明数量 2 或 3 的背景音乐，就像爱因斯坦宝贝系列中的那样，可能会比击两声鼓或三声鼓更不好，这些鼓声和荧屏上可见的物体数量是匹配的，后者也许可以通过同样内容的不同形态的视听觉呈现来增强学习。

最后，成人能够从一次出现中学习，而婴儿认知系统的发展需要不断重复。然而许多电视和光盘节目中的事件序列很少有相对的重复。事实上，大量的婴儿科学研究表明习惯会导致习惯化，紧跟着是任何时候重新注意会发生极小的变化,这与他们的预期是不相符的。因此,在现实情况中,当母亲或父亲暂时不能专心注意他们的孩子时(这经常发生在忙碌的家庭中),让孩子重复看一集已经和父母一起看过的短的光盘是没有伤害的,因为重复对孩子的学习系统是有利的。

如今,程序员日益意识到婴儿视听觉系统的认知需求,并且开始关注他们与认知发展系统间的相互作用。我认为未来光盘搭配节目会受婴儿科学研究的推动,并且会使婴儿在其存在的媒体环境中成为积极的参与者,而不是被动的观察者。

荧幕曝光的年龄差异和父母引导的重要性

至少从六个月大开始,婴儿就能编码他们观察到的信息,在保留间隔后储存在记忆中,并且在存储再现的基础上产生模仿行为。因此,那种认为婴幼儿从与年龄相适宜的录像材料中能够获得新信息的预期并不是不合理的。然而,研究发现,尽管年龄更小的婴幼儿很乐意重复他们在现实中看到的动作,但是他们并不愿意模仿在录像带中看到的动作。一些科学家称之为"视频赤字"。在所有的年龄段,婴幼儿在直接和动态的社会环境中能够从现实模型中更有效地学习,但是十二个月之后,他们似乎也能从荧屏曝光中把事物学得很好。针对婴儿的视频材料的学习潜能似乎在前六个月里并不大,但是会随着时间而增加。然而最近的研究也表明,假如和孩子一起看的成人能够提供合适的提示,那么对学习的影响也会增加,即使是很小的婴儿。以下的事实已经被证实了,比如:假如荧屏上的成人对同样的玩具表现了消极的影响时,那么婴儿对真正的玩具会做出不同的反应的;相比新的玩具,他们会和在电视上看过的玩具玩得更多;在十八个月大时,一系列被遗忘玩玩具事件会通过视频本身所包含的信息而得到恢复。研究也表明那些和父母一起看针对婴儿的视频的幼儿会看得更长,并且相比父母只是坐在他们旁边观看,如果父母提供中高水平的指导(描述、标注、指点)时,他们会对视频做出更积极的反应。在确保孩子能够从荧屏曝光中获得最多方面,父母与孩子间的互动起着关键性的作用,[13]从而能够提高理解力和学习能力。

能够从荧屏曝光中学习语言吗？

到目前为止，许多关于荧屏曝光影响的科学研究都一直集中在语言收获方面。在这，结果似乎很明确：无论是婴儿还是幼儿，孩子在现实的社会环境下学得最好。原因很明显。语言情境学习一般会涉及心理学家所称的"三者的相互作用"：母亲看着一个物体，通过将目光来回地从孩子转到物体来吸引孩子的注意，指向并说出物体的名字。无论她的孩子是否和她一样有共同的注意力并且注视着物体，她都能立刻做出回应。虽然科学家目前正在研究关于婴儿眼球运动能够控制荧屏上所发生的，但是荧屏本身至少现在不能即刻做出反应。但是随着孩子不断长大，他们能够从荧屏中学习新的词汇。一份研究表明，6—12个月大的孩子看视频中可理解性材料（正常的讲话，订购的语音片段）和不可理解性材料（落后的讲话，支离破碎的讲话片段）的反应是一样的，而18个月大的孩子对语言曲解十分敏感，他们比较喜欢可理解性的内容。电视节目依然支持语言学习，认为吸收明确的提示路线可以鼓励年龄小的观看者真正地生产词汇而不只是被动地听。然而，毋庸置疑，这又证明，在动态的社会环境中从现实模型中学习会更加的消极。

让"不好的电视"成为好的事物

很明显，在这样的两个事实间迫切需要发现正确的平衡，那就是：小孩会沉溺于看电视和看光盘，而父母则希望控制孩子的荧屏曝光时间和教育。所谓的专家说，如果你想要孩子实现全部的潜能，就不要把他们单独地放在电视荧幕前。然而，比如说，没有人质疑把婴儿床里的孩子单独地放在动态荧屏下是不是合理的。就像这整个章节所强调的那样，我们需要更加科学地检查荧屏曝光来避免情绪反应。下面我列了一些步骤，父母可以采取以下的步骤来抵消荧屏曝光所带来的负面影响。

当无目的地看一个节目时，电视绝不应该被留下：它将会使孩子从现实的游戏中分心。而且电视也并不应该放在孩子的房间：它会扰乱孩子的睡觉模式，因此也会扰乱他们的睡眠相关的学习整合。在让孩子看任何一部电影之前,家长最好自己先认真地看一遍,这样才知道电影的内容是否真的适合孩子的年龄。毕竟我们为孩子选择书籍和玩具时也是这样做的。对于荧幕中节目的质量,好的检测方法就是成人去了解电视荧幕背后的内涵,并且在孩子观看时观察他们。他们眼睛盯着屏幕中心只是被迷住了吗?还是他们的眼球在转动?能够在他们的行为习惯中发现迹象表明当他们在看电影时是真的在"思考"吗?成人应该尽可能不要把孩子单独地放在荧幕前:那就意味着把荧屏当成保姆使用!虽然,有时候这是不可避免的,但是作为一般的规则,父母应该积极地和孩子一起看荧屏节目,并且问许多关于荧屏中正在发生什么和接下来将要发生什么的问题来保持孩子的注意力。总之,重要的是当孩子在看荧屏时,要确保孩子积极参与他们在荧幕上所看的,而不只是入迷的观看者。如果电视、视频和光盘能够被明智而谨慎地利用,那么对小孩子而言,他们就能够和书籍一样富有教育性和令人愉悦。尤其是如果认为人类视觉系统更多地受动态视觉刺激而不是受静态刺激——这尤其对婴儿来说是正确的。因此,父母应该花一定时间和孩子一起看书,也要花额外的时间和孩子一起看荧屏。最后,重要的是甚至每个孩子要学会一看完电视后就关掉。这教会孩子控制自己看电视的习惯,这对生活也是一个好的训练,能够帮助孩子避免最终成为电视屏幕的奴隶。我认为,如果认真选择节目并且和孩子其他的相适宜的活动平衡,那么电视和儿童光盘在本质上并不糟糕。

什么使得一张数字化视频光盘对婴儿有益?我认为需要有以下的特征:

1. 需要经常视觉追踪荧屏,物体会在屏幕的不同地方重复出现,从而使婴儿寻找和期待;
2. 就像在真实世界中一样,物体应该是部分模糊的,或者是颠倒呈现的,或是在一边,因此婴儿的大脑就必须在精神上重建整体;
3. 一次呈现在荧屏上的许多物体应该保持 1 和 3 之间,因为研究表明这是幼小婴儿理解离散数字的上限,而且数字应该以多种模型呈现:视觉图像、声音的匹配数量、运动的匹配数量,因此婴儿会逐渐建立起丰富的心理表征,这是数量 3 真正的含义(这和数到三的常规学习完全不同);
4. 应该经常重复序列,来建立婴儿对将会发生的预期,然后一个小的变化将会违背他们的预期,因此他们会更新自己的注意力;

5. 男性和女性、孩子到成人,他们的声音会有变化,从而能够适应情境的变化并且吸引婴儿的注意力;

6. 背景音乐应该和动作的节奏相匹配:当物体在荧幕上快速地移动时应该用快节奏的音乐,当旋律变缓时应该用慢音乐;

7. 应该有意地给出极小的错误,通过纠正(这是一头牛吗?不,这是羊!)来介绍有趣的元素,这也会吸引孩子的注意;

8. 研究表明对于幼小的婴儿来说,脸是一个特别有吸引力的刺激,因此婴儿光盘应该包括眼睛和整个脸的特写。

总之,对于孩子而言,荧屏曝光不仅仅只是呈现色彩模型和迷人的音乐,它们也是刺激婴儿的科学设计结果。

我们生活在多媒体包围的世界中。父母最好了解如何为孩子选择合适的电视和光盘节目,而不是让他们甚至一想起曾经使用荧屏曝光就感到可耻。

结论

现代的世界里到处都是电视、光盘、电脑、触摸式平板电脑、电子信息、移动通信,大部分孩子从幼儿园开始就已经有了大量的屏幕曝光经历。甚至是在早年,各个层级的教育日益计算机化。目前,电子娱乐变得很便利,在手机、笔记本电脑、触摸式平板电脑、掌上游戏机上都可以玩。在私家车里、在假期中、在餐厅里等,父母经常使用这些便利的工具进行娱乐式教育。实际上,现在的孩子比他们的父母或祖父母更精通电脑是很常见的,通常年龄大些的孩子打的字比手写的字更好——这种事实并不总是符合父母和教师。童年似乎已经失去了一些其本身的稚气,这种反弹见证了评论员感慨稚气的结束,并且担心一般发展会包括在内,担心机器会成为未来的教师。然而目前并没有证据表明荧屏曝光本质上是有害处的。

(郑　丽　译)

注释

1. Courage, M. L. And Howe, M. L. (2010) To watch or not to watch: infantsAnd toddlers in a brave new electronic world, *Developmental Review* 30: 101 – 15; Wartella, E., Richert, R. A. And Robb, M. B. (2010) Babies, television And videos: how did we get here? *Developmental Review*, 30: 116 – 27; Anderson, D. R. And Hanson, K. G. (2010) From booming, buzzing confusion to Media literacy: the early development of television viewing, Developmental Review, 30: 239 – 55.

2. Sigman, A. (2007) Visual voodoo: the biological impact of watching TV Biologist, 54(1): 12 – 17; Christakis, D. A. And Zimmerman, F. J. (2006) Viewing television before age 3 is not the same as viewing television at age 5, *Pediatrics*, 118(1): 435 – 6.

3. American Academy of Pediatrics, Committee on public education (2001) Children, adolescents, and television, *Pediatrics*, 107, 423 – 25.

4. Foster, E. M. And Watkins, S. (2010) The value of reanalysis: television Viewing and attention problems, *Child Development*, 81: 368 – 75; Richards, J. E. And Anderson, D. R. (2004) Attentional inertia in children's extended looking at television, in R. V. Kail (ed.) *Advances in Child Development and Behavior* (Vol. 32). Amsterdam: Academic Press; Stevens, T. And Muslow, M. (2006) There is no meaningful relation between television exposure and the symptoms of attention-deficit/hyperactivity disorder, Pediatrics, 117: 665 – 72.

5. Courage, M. L. and Setliff, A. E. (2009) Debating the impact of television and video material on very young children: attention, learning, and the developing brain, *Child Development Perspectives*, 3: 72 – 78; Fenstermacher, S. K., Barr, R., Salemo, K., Garcia, A., Shwery, C. E., Calvert, S. L. And Linebarger, D. L. (2010) Infant-directed media: an analysis of product information and Claims, *Developmental Review*, 30: 557 – 66; Kremar, M., Grelat, B. And Lin, K. (2007) Can toddlers learn language from television? An experimental approach, Media Psychology, 10: 41 – 63.

6. Zimmerman, F. J., Christakis, D. A. And Meltzoff, A. N. (2007a) Association between media viewing and language development in children under 2 years, *Journal of Pediatrics*, 151: 354 – 687.

7. Allen, R. And Scofield, J. (2010) Word learning from videos: more evidence from 2 year olds, *Infant and Child Development*, 19(6): 553 – 661. Barr, R. And Wyss,

N. (2008) Reenactment of televised content by 2-year olds: toddlers use language learned from television to solve a difficult imitation problem, Infant Behavior and Development, *31*: 696–702. Mendelsohn, A. L., Brockmeyer, C. A., Dreyer, B. P., Fierman, A. H., Berkuiesilberman, S. B. And Tomopoulos, S. (2010) Do verbal interactions with infants during electronic media exposure mitigate adverse impacts on their Language development as roddlers? *Developmental Review*, *30*: 577–93.

8. Barr, R., Zack, E., Garcia, A. And Muentener, P. (2008) Infants'attention and Responsiveness to television increases with prior exposure and parental interaction, *Infancy*, *13*: 30–56.

9. Lewin, T. (2009) No Einstein in your crib? Get a refund, *The New York Times*, 23 October.

10. Kucirkova, N. (zon) Digitalised early years-where next? *The Psychologist*, *22*(12): 938–41.

11. Mandler, J. M. (2004) *The Fountlations of Mind: Origins of Conceptual Thought*. Oxford: Oxford University Press.

12. Bigelow, A. And Rochat, P. (2006) Two-month-old infants' sensitivity to social contingency in mother-infant and stanger-infant interaction, Infancy, *9*(3): 313–25. Marian, V., Neisser, U. And Rochat, P. (1996) Can 2-month-old Infants distinguish live from videotaped interactions with their mother, *Emory Cognitioa Project Report* ♯ *33*.

13. Aslin, R. N. (2007) What's in a look? *Developmental Science*, *10*(1): 48–53.

第十五章　与情绪为伍：为什么情绪素养胜过情绪智力

布莱恩·马修斯

导言

我们生活中都会时不时地出现情绪问题,然而,学校为什么会忽视它们呢?在提到学习与情绪时,教育者有时似乎有人格分裂。一方面,大多数教师能够意识到学生精神状态的重要性;另一方面,也有很多教师认为认知知识标准是最重要的,对包含社会与情绪发展在内的"全人教育"方法的引入不够坚定。

当"全人教育"方法有望被应用到个人、健康及社会教育,但又不被看作学科成绩的一部分时,教育的知识与情绪两方面的分离就显现出来了。当教师不希望学生表达情绪时,这种分离也会出现。有人对认知与非认知(或者情绪性)思维进行了明确区分。但是,本章认为情绪智力与情绪素养分离的观点会导致坏的教育实践,两者之间是缠在一起解不开的。

情绪智力与个人主义

认知发展一直被看作教育的重要目标。但是,最近情绪智力逐渐突出,因为人们认识到单凭认知理解不能够保证人们的出色表现。[1]更好的认知理解不一定会让人们有更好的生活。[2]在校期间,发展学生社会与情绪方面的专门知识,对学生做好本职工作以及满足日常生活是重要的。在一定程度上讲,我认为学校应该鼓励这种发展,但是只能以相对个人主义的方式。

情绪智力的定义最先由塞拉维(Salovey)和迈耶(Mayer)[3]提出,但是普及情绪智力概念的却是戈尔曼(Goleman),他认为概念应包含五个发展领域,分别是:

1. 情绪自我意识;
2. 情绪管理;
3. 高效情绪治理;
4. 同理心;情绪阅读;
5. 人际关系处理。

情绪智力:为什么它比智商更重要?(1996:xii;参见注释 1)戈尔曼(Goleman)指出,那些在学校学业成就很好的人大多不会在社会中继续发挥能力。他说:

"当那些高智商的人成就一般,而一般智商的人却非常出色时,又是什么因素在起作用?我认为这些差异很多时候依赖于这里所说的情绪智力,包括自我控制、热情、毅力以及自我激励能力。所有这些都应该教给儿童,不管基因博彩可能给他们的智力潜力如何,都应该给他们更好的机会去利用。"(p. xii)

戈尔曼(Goleman)书籍的出版,引发了很多人对情商(与智商平行)概念极大的研究兴趣。如果把"情绪智力"放入互联网搜索引擎,将会出现数百万条的链接,一点击就会出现公司广告以及情商测试等。[4]尽管测试在编制与执行上有许多变化,但是,一些公司还是认为情绪可以通过传统方式测量出来,比如纸笔情商测试等。

这些测试用于企业,可能作为面试流程的一部分,也可能用作判定个人提升的依据。很明显,如果你相信一个人的情绪智力是可以通过任何形式的纸笔测验测量的,那么你就会相信情绪智力是个人主义的;也就是说情绪智力是个人所有,因为情商可以在没有其他任何人参考的条件下进行测量。这好像是说一个足球团队的质量可以仅根据球员个人技巧就能准确判断一样。出于这种考虑,我们注意到情绪智力与大脑相关,我们可以引用戈尔曼(Goleman)的话"基因博彩可能给他们的……"[6]其次,如果情绪智力存在于大脑,那它一定是个人所有。我们还注意到很有趣的事情,即戈尔曼(Goleman)上述所言仅仅强调了情绪发展的个人主义方面,如自我控制、热情、毅力以及自我激励能力等,而不包括更多社会方面,比如移情等。

认知智力大都被看作个人主义的,可以通过考试进行测量。一些人相信不受社会环境影响的智商测试。情绪智力和情商的存在更让人相信情绪是个人所有物,是可以测量的。有趣的是,教育部已经提出职前教师培训的组织者应该评估候选人的人际关系技巧、专注度、弹力、毅力,作为更严厉的选拔教师程序的一部分。[5]后来,迈克尔·戈夫(Michael Gove)开始认为,采用笔试形式测量脱离社会环境的情绪智力是可能的。如果情况是这样的话,就证明了在情绪技能被认定的场合使用某种方法,然后像其他课程材料一样教给学生是合法的。现在,我将展示学校实践是如何在很大程度上聚焦个人主义的。

学校实践实例

美国的研究进一步证明,社会与情绪学习方法的使用人群主要集中于个体学生。霍夫曼(Hoffman)总结说:"因此,在实践中,社会与情绪学习已经成为关注个人缺陷测量与矫正的新途径,而不是将教育家焦点转移到教室与学校相关环境的手段。"(p.533)

以下,是从英国多数中小学校中抽取的两则例子。

(a)"我"的使用。"学习的社会与情绪方面"是专为学校 1—9 年级开发的项目[7](参看第九章)。中等学校为 7—9 年级每个年级提供了三个主题,其中一个主题是反欺凌。"学习的社会与情绪方面"项目有 50 个明确题目,每一个都以"我"开始。以下是一些 7—9 年级题目中的例子:

"(3) 我能清楚地意识到自己目前的限制,并尝试克服它们。

(26) 我可以明确现目标的障碍,并知道应该如何克服它们。

(30) 我可以对自己的人生负责,相信我能影响发生在自己身上的事情,并做出明智的决定。

(33)我可以从其他人的观点里看到世界,考虑他们的意图、偏向、信仰,并同情、体谅他们。"

每一单元都有大纲课程,包含两三个朝向结果的学习目标。我认为所有的结果对于学生都是有价值的。但是,结果又一次过分地强调了个人。例如,(3)的测量结果几乎都是通过和其他人讨论得出的,并且取决于你交往的人群。这些结果并没有完全实现,而是一直发展的,贯穿整个人生。其他三种结果也能做出同样的评论,每一个问题都应该和其他同学一起来作答,包括其他性别的人,这样就可以从不同的视角进行评价。

"我"的使用同样出现在学生的海报中,以发展他们的人格、学习与思考技巧,进一步判断他们在发展团队合作技巧中做得如何。[8]标记学生发展的三个水平是明确的,如下表(表15.1):

表15.1 团队合作发展技巧

水平 1	水平 2	水平 3
我不愿意带领团队完成任务 我很难担负责任,和团队一起工作缺乏作出贡献的自信	我可以帮助带领团队完成任务 我喜欢负责任,有自信能提供一些东西	我有技巧能成功地带领团队完成任务 我喜欢自我负责,在团队工作中有信心作出诸多贡献

有一点要注意的是,所有的陈述又一次以"我"开始。这种文字风格在发展情绪智力的材料中是普遍的,也适用于上述例子的所有陈述。"我"的使用聚焦于个人,但是团队合作指的是可以合作的人群。正如格言中所说的:"团队合作中没有我。"当然啦,一个人可以问"团队中其他人认为……?"同样的,上述提出的观点具有团队性质,其中一人是团队领导,所以团队中只有一人能到达第三个级别(水平3)。这种陈述可以解读为,"在团队成员的帮助下,我可以很好地建构起团队凝聚力"。同样,在表格第二列中的人被定级为个人责任感。好的团队合作的关键因素在于人们能够为团队凝聚力贡献力量,使每个人能够感受到自己的责任所在。上面表格所呈现的隐藏信息是,团队合作中人与人的交互作用

以及观念起伏的程度。

(b) 关系：这有另外一个例子。一本由瑞伊(Rae)和彼得森(Peterson)为男性写的书籍,受到很多人推荐。[9]书中有为老师做的注解,标出了非常有价值的地方,并表明了总体目标。但是,用这种方法必然也有缺陷。

> "关于女朋友问题的情节
>
> 弗兰克(Frankie)喜欢上一个名叫切丽(Cherie)的女孩。他认为她非常出色,因为她喜欢闲逛,并且他们喜欢做同样的事情。有个问题是,切丽不是学校最漂亮的女生,并且朋友们都认为女孩布伦达(Brenda)很适合他。布伦达一直在其他男孩子面前与弗兰克眉来眼去,很显然布伦达对弗兰克感兴趣。男孩子们开始用切丽来戏弄弗兰克,说一些类似于"为什么你明明可以和布伦达在一起,却还喜欢切丽?"的话。
>
> 以问题解决为中心的版式
>
> 弗兰克的感觉如何？
>
> 弗兰克的问题是什么？
>
> 如果没有这个问题的话,弗兰克感觉如何,会怎样做？
>
> 如果弗兰克知道这个问题不再存在,他会怎样？有什么不同？
>
> 为了将这个问题从他的生活中移除,现在弗兰克可以做哪三件事？
>
> [11:46—7]"

这个问题是个人主义的,这可能是弗兰克自己的问题。事实上,处身于社会环境中的弗兰克、切丽和布伦达,对于美貌与渴望的感觉是复杂的(例如,布伦达之所以这样做,可能只是因为她不喜欢切丽,而跟弗兰克没有多大关系)。这里朋友的态度也应该受到质疑。在这个问题中,对于支持我们生活的欲望、信任和爱等,存在一系列的社会和情绪回应,但是它弱化成了个人问题。情绪得到有效讨论,哪些原则是明显的,如何与他人对话以定位与明确自己的感觉,存在一个路径是可以被模仿的。这个问题不能简单"移除",并且"移除"这个术语暗示着只有一个人包含在内,且可能失败。然而,如果弗兰克对布伦达和切丽都有感情,将不得不为了将来而勇敢面对。两位女孩和弗兰克的感情和动机都应该公开。也应该跟学生说明行动与动机可能归因于无意识的感受。关于遇到这样的事情该怎么做,并没有教师的指导帮助。因此,深奥情绪的难度不太可能被探寻,更不用说找到一些有意义的方式,帮助学生以更加成熟的方式清晰处理类似情景。例如,学生与成年人可能会讨论性别歧视,尽管人们了解它,但行为仍旧存在性别歧视。所以,通过聚焦于个人的方法,情绪是最不可能得到发展的。

采用上述方法的困难在于课程是教师主导的。也就是说,期望学生在教师的命令下,有情绪地对情景作出回应。但是,即使以"我"为焦点,以教师为主导,上述方法还是有利于提供给学生广泛的情绪单词、建立自己的经验,并使得他们在学校对情绪的讨论有效。这些方法对于情绪发展是至关重要的,但是在教授方法上也存在一些风险,它尝试使学生在情绪发展的各个方面取得进步,仿佛情绪是可以被有序学习的。在极端情况下,当老师意识到对自己的评估是根据他们人生所有领域的教学目标时,甚至会有更多的教师选择控制学生。学生达成课程结果或目标将变得几乎不可能,学生会感觉他们没有达到教师期望的成就,进而减少学生自信。

当前,关键的一点在于情绪智力这个术语更多地被看作和用作个人主义的,而它本不是这样。同样关键的一点在于,情绪智力这个术语符合目前学校的说法,聚焦于个体学生。因为学校并不关心学生的社会与情绪发展,学生中是否存在性别、宗教和社会阶层的歧视也无关紧要。教学应适应学校,通过测验与考试掌握学生的个体发展程度。教学总是假设信息是可以通过教师中心的方法传授给个体学生的。因此,情绪也可以通过教师中心的单元教授给个体,这种观点很好地适应了当下学校的观念,总结详见表 15.2。

表 15.2　情绪的个人观点

在社会	在学校
个人情绪发展 情绪被测定为个人所有物 情绪智力 不受歧视约束 可能的目标测量 理性	主要目的在于发展个体的认知特质 为了情绪发展,应识别个人技能、产生单元、设立课程目标以及学生目标 情绪发展了,学生就能有更好的举止与更好的认知 强调考试与认知学习 认知与情绪分离 学科教师不喜欢参与到提升学生情绪发展的过程

续　表

在社会	在学校
	所有类型的学生,包含那些被性别、宗教以及社会阶层分离的都被学校接受 教育者将认知发展看作学校的职责所在 团队合作以及语言的使用不是很重要

当认知与情绪学习都是个人主义的时候,我认为这就是"坏的教育",因为研究指明,聚焦于个人是定位不当的。作为一个可供选择的方法,我考虑了"情绪素养"这个术语的蕴意,然后把它和学校教育联系了起来。

情绪素养

我们可以把情绪发展看作一个社会进程,一般我们称为情绪素养而不是情绪智力,尽管一些人通用这两个术语,好像它们之间没有区别一般。为了阐明它们之间的区别,你可以想象你正在偷听一群人在交谈。这群人包含不同种族和社会阶层的男人和女人们。依据人们的谈话,你将如何判定他们情绪能力如何?很明显的,你可以看当男人与女人互相交谈、互相聆听时,他们有没有被打断,他们之间是否互相支持。同样的,根据一个人是否总是忽视其他种族背景人的贡献也是可以判断的。一个没什么背景的人可能不会和其他背景的人感同身受,同样对于背景雄厚的人也是如此。我们可以发现,只有考虑到性别、种族与社会阶层,我们才能真实地判断情绪素养的组成部分。换句话说,情绪素养取决于你与谁有交际。一个人可能会很好地重视并听从答复同一性别和宗教的人,但是对待不用性别和宗教的人则不会这样。因此,情绪素养取决于社会条件。

先前,我一直这样形容情绪素养:

"情绪素养包含一些因素,比如人们用来理解自己及他人的情绪状态:学习控制情绪并同情他人。还有一种说法是,情绪素养既是个体发展也是集体活动,既是自我发展也是团体构建,所以一个人的情绪幸福感是与他人相关的,而不是独享其成的。情绪素养包含人与人之间的关系,与他人的相似与区别共事,能够处理歧义与矛盾。这是一个动态的过程,通过这个过程个人获得了情绪发展,包括培养与赋权。例如,它包含对社会阶层、种族与性别(性别歧视与同性恋歧视)本质的理解。人的情绪状态会影响他对社会变化形势的理解。因此,它包含着人与人之间能力交易的理解以及能力差异的挑战。"[10]

从上述描述中可以得出一些结论。这里情绪素养的定义是"群体中的个人"性质的,它把人放入群体社会环境中,充满了公平性。这意味着社会与情绪是分不开的。当人们见面交谈时,可能有一系列的社会与心理关注在起作用。甚至在朋友之间,面临该听谁的时,也存在冲突。当一次讨论中有男有女时,对话的重叠可能成为一种能力,他们会把自己看作控制的一方。在商业与工业中,人们可能感到有威胁感,想要维持并采用一系列的手段以保证自己能重新夺回控制权。例如,管理者如果感到有威胁感,就会限制中层人员的好主意,这似乎是很常见的。在这种情况下,管理者可能会镇压这些提出好主意的人,作为压制他们自负的手段。另一方面,也有的人会把集体的进步凌驾于个人关系之上,接受有挑战性的观点,能够支持提出好主意的人。

情绪素养关乎集体与个人的发展。想要把所有比你强和不如你的人们联系起来,就需要一个发展水平良好的情绪素养。接受那些挑战你权威的人的观点是十分困难的。一方面是人们该如何定义自己的角色。有个例子讲到,一个在信息技术发展领域有良好声誉的大学校长,被问到作为一名领导她是如何做的?她回答说,她把工作看作是找寻那些低于她但是一直有新颖想法的人,并确保这部分有想法的人的直接领导不会限制他们。但是,为了有信心用这种方法把一个人的工作定义为领导者,就需要发达的人际关系观念,并知晓"负责"意味着什么。领导与管理者类型有很多,但是总有一些比其他的更加有包容性。因此,任何情绪素养的定义都应该包含一些可参考的优缺点。

我们要认识到非常重要的一点,即在情绪素养的定义中,"公平"从来没有被提及,并且在关于如何转化为实践的讨论中,也很少清晰地谈及公平意识。生活中,人际交往几乎总是存在一系列的社会与性别差异,因此这些及其他歧视与情绪素养的构成应该是分不开的。情绪素养的定义包含更多社会问题,而不仅仅是上文明确提到的权利与压制问题。因此,情绪素养可以将集体、平等和社会公平联系起来,看作文化生态而不是个人主义的。现在,我将展现聚焦个人主义是如何毁灭教育的,首先看它对认知学习的影响,然后再看它对情绪教育的影响。

束缚的教育

我们生活在一个变化飞速的时代,在学校学到的知识很快就会被替代,并不断需要新的知识[11](OECD 1999)。当知识过时之后,学生应该知道如何学习。[12]因此,学生真正需要的是学习能力与自我思考,但是却因为聚焦于认知技巧而不能获得。对人们来说,为了能继续学习,探索与研究问题,关心那些来源于生活的事情,思维技巧是十分重要的。就像英国工业联合会(Confederation of British Industry, CBI)提出的,在所有工作类型中,与他人共事以及自我激励的能力都是十分重要的。[13]英国工业联合会指出,雇主们认为刚进入工作领域的学生,他们的团队工作能力、自我控制能力以及问题解决能力都是缺乏的。[14]

思维技巧指的是人们可以不顾背景与性别而共同工作,比如,能够考虑其他观点,接纳广泛不同的意见,接受批评并能对事情持有新颖的观点。观念创新需要自信,要能够丢弃自己抱有的信仰,与他人联系并移情于他人,所有这些在一定程度上都需要情绪素养。实际上,思维技巧也取决于群体中的人们。群体变动会给评价带来困难,所以群体依赖也许是学校低估思维技巧的原因。而事实情况却是,大多数父母希望孩子走出学校后也能在多方面继续发展,激励自我学习,并能成为可以与他人合作学习的独立学习者。

教育系统越是相信学习是个人所有,合作学习与终身技能就越不会被重视。因此,认知学习是个人主义事业的观点是一种约束与狭隘学习,导致过分重视考试的通过率,而轻视本该重视的思维技巧。然后,学校教育就可以采用客观的方式找出最优秀的学生,并激起学生之间的竞争。在学术领域,认知个人主义导致了一个受限制的教育形势。更重要的是,它影响了情绪发展的程度。我认为情绪智力是个人主义的观点,是设法处理情绪问题的一部分。

因为知识的快速变化,我们需要拓展教育。正如所见,这个世界和社会有很多问题需要解决。弗雷泽(Fraser)归结如下:[15]

"教育应该明确地保证儿童、年轻人以及成年人具备解决问题、面对差异、改变与影响改变的能力。教育是不同文化、不同空间、不同时代的渠道,是思考事情与制造事情不同方式的渠道。对于那些想不到也未曾见到的事情,教育给我们提供指引。教育应该提供重要挑战来测试我们的信仰、解释、视野,并测试新环境中自我重新测试、发展新兴趣以及回顾自我理解与自我定位方法的能力。教育的目的应该扩大期望,而不应该限制它们,应该支持学生了解自己可以对世界产生什么影响并知晓他们已经产生了什么影响。我不希望教育定位成确定性的、不灵活的,也不希望教师都是模范式的,不能迎合当下社会、经济以及政治变化的紧急需要。"

尽管每个人可能不会完全赞同上述观点,但是,这种教育观还是需要基础类课程的推广,以实现上面提出的多数观点,而如果人们有发达的情绪素养,将会是有所助益的。

情绪发展与公共活动

人们的情绪发展源自他们遭受的经历以及对待经历的态度。例如,与其他性别相处就需要情绪发展。一个男孩和女孩可能被告知不要性别歧视,但这对他们的行为不会有太大的影响。甚至我们想要改变成人,也需要承诺和努力。为了处理性别歧视问题,需要男孩和女孩互相了解,理解不同的观点,能够移情,然而也只能在有承诺的条件才能实现。情绪素养是不能通过教学习得的,只能通过经历与奉献得到发展。

学生情绪素养的发展,需要承认与利用社会文化环境,理想的环境是不同性别、不同种族、不同社会阶层的人同校,希望学生在这样的学习环境中,能够合作,互帮互助,学会通过多样化的背景与观点互相理解,并学习发展情绪。这样的环境需要因人而异的方法而不是统一教授,比如我自身情绪发展的方法就是如此。[16]有观点认为,情绪是可以在单元教学中教授给整个班级的,并且每一节课都有可评价的目标,这种观点很明显在说情绪是可控制的,课堂中传递的东西也是可以控制的。人们一直认为理性能使我们控制自己的生活,我们谈论到要做出理性决定,意思是我们做决定不应该受情绪影响。当然,反过来也是正确的,我们做出的所有重大决定都含有情绪成分,但是如果我们相信理性的情绪思考,我们就更要相信我们可以控制自己的情绪。如果这样的话,我们就可以从心理上为自己辩护,没必要非得面对情绪生活中的困难。

表15.3　发展在校学生的情绪生活

社会中个人主义情绪观点	社会中社会文化情绪观点
个人情绪发展	个人社会环境对情绪发展至关重要
情绪被测定为个人所有	情绪素养只有在社会群体环境中才能被
情绪智力	测量
不受歧视支配	性别、社会阶级、种族都是十分重要的
	重视能力
客观测量是可能的	社会中、学校中社会文化情绪观点
理性的	主要目的在于将学生发展成为群体环境中
社会中、学校中个人主义情绪观点	的人。这就意味着社会与情绪是相连的。
主要目的在于发展个人认知特性	发展学生的认知、社会与情绪,使其能够对
为使每个人都能够认同情绪发展技能,	价值以及面临的社会问题进行思考与反思
建立单元,设立课程目标以及学生目标	情绪发展因人而异
正是情绪得到了发展,所以学生举止更好,认知方面也做得更好	情绪发展是每个人的独立目标。情绪发展十分重要
强调考试和认知学习	认知学习与情绪发展都是非常重要的,并且
认知与情绪分离。学科教师不喜欢参加到提升学生情绪发展中去	是互相影响的
	情绪与认知互相影响
重在发展那些行为不端的学生	情绪与社会发展是所有教师的职责范围
学校接受所有学生,包括各种性别、宗教以及社会阶层的学生	发展每个人的情绪素养
	性别、种族与社会阶层混合的综合学校
教育者将认知发展看作学校职能	教育者把认知与情绪发展看作学校的职权
团队合作和语言的使用并不是特别重要	团队合作和语言的使用是至关重要的
	思维技巧是至关重要的
	为参与而教育
	为改变而教育

教育者越是关注理性个体,就越可能忽视情绪发展。我们可以看看这种忽视在教育系统中是如何体现的。我们可能认为情绪发展应该作为教育的中心。但是,学校通常会强调认知发展与通过考试。学科教师很少会认为发展学生情

绪技能是他们的责任。人们可能会认为情绪发展不是学校职权而是家长的首要任务。然而只有认知发展和情绪因素分离，这种方法才会是正当的，我们知道事实并非如此。

许多家长也希望男孩和女孩能学会互相交往，并学会面对社会与情绪困难。这种希望意味着发展情绪素养的环境是作为"团体中个人"的，而不是个人所有。[12]为了实现家长的希望，混合各种背景学生的学校（指男女同校）提供了很多帮助。在这些学校，团队合作也被看得同等重要。

我们的教育系统越多地关注个人，就会越少强调发展在校学生的情绪生活。表15.3陈述了在校学生的情绪生活。

结论

现行的学校系统和工厂类似，在学校中学生的目的是为了尽可能多地通过考试，还经常和他人竞争。个人认知能力得到发展，原本用来帮助人们解决社会问题的技能被认知的地位超越。结果，教育成了受限的、狭隘的教育。这种个人主义的情绪发展模式很好地适应了"工厂式"或"银行式"学校教育系统。这种系统降低了情绪的重要性。我们丢弃了价值以及在学校旅途中获得情绪成熟的宝贵机会。我们需要大量的情感投入，理解我们以及他人的价值观念与区别，以实现学校与社会的积极转变。我们首先是情绪化、社会化的存在，然后才是个人主义的。

（于　婷　译）

注释

1. Goleman, D.（1996）*Emotional Intelligence: Why It Can Matter More That IQ*. London: Bloomsbury.
2. James, O.（1998）*Britain On the Couch: Why We're Unhappier than We Were in the 1950s-Despite Being Richer*. London: Arrow.

3. Salovey, P. and Mayer, J. (1989) *Emotional intelligence*: *Imagination, cognition and personality*, 99(3): 185-211.
4. BussinessBall (2011) *Emotional Intelligence* (*EQ*). Available online from www.businessballs.com/eq.htm.
5. DfE (2011) *Training our Next Generation of Outstanding Teachers*. London: Department for Education (DFE-00054-2011).
6. Hoffman, M. B. (2009) Reflecting on social emotional learning: a critical perspective on trends in the United States. *Review of Educational Research*, 79(2): 533-56.
7. Banerjee, R. (2010) *Social and Emotional Aspects of Learning in Schools*: *Contributions to Improving Attainment, Behavior, and Attendance*. Brighton: University of Sussex; Department for Education and Skills (2007) *Social and Emotional Aspects of Learning for Secondary Schools* (*SEAL*) *Guidance Booklet*. London: (DfES). Available online at www.nationalstrategies.standar-ds.dcsf.gov.uk/node/157981. DfES(2007) *Social and Emotional Aspects of Learning* (*SEAL*) *for Secondary Schools*. London: Department for Education and Skills (DfES). Available inline at www.bandapilot.org.uk/secondary/.
8. Qualifications and Curriculum Authority (QCA). (2010) A framework of personal, learning and thinking skills. 2007.
9. Rae, T. and L. Petersen (2007) *Developing Emotional Literacy with Teenage Boys*: *Building Confidence, Self Esteem and Self Awareness*. London: Lucky Duck Books.
10. Matthews, B. (2006) *Engaging Education*: *Developing Emotional Literacy, Equity and Co-education*, p. 178. Maidenhead: McGraw-Hill/Open University Press.
11. OECD (1999) *Measuring Student Knowledge and Skills*: *A New Framework for Assessment*. Paris: Organization for Co-operation and Development.
12. Fisch, K. (2007) *Did You Know*; *Shift Happens-Globalization*; *Information Age*. Available online from www.youtube.com/watch?v=IjbI-363A2Q.
13. CBI (2010) *Ready to Grow*: *Business Priorities for Education and Skills in Education and Skills Survey 2010*. London: Confederation of British Industry.
14. NUS/CBI (2011) *Working Towards your future*: *Making the Most of your Time in Higher Education*. Available online from www.cbi.org.uk/pdf/cbi-nus-employability-report.pdf.
15. Fraser. J. (2011) *The Purpose of Education is to Enable People to Understand, Navigate, Contribute to, Challenge and Change the World*. Available online at www.fraser.typepad.com/socialtech/2011/03/purposed.html.
16. Matthews, B. (2004) Promoting emotional literacy, equity and interest in KS3 science

lessons for 11 – 14 year olds; the "Improving science and emotional development" project. *International Journal of Science Education*, 26(3): 281 – 308; Morrison, L. and Matthews, B. (2006) How pupils can be helped to develop socially and emotionally in science lessons. *Pastoral Care in Education*, 24(1): 10 – 19.

第十六章　关于阅读障碍的讨论

朱利安·艾略特　西蒙·吉布斯

阅读障碍是个难题

为什么说阅读障碍是个难题？因为一些儿童觉得学习阅读非常困难；因为父母与儿童对阅读方面没有进步感到挫败与忧虑；因为没有人真正知道是什么原因导致阅读障碍；因为没有人知道应该做些什么；因为有人为此承担了责任；因为这种疾病不能清晰地界定……

此外，这也是许多儿童学习英语阅读的奥秘。口语发音方法与写作符号的不匹配（例如 through，cough，bough；see，sea），儿童一系列的早期经验，父母、教师、政策制定者的多样化影响，对如何发展阅读缺乏彻底科学的理解，存在问题时应该怎么做等，所有这些都是奥秘。很不可思议，很少有人提及孩子交流的其他方式。

不能准确而流利地阅读是个难题。贫乏的读写能力对儿童与成人都是不利的。在这一点上，我们必须承认本章下面所讲的可能会招致一些人的怒火，这些人能够立马认识到他们的孩子在阅读方面有困难，并把这种困难定义为阅读障碍。我们不挑衅，也不希望否认任何阅读困难带来的个人以及社会影响。很明显，尽管一些人其他发展方面都很正常，但还是存在文本解读困难的情况，这是几个世纪以来物理学家、心理学家以及教育家普遍提到的现实。阅读障碍最初被看作是一个后天条件（接着会出现一些形式的大脑创伤），到 19 世纪物理学家们才开始正式认识了它的发展形式。在一个早期案例中，物理学家瓦·普林格·摩尔根(W. Pringle Morgan)描述了一个 14 岁的孩子，这个孩子有着正常的智力和视力,却不能学会阅读。[1]这个孩子的其他认知活动能力没有任何异常,教了这个男孩多年的校长说到,如果教学全部采用口述的话,这个男孩将是学校中最聪明的孩子。

但是,关于阅读障碍我们讨论的中心,并不是找寻在学习阅读中是否存在有严重困难的个体,而是是否存在被明确地、一致地、严格地确定为"阅读障碍"的特殊群体。除非这样,不然的话,"阅读障碍"这个术语就仅仅是"弱读者"的同义语,就不能为评价与鉴定"阅读障碍"提供任何其他有价值的信息。

定义问题

在强调定义存在许多困难之前,鉴别"阅读障碍"这个术语能覆盖哪些阅读方面是至关重要的。一般来讲,这个术语是用来描述解码困难的。但是,关于解读的广泛程度如何比较好,这里有一些不同的观点。对一些人来说,"阅读障碍"这个术语应该描述那些在逐字逐句解读或词语认识方面存在严重困难的人。逐字逐句的阅读被该领域的研究者看作最好的指标,因为它消除了上下文以及语法暗示,这些线索可能弥补字母发音过程中的主要困难。[2]但是,另外一些人认为要有更明确的理解,他们的依据是,有一些阅读障碍者可以克服解读或词语认识问题,但是仍旧在阅读流利程度上存在困难。[3]这在语言简单的国家是非常明显的,比如德国、芬兰以及意大利。在这些地区,阅读准确性难题是很少的,问题通常都表现为阅读速度慢且艰难。尽管能够进行准确而流利的文字处理,却很可能在阅读时存在语义理解的困难,而书面文本的理解很少被看作阅读障碍的关键标识。

最基本的问题在于阅读障碍没有任何公认的科学定义。正如我们知道的,阅读障碍的定义有很多,但是这些定义有些过于武断,对内涵与外延缺乏科学客观的评判标准。关于那些被标为"阅读障碍"的人应该做些什么,没有一个能提供明确的线索。在我们看来,定义模糊的结果是,只要被描述为"阅读障碍",就可能把资源从其他一些可能受益的学困者那里转移出来。

与阅读障碍相关的最大谬见,是主张它的定义应该与智力相关。这个所谓的阅读障碍的"不同定义",只是根据智力(经过智商测试),把那些阅读水平远比期望中差的人看作是真正的阅读障碍。

这个差异模式受到了大量研究的打击,研究有力地证明了与单词阅读相关的潜在认知困境与任何一般智力测验都没什么重大联系。(在这里,我们不深入讨论智力作为一个有效、可测量的概念问题,可以参见第十二章)[4,5] 有趣的是,神经系统科学也得出了同样的结论。最近田中广子(Hiroko Tanaka)以及同事关于大脑激活的研究证明,在面对与阅读相关的任务时,下面两类人并没有多大区别:一类人的阅读表现达到了与智商相符的水平,一类人的阅读水平与智力有很大的差别。[6] 此外,关于如何干预能够成功或预知,智商并没有告诉我们一些重要信息。[7] 的确,智商和解码困难的诊断没什么联系,这已经成为共识。

其他人一直强调一个可以遵循的道德准则,即是否只有聪明的儿童是可诊断的:为什么低能儿童可能被拒绝提供同样的帮助?我们认为答案可能在于对社会权利的声明,只有那些自认为聪明的人可能臆断。

科学的研究尽管已经怀疑差异模式,但是用智商来诊断阅读障碍的做法仍旧被广泛采用。朱利安·艾略特(Julian Elliott)和埃琳娜·格里戈连科(Elena Grigorenko)列出了一些导致这个明显悖论的原因。[8]

- 这种智商与阅读障碍的关联由来已久,已深深植入日常理解,很难打破。
- 那些高智商的人当中最少有1‰的人(还有的人因为智力困难,在主流学校教育中总是苦苦挣扎),在学习阅读时经常遇到困难。
- 在为研究选择阅读障碍患者时,智商总是被看作标准。但是,在这种情况下,这一步通常是用来找出那些不易显现的、独立的、潜在的认知因素,而不是把它看作有意义的诊断标准。
- 有些人建议继续使用智商评定阅读障碍,因为大家都知道没有其他方法。当然这样的定位是不精确、不正当的。
- 智商测试在美国和其他国家已经使用了很长时间,用来确定是否具备额外教育服务的资格。像这样长期的实践是很难消除的。
- 智商与高阶的阅读推断、推理以及阅读技巧有明显关联。因此,智商测试可能在提供更多有关学习困难的理解方面是有价值的。

- 智商测试的实施被限制在特定专业人员身上，因此，在维持与保留职业影响与地位方面扮演着一个有影响力的角色。
- 有观点认为阅读障碍指的是那些在解码中（它本身是低水平的认知任务）苦苦挣扎的高智商个体，这种观点是非常有力的，尤其对那些努力练习读写能力的人们。

对于阅读能力差的读者来说，被同龄人（有时是老师）看作愚蠢的经历对他们有很大的消极影响，阻碍他们的涉入感与幸福感。因此，我们在大众报纸上看到有人说了下面这些话时，并没什么可惊讶的："在我被确诊为阅读障碍之前，我一直觉得我很愚蠢，至少现在我意识到我并不愚蠢。"这里，主要的问题不是阅读障碍没有提早被确认，而是根据个人解码困难就被假定为低智商。这样的归因完全是愚蠢的，解码困难说明不了个人潜在的智力问题，这应该被所有人知晓，包括专业人员与非专业人员。当然，学习阅读的失败可能会减少识字率，可能对个人概念获得、词汇和一般知识发展有重要影响，所有这些都是我们对人的智力做出日常判断的影响因素。

自从科学研究打破了智商与解码之间的联系，定义阅读障碍就成了一大难题。对于一些人来说，阅读障碍演变成了一般术语，仅仅用来描述那些在解码方面有极大困难的人。另一种概念更为复杂，认为阅读困难就像连续统一体，在这个连续统一体中，典型读者与非典型读者之间不存在绝对差异。凭借一个人有没有阅读障碍，有没有阅读无能，有没有特殊的阅读困难，或其他相似的条件，并不存在一个清晰的分类。因此，一般阅读障碍的判定很大程度上取决于分界点在哪里。关于阅读障碍的男女性别构成还有很多未达成共识，但许多研究报告指出，男生占多数，仅仅反映了教师推选的偏见，因为男生更倾向于参加破坏性和挑战性行为的活动。

当然，为了确定阅读障碍，当那些宝贵的诊断评价和合法陈述没什么证据时，那些分数位于分布曲线最底端的学生大多会被安排到濒临阅读障碍的群体。但是，如果有人打算不再认同阅读障碍患者仅分布于从"弱读者"到"善读者"分布曲线低端的那些人，相反把他们看作集体的一部分，就有必要给他们提供一些可以引导鉴定的定义形式。

赖斯(Rice)和布鲁克斯(Brooks)从他们对成年阅读障碍的详细回顾中总结道：[9]

"监管阅读障碍的定义有很多，但是还没有一致公认的定义。一些定义是纯粹描述性的，而其他的体现为因果理论。在这种情况下，表明阅读障碍并非一个事物而是多个合称，它为诸多阅读技巧的缺乏与困难以及形成原因提供了一个概念集合。"

有一些概念范围广泛，看起来具有包容型，而其他的则反映了一个更加详细的阅读障碍概念。利用前一种方法，英国心理社会工作小组(Working Party of the British Psychological Society)提供了如下定义：[10]

"当准确而流利的单词阅读或拼写发展很不完整或有很大困难时，很明显是阅读障碍。这种定义把文化学习聚焦在单词水平，意味着尽管有合适的学习机会，阅读障碍还是很严重的，并且具有持续性。"

随后被政府资助的、用来鉴别阅读障碍与读写困难的《罗斯报告》(Rose Report)[11]也站在相似的立场：阅读障碍是一种学习困境，首先会影响到准确、流利的词语阅读与拼写技巧。但是，这种解释受到了来自下议院(House of Commons)与科学与技术特别委员会(Science and Technology Select Committee)的批判，理由是："罗斯报告中关于阅读障碍的定义太过宽泛，边界模糊不清，很难清楚地了解如何使其在任何时候都有诊断意义。"[12]

通过专门的研究文献可以发现，这些一般的定义类型会导致所有的阅读困难儿童，甚至那些有严重智力困难的儿童都被定义为阅读障碍。有趣的是，有人抱怨说这种定义太过于狭隘，声称过分强调读写能力可能会排除那些解码难度较小的所谓"补偿式"阅读障碍患者，而不能排除那些有其他情绪、组织以及自我管理问题的人。

那些认为自己患有阅读障碍的人们(以及已经被诸多专业人员诊断为阅读障碍的人们)总是有很广泛、多样化的症状与困难。一般包括：语音意识困难、记忆力差、节奏感差、快速信息加工困难、难以分类与排序、笨拙、注意力差、言语流畅度差、不一致的用手习惯、发声技巧差、频繁的字母逆转、算数弱、缺乏演讲与语言、自卑感以及大声阅读带来的不安。但是，关键问题在于这些症状中没有一个对阅读障碍的诊断是必须或充分的（当然除了真实的阅读困难本身）。使问题更复杂的是，这些症状在大多数弱读者身上存在，同时在很多没有阅读困难的人身上也存在。一些困难被看作是阅读障碍的典型标记，例如，字母逆转在一些同龄人阶段的年轻普通读者身上也能发现，这反映的是，他们的阅读技能有限而不是潜在弱点。更复杂的在于，许多所谓的阅读障碍症状也被看作是其他发展失调的标识，比如动作协调能力丧失症、注意力不集中症以及计算障碍症等。

在很多时候，根据这些症状诊断阅读障碍和解读一个人的星座是非常相似的。一个人很有可能发现一些可以利用的元素以提供证明。标签的力量是巨大的，那些在阅读中苦苦挣扎的人们以及他们的家人总是非常渴望得到诊断。最受欢迎的阅读障碍诊断都是被秘密资助的专家提出的，这些专家的生计可能取决于一个行业的正常运转，这都会导致情境的恶化。

生物学解释

许多定义强调阅读障碍的生物学基础，即阅读障碍患者指的是那些本质问题出自大脑而不是由环境决定的人。当然，遗传学和神经系统科学提供了一系列阅读困难的深刻见解，但是我们在这些领域的知识依旧停滞不前。尽管阅读（以及阅读困难）中很明显有强大的基因成分，目前有潜在影响力的特殊基因大约有十二个，但是，我们距离识别那些包含在综合假定模型中的遗传机制还有很长的路要走。此外，还有重要的环境风险或防护因素（例如，社会经济地位、家庭对待教育与读写能力的态度与行为、读物的印刷材料与保存时间），尽管它们可能不是主要原因，但是，对基因风险因素来说却是重要的缓和剂。因此，联系因果关系，关于大多数人类机能方面，遗传因素与后天培育的分离是非常复杂的。还有一件重要的事情需要知晓，即遗传学研究已经实施了，但是阅读障碍患者是作为一个普通群体，而不是清晰界定的阅读障碍团体。

关于阅读时大脑的激活，神经系统科学提供给我们一些有价值的信息。研究发现，大脑的特定区域与阅读过程的不同层面相关联，并且阅读障碍患者的激活水平通常都很低。他们还发现，随着阅读障碍患者变得越来越有技巧，激活水平便随之提高。尽管一些感觉论者这样声明，但是，我们距离能利用大脑研究区分阅读障碍与其他弱读者，或为个人评价与干预提供有意义的信息仍有很长的路要走。

认知解释

对许多人来说，阅读障碍的关键潜在特征在于缺乏某种认知功能。一般而言，经鉴定的最常见的三种认识元素是：语音意识、口头短时记忆（工作记忆）以及长时记忆的语音信息检索（如快速命题作业）。

语音意识指的是探测与控制语言发音的能力。早期读者的缺点表现为许多解码困难者的特点。但是，语音意识并不能在所有被认为是阅读障碍的儿童身上呈现出来，也存在语音困难的儿童可以充分发展阅读技巧的现象。此外，尽管语音技巧干预的主张已经被证明利于读写能力的获得，但是因果联系的指导是双向的，阅读经验对于语音技巧的发展也有影响。语音因素在一些易懂语言中对阅读的作用不大，比如意大利语和德语，这些语言中阅读的流畅度才是典型的关键因素，而不是个别单词的准确度。在这里更重要的标识是尽可能快地说出熟悉物品的能力。关于英语语言，快速命名对于许多（但不是全部）存在阅读困难的儿童而言是不够的，尽管它预测的能力相比较9岁儿童好像下降了。

工作记忆差是伴随阅读障碍的另一个常见特点。工作记忆指的是储存与处理短时间信息的能力。尽管有研究者已经证明，许多有阅读障碍的儿童都经历了这种类型的困难，但是在关于言语重要性的研究中也存在一些不同之处，研究证明，有相当比例的严重阅读障碍患者没有经历过工作记忆或其他形式的记忆困难。

阅读障碍与视觉障碍有长久关联。因此，个人关于歪曲、模糊景象的解释以及页面跳动的书信被媒体大量引用。但是现在，关于"那些努力学习阅读的人们是语言上的而不是视觉上的"的基本问题已经被广泛接受。尽管最近的一些研究使用了更为复杂的设计，曾经的研究指向视觉障碍，但是，这些研究却普遍认为阅读障碍与视觉障碍是同时出现的,而不是因果关系的作用。[13] 视觉压力现象有很多困惑,一种情况是阅读可能会导致身体上的不愉快。当被要求长时间阅读的时候,个人总是会艰难地抱怨眼睛和头酸痛、视觉失真或有幻觉出现。这种情况有时被看作暗视敏感度(scotopic sensitivity)或尿液分段-娥兰(Meares-Irlen)综合征,会在一定程度上损害阅读流畅性,当然不应该看作是严重解码困难的原因解释。

问题的干预

许多人渴望得到阅读障碍的诊断,认为一个精确的诊断将会得到最合适的干预形式。但是,事实却是非常复杂的。

很显然,合适的阅读评价与干预形式是必要的。有资料证明,20 世纪后半期一些有阅读障碍的儿童受到了严重的损害。这段时间,一系列"阅读战争"肆虐,有的提倡用强调系统拼读教学的高度结构化方法去进行阅读教学,其他的也被弗兰克·史密斯(Frank Smith)[14]和肯尼思·古德曼(Kenneth Goodman)[15]等作家提倡的全语言教学法影响(参见第七章)。后一种方法抱怨结构化方法内容贫乏,认为结构化方法缺乏刺激、缺乏动力并且阅读过程扭曲。就像语言获得一样,他们认为阅读的发展是一个自然发生的活动,在一些情况下强调故事与环境的重要性,吵闹着反对拼读教学法的使用。

现在,阅读障碍专家一致认为,20 世纪后半期流行的儿童中心的阅读方法并没有很好地服务于弱读者。知晓书面语是一种不被口语方式自然接受的文化创新,帮助我们意识到详细阅读教学的重要性。研究发现,尽管全语言教学方法可能足够服务于一些有技能的年轻读者,但是,对于那些面临重大文本困难的人们来说仍然有很大问题。现在看来,一些儿童在阅读结束后不能发现字母发音的知识。正如托格森(Torgesen)评论的,对于一些儿童,提供明确的教学是有必要的:"不放弃任何机会,不会凭借自己的力量做出任何关于技巧与知识的假设(p. 363)。"[16]

现在我们知道,尽管所有初始读者都需要学习概念、语音意识、拼读教学法、发展阅读流畅性、词汇、拼写理解以及写作,但是,那些学习阅读技巧的人们通常会需要更个人主义、更有结构、更明确、更系统和更强烈的知识。

上个二十年,更强调通过早期干预减少阅读障碍的普遍存在,而不是等待儿童出现问题后再参考临床评价。很多研究已经证明,在学校早期提供给年幼儿童结构化的项目能大大减少之后各种问题的比例。但是,仍然有很多学生不能获得充足发展,帮助这些学生的方法是捉摸不透的。此外,有些人能克服早期阅读阶段的问题,取得发音的进步,但是当儿童达到八九岁的时候,阅读的要求大大增加,就又会慢慢退化。据估计,在美国这种"抵抗治疗者"可能占到学校人数的2%—6%。

当儿童到达青春期,阅读问题的根源就会变得更加多样。对于一些人来说,困难仍旧是字母发音阶段,然而其他的可能在处理简单单词方面有进步,但是处理复杂的、多音节单词仍旧有困难。对于另一些人来说,现在的关键问题在于阅读的相对流畅或理解文章内容。多年挣扎引起的动机问题以及来自公众的耻笑都可能限制年轻人阅读的愿望。悲哀的是,即使我们已经掌握了处理阅读准确性和流利度的最佳方式,做了最具结构性和系统性的干预研究,却还是不能找到克服小部分儿童问题的方法。除了呼吁更强烈和更个人主义的方式外,这个领域还在云集集体智慧以寻找更有效的解决办法。

通过感受性需求将阅读障碍患者从弱读者当中诊断出来的方法已经被介入反应模式(Response to Intervention)破坏,这种模式在美国和其他国家越来越流行。介入反应模式指的是障碍一出现就提供早期干预。这项工作将进行一系列不同强度和群体规模的操作。因此,当一个置身于小团体中有学业困难的儿童,不能取得充足的发展时,研讨的次数可能会增加,或者扩大群体的规模。介入反应模式也是有争议的,大概是因为它直接关注学术技巧的教授,而不去评价那些智商测验中有典型特征的潜在认知过程,对那些长期存在、有重要影响的心理测量方法心存质疑。不出所料,智力测验的提倡对介入反应模式提出批评,认为介入反应模式忽视了对引导后继行为非常重要的潜在认知过程。介入反应模式的支持者对批判作出了回应,支持者讲道:没有证据能够证明认知性能分析可以指明个性化阅读干预或找出可以定位学业困难的教育方案。

当一个人想要帮助某个有读写障碍的儿童时,他必须确定儿童阅读进程中的哪方面是有问题的(解码、流畅度、综合理解等)。但是,除非人们承认阅读障碍不同于一般的解码问题,不然阅读障碍的诊断也没有什么其他作用。这种形势下,如果阅读障碍被看作是一个简单的同义语,阅读障碍行业的人员将被宣布失业。但是,反对这种观点的人认为,有很多特征(有一些已在上面列出)可以标识真正的阅读障碍。我们认为这样的观点是站不住脚的。做出这个判断不仅仅是因为过程的不精确、不科学,还因为把阅读障碍的独特价值看作区分各种干预形式的引导标志,还存在一些问题。因此,联系"阅读障碍的讨论",关键的问题在于那些挣扎着想取得阅读技巧的人群中,有没有一部分人需要特殊的干预形式? 当然,只有在有充分证据能够证明不同教学方法对阅读障碍患者和非阅读障碍弱读者有效时,才能说明这种观点是可行的。但是,还没有科学证据能支持这种观点(尽管案例研究和个人轶事一直在增加)。我们目前掌握的证据强调,阅读教学应重视高度结构化和拼读方法的价值,不要只是应用在贴有"阅读障碍"标签的人身上,而是应用于所有挣扎于解码的人们。

某种程度上,通过阅读专家使用"阅读障碍"术语宽松的趋势,可以解释为什么关键特征在一般理解中不明显的现象。在英国为了阐明阅读障碍的关键特征,英国阅读障碍协会(British Dyslexia Association)下设的阅读障碍友好学校受到诸多好评。[17]被该计划选中的学校指的是有发达的专家教学技巧、与父母伙伴关系紧密、建有合适的阅读障碍资料库、学校政策支持阅读障碍儿童的区域。尽管这种倡议值得赞赏,但很显然,人们(包含专业人员在内)正在使用"失语症"这个术语来形容所有在阅读方面有困难的儿童,而不是指向那些被鉴定有潜在弱点的特殊群体。尽管这里有标签产生力量的典型例子,实际上它并没有为专业行动提供任何其他信息。简单地说,这个倡议可能对所有阅读障碍的儿童有利:这个标签仅仅是他们用来吸引注意力的方法而已。

忽略的问题

过去的这些年,研究者已经在发展读写能力知识方面取得很大进步。但是,阅读障碍的领域仍旧有各种理论和理解争论不休。尽管,语音障碍是大多数(但是不是全部)有解码困难儿童的关键影响因素的说法已被广泛接受,但是关于它的确切性质以及作用,仍旧有一些重要讨论。该领域顶尖的研究者雷默斯

(Ramus)和斯坦科维斯(Szenkovits)在最近的一个出版物中说道,"尽管,我们研究语音障碍 30 多年了,但是仍旧不知道它是什么"。[18] 阅读障碍中的听觉与视觉加工的作用,都会受到激烈争论,作为重要的解释因素,研究团队的周期性波动是阅读障碍文献的一种特点。伴随着运动技能训练的联合声明,以同时性运动困难(通常指向小脑工作)为主的解释也会随之增多,尽管缺乏共鸣以及科学证据的支持。

未解开的谜

只要出现一种确定的定义,区分阅读障碍患者与非阅读障碍的弱读者,决定是否需要特别对待,就会存在争论和分歧。哪里有人相信伪造的、不科学的阅读障碍诊断可以提供解决方法,哪里就会一直存在大量教育经费不公与个人失望现象。

(于 婷 译)

注释

1. Morgan, W. P. (1896) A case of congenital world-blindness (inability to learn to read), *British Medical Journal*, 2: 1543-44.
2. Fletcher, J. M. (2009) Dyslexia: the evolution of a scientific concept, *Journal of the International Neuropsychological Society*, 15: 1-8.
3. Peterson, R. L. and Pennington, B. F. (in press) Seminar: developmental dyslexia, *The Lancet*.
4. Share, D. L. McGee, R. and Silva, P. A. (1989) IQ and reading progress: a test of the capacity notion of IQ, *Journal of the American Academy of Child and Adolescent Psychiatry*, 28: 97-100.
5. Stuebing, K. K., Fletcher, J. M., LeDoux, J. M., Lyon, G. R., Shaywitz, S. E. and Shaywitz, B. A. (2002) Validity of IQ-discrepancy classifications of reading disabilities: a meta-analysis, *American Educational Research Journal*, 39: 469-518.
6. Tanaka, H. Black, J. M., Hulme, C., Stanley, L. M., Kesler, S. R., Whitfield-

Gabrieli, S., Reiss, A. L., Gabrieli, J. D. and Hodft, F. (2011) The brain basis of the phonological deficit in dyslexia is independent of IQ, *Psychological Science*, 22 (11): 1442–51.

7. Vellutino, F. R., Scanlon, D. M., Zhang, H. and Schatschneidar, C. (2008) Using response to kindergarten and first grade intervention to identify children at-risk for long-term reading difficulties, *Reading and Writing*, 21: 437–80.

8. Elliott, J. G. and Grigorenko, E. L. (2013) *The Dyslexia Debate*. New York: Cambridge University Press.

9. Rice, M. and Brooks, G. (2004) *Development Dyslexia in Adults: A Research Review*. London: NRDC.

10. British Psychological Society (1999) *Dyslexia, Literacy and Psychological Assessment: Report by a Working Party of the Division of Educational and Child Psychology of the British Psychological Society*. Leicester: BPS.

11. Rose, J. (2009) *Identifying and Teaching Children and Young People with Dyslexia and Literacy Difficulties (Rose Report)*. Nottingham: DCSF Publications.

12. House of Commons (2009) *Evidence Check 1: Early Literacy Interventions Science and Technology Select Committee*. Session 2009–10. HC44. London: Her Majesty's Stationery Office.

13. Aleci, C., Piana, G., Piccoli, M. and Bertolini, M. (2012) Developmental dyslexia and spatial relationship perception, *Cortex*, 48(4): 466–76.

14. Smith, F. (1971) *Understanding Reading: A Psycholinguistic Analysis of Reading and Learning to Read*. New York: Holt, Rinehart and Winston.

15. Goodman, K. S. (1970) Reading: A Psycholinguistic Guessing Game, in H. Singer and R. B. Ruddell (eds) *Theoretical Models and Processes of Reading* (pp. 259–72). Newark, DE: International Reading Association.

16. Torgesen, J. K. (2004) Lessons learned from research on interventions for students who have difficulty learning to read, in P. McCardle and V. Chhabra (eds) *The Voice of Evidence in Reading Research* (pp. 355–82). Baltimore. MD: Brookes.

17. British Dyslexia Association (2005) *Dyslexia Friendly Schools Pack*. Reading: British Dyslexia Association.

18. Ramus, F. and Szenkovits, G. (2008) What phonological deficit? *The Quarterly Journal of Experimental Psychology*, 61: 129–41, p. 165.

索引

能力,智力的(ability, intellectual)
　　对实践研究的信念显示较少(beliefs on practical studies as indicating less),第30—31页①
　　特点和定义(characteristics and definition),第200—201页
　　多元智能模型的特点与缺陷(features and flaws of multiple intelligences model),第204—207页
　　非学术途径暗示较少的神话(myth that non-academic pathway indicates less),第21—22页
　　同时见分组、能力;智力;学习、智力的(grouping, ability; intelligence; learning, intellectual)
关于学习(哈格里夫斯)[About Learning (Hargreaves)],第226页
成绩,学生(achievement, pupil)
　　能力分组对学业的影响(effects of ability grouping on academic),第42—44页、第46—47页
　　班级规模的影响(effects of class size upon),第60—67页
　　最好和最差的差异程度(extent of difference best and worst),第10—13页
　　计算器的影响(influence of calculators on),第163—166页、164页、165页
　　电脑的影响(influence of computers on),第167—169页、168页
　　CVA作为测量的局限性(limitations of CVA as measure of),第9—10页
　　能力分组与学业的关系(relationship of ability grouping to academic),第40—41页
　　比较选择显著性(salience of selection when comparing),第8页
阿基里斯,C(Achilles, C.),第57页、第62页、第68页、第69页
获取,语言(acquisition, language)
　　屏幕曝光的争论(debates over screen exposure and),第238—239页
公共活动(activities communal)
　　情感的显著性(salience of emotions in relation to),第256页、第258页、第259页
活动,身体的(activities, physical)
　　涉及大脑的教育神话(educational myths involving brain)
　　科目(and subject of),第185—187页
活的,实践的(activities, practical)
　　关于智力方面更多的信念(beliefs about intellectual as more)
　　比……要求更高(demanding than),第

---

① 此处页码为英文原版页码,检索时可按中文版边码。——译者注

25—26 页

远离……进步的神话(myth of progress as moving away from),第 20—21 页

生活经验很少的神话(myth that life experiences are little served by),第 21 页

有限智力需要的神话(myth that limited intelligence required for),第 19—20 页、第 22—23 页

阿迪,P(Adey, P.),第 xv 页

成人,教室(adults, classroom)

作为 CSR 替代的影响(impact of additional as alternative to CSR),第 66 页

也见:类型,例如:助理、教学;教室和教学(type e. g. assistants, teaching; teachers and teaching)

年龄,孩子(age, child)

需要父母对屏幕的控制(and need for parent control of screen exposure),第 237—238 页

艾格纳-克拉克,J.(Aigner-Clark, J.),第 232—233 页

亚历山大,R.(Alexander, R.),第 117—119 页

艾伦,R.(Allen, R.),第 12 页

阿林森,C.(Allinson, C.),第 218 页、第 221 页、第 222 页

美国儿科学会(American Academy of Paediatrics),第 231 页、第 232 页

美国阅读小组(American Reading Panel),第 116 页

分析,研究(analysis, research)

关于学习风格的主题(on subject of learning styles),第 219—229 页、第 220 页、第 221 页

安德森,M.(Anderson, M.),第 191 页

焦虑(anxiety)

作为 SEAL 的可能性(as possibility in SEAL),第 154 页

方法,进步(approaches, progressive)

对读写教学理解的影响(influence on the understanding of literacy teaching),第 117—120 页

方法与学习技能(Approaches and Study Skills)

详细目录,恩特威斯尔(Inventory, Entwistle),第 218 页、第 221—222 页、第 221 页

阿普特国际(Apter International),第 218 页、第 221 页

助理,教学,见助教(assistants, teaching, see teaching assistants)

科学与发现协会中枢(Association for Science and Discovery Centres),第 132 页

教师暨讲师协会(Association of Teachers and Lecturers),第 57 页

学识,学生,见:成绩,学生(attainment, pupil, see achievement, pupil)

态度,学生(attitudes, pupil)

能力分组的影响(effects of ability grouping on),第 49—50 页

态度,社会的(attitudes, social)

职业主义的影响(vocationalism as influence),第 17 页

婴儿(babies)

控制屏幕曝光的挑战(challenges for control of screen exposure of),第 233 页

对增加屏幕曝光的担忧(concerns over increased screen exposure),第 231—232 页

需要父母对屏幕曝光的互动(need for parental interaction with screen exposure of),第 237—238 页

提高儿童电视和 DVD 观看的建议

(suggestions for enhancing child TV and DVD viewing),第239—241页

也见：认知(cognition)

班比诺·达芬奇DVD(Babino da Vinci DVD),第233页

宝宝爱泼斯坦视频(Baby Epstein video),第232—233页

宝宝伽利略DVD(Baby Galileo DVD),第233页

宝宝歌德DVD(Baby Goethe DVD),第233页

宝宝莫扎特DVD(Baby Mozart DVD),第233页

宝宝莎士比亚DVD(Baby Shakespeare DVD),第233页

糟糕的科学（戈尔达莱）(Bad Science Goldacre),第xv页

巴尔内斯,D.(Barnes, D.),第120页

巴瑟斯特,K.(Bathurst, K.),第123页

碧碧·磨碟忒DVD(Bébe Modiète DVD),第233页

行为,学生(behaviours, pupil)

助教影响的假设(assumptions about impact of TAs),第81—82页

贝尔,D.(Bell, D.),第122页

贝尔曲线,赫恩斯坦(Bell Curve, The Herrnstein),第199页

更好的学校1985年(Better Schools 1985),第99页

贝尔耶斯汀(Beyerstein),第182—183页

生物(biology)

作为诵读困难的解释(as explanation for dyslexia),第269—270页

布莱克,P.(Black, P.),第xix页

布莱尔,T.(Blair, T.),第101页,第162页

布莱奇福特,P.(Blatchford, P.),第63—64页、第68—69页、第70页

布洛尔,C.(Blower, C.),第57页

布伦吉特,D.(Blunkett, D.),第101页、第113页、第161—162页

博勒,J.(Boaler, J.),第47页

靴子纯制药公司(Boots Pure Drug Company),第112页

大脑(brain)

教育神话涉及的科目(educational myths involving subject of),第182—188页

神经神话的演化,神经科学和神经实践(evolution of neuromyths, neuroscience and neuropraxis),第180—182页、第181页

涉及神经神话的需求及建议(need and proposals for challenging neuromyths involving),第189—193页

多元智力的本土化观念(notion of localisation of in ideas of multiple intelligences),第205—206页

也见：特点的涉及,例如：认知；阅读障碍(features involving e. g cognition; dyslexia)

大脑支配仪器(赫尔曼)(Brain Dominance Instrument)(Herrmann),第218页、第221—222页、第221页

聪明宝宝（公司）(Brainy Baby)(company),第232页

布兰森,R.(Branson, R.),第208页

布雷切尔,N.(Bretscher, N.),第169页、第170页

布里格斯,I.(Briggs, I.),第218页、第221—222页、第221页

蒂姆·格豪斯(Brighouse, T.),第111页、第135页

英国难语症协会(British Dyslexia Association),第275页

英国心理学会(British Psychology Society),第234页、第268页

布里顿,J.(Britton, J.),第120页

布鲁克斯,G.(Brooks, G.),第268页

布鲁克斯,G.(Brookes, G.),第 113 页
布朗,M.(Brown, M.),第 167 页
布鲁纳,J.(Bruner, J.),第 121 页
布洛克报告(1975 年)(Bullock report, 1975),第 122 页
伯吉斯,S.(Burgess, S.),第 12 页
伯特,C.(Burt, C.),第 202 页

计算器察觉数字项目(Calculator Aware Number project, CAN),第 166—167 页
计算器和学生成绩(Calculators and pupil attainment),第 163—166 页、第 164 页、第 165 页
  政治竞争的局限性(political vie are on limitations of),第 161—162 页
  用来加强学习(use to enhance learning),第 166—167 页
加利福尼亚研究项目(California research project),第 63 页
剑桥高阶英语学习词典(Cambridge Advanced Learner's Dictionary),第 32 页
剑桥初级评论(Cambridge Primary Review),第 104 页
剑桥评论(Cambridge Review),第 117—118 页
卡梅伦,D.(Cameron, D.),第 51 页
无商业童年运动(Campaign for a Commercial-Free Childhood),第 232 页
CAN,计算器察觉数字项目(CAN, Calculator Aware Number project),第 166—167 页
凯里,J.(Carey, J.),第 187 页
卡罗尔,J.(Carroll J.),第 208 页
用手操作的案例,克劳福德(Case of Working with Your Hands, The Crawford),第 17 页、第 32 页
帽子里的猫(The Cat in the Hat),第 115 页

英国工业联合会(Confederation of British Industry, CBI),第 255 页
初等教育语言中心(Centre for Languages in Primary Education, CLPE),第 121 页
中心,户外(centres, outdoor)
  使用的障碍(barriers to use of),第 137—139 页
  学习结果的好处和局限性(benefits and limitations for learning outcomes),第 135—137 页
中心,科学(centres, science)
  非教室学习有益的要素(benefits as element of non-classroom learnin),第 133—135 页
儿童(children)
  儿童屏幕曝光控制的挑战(challenges for control of screen exposure of),第 233 页
  对不断增加屏幕曝光的忧虑(concerns over increased screen exposure),第 231—232 页
  需要父母与屏幕曝光的互动(need for parental interaction with screen exposure of),第 237—238 页
  提高儿童观看电视和 DVD 的建议(suggestions for enhancing child TV and DVD viewing,),第 239—241 页
  也见:认知;语言(cognition; language)
克拉克曼南郡识字教学理解的影响(Clackmannanshire influence on understanding of literacy teaching),第 115—117 页
克拉克,K.(Clarke, K.),第 100 页
班级,规模(classes, size of)
  小规模班级有效性特点(characteristics of effectiveness of small),第 69—70 页
  定义(definitions)
  与课堂过程相关的影响(effects in

relation to classroom processes）第
　　67—69页
　对教育成绩的影响（effects on
　　educational outcomes），第60—67页
　关于辩论的性质和驱动因素（nature and
　　drivers of debates concerning），第
　　57—59页
　未来研究的需要（need for future
　　research on），第70页
　也见：减少，班级规模（reduction, class
　　size）
教室（classrooms）
　教室外学习的好处（benefits of learning
　　outside of），第133—135页
　班级规模对教学过程的影响（effect of
　　class size on processes），第67—69页
　能力分组的特色，优势与不足（features,
　　strengths and weaknesses of ability
　　grouping in），第44—46页
　也见：成人，教室（adults, classroom）
　班级规模与学生和成人配给项目（Class
　　Size and Pupil Adult Ration [CSPAR]
　　project），第63—64页、第65页、第68
　　页、第71页
初等教育语言中心（Centre for Languages
　in Primary Education, CLPE），第121页
科克罗夫特，W.（Cockroft, W.），第100页
科菲尔德，F.（Coffield, F.），第216—229
　页、第218页、第220页、第221页
认知（cognition）
　作为诵读困难的解释（as explanation for
　　dyslexia），第270—271页
　电视和DVD观看对儿童和婴儿的影响
　　（impact of TV and DVD viewing on
　　child and baby），第235—237页
　也见：发展，认知的（development,
　　cognitive）
认知，学生（cognition, pupil）
　适当的教学对教学过程的影响（effects
　　of appropriate teaching on process
　　of），第211—212页
　也见：智力（intelligence）
认知风格量表，阿林森和海耶斯（Cognitive
　Style Index, Allinson and Hayes），第
　218页、第221页、第222页
认知风格分析，赖丁（Cognitive Styles
　Analysis, Riding），第218页、第221页
科利，H.（Colley, H.），第132—133页
探究学校数学教学委员会（Committee of
　Inquiry into the Teaching of
　Mathematics in Schools），第100页
社区（communities）
　情感与活动的显著性（salience of
　　emotions in relation to activities of），
　　第256—259页、第258页、第259页
能力（competence）
　关于智力学习的信念要求较少（beliefs
　　about intellectual learning as requiring
　　less），第25—26页
理解（comprehension）
　实践学习的信念要求较少（beliefs about
　　practical learning as requiring less），
　　第25—26页
电脑（computers）
　学生成绩（and pupil attainment），第
　　167—169页、第168页
　用来增加学习（use to enhance
　　learning），第169—170页
　重要性的看法（views on importance of），
　　第161—162页
　也见：关注周围（concerns surrounding），
　　例如：曝光、屏幕（exposure, screen）
英国工业联合会（Confederation of British
　Industry, CBI），第255页
维也纳国会（Congress of Vienna）
　传统/进步教学的主题示例（subject
　　example of traditional/progressive
　　teaching），第97—99页

语境化增值（contextualised value added, CVA）
　　最佳和最坏之间的差异程度（extent of difference between best and worst measures of），第10—13页、第14页
　　作为学生成绩评估的限制（limitations as measure of pupil achievement），第9—10页
相关, 研究（correlation, research）
　　班级规模对学生表现影响发现的应用（use in discovering effect of class size on performance），第60—61页
花费（costs）
　　户外学习应用的障碍（as barrier to use of outdoor learning），第137—138页
乡村和田野（countryside and fields）
　　使用障碍（barriers to use of），第137—139页
　　学习成绩局限及益处（benefits and limitations for learning outcomes），第135—137页
考克斯, B.（Cox, B.），第124页
手艺（crafts）
关于智力水平的信念（beliefs about intellectual level of），第26—28页
手艺人（Craftsman），森尼特（The Sennett），第28页
克雷格, C.（Graig, C.），第146页、第149页
克劳福德, M.（Crawford, M.），第17页、第32页
批判素养（critical literacy）
　　特色和使用（features and uses），第119—120页
　　批判素养和创造性写作, 霍加特（Critical Literacy and Creative Writing, Hoggart），第119—120页
克罗斯, J.（Cross, J.），第130—131页
班级规模与学生和成人配给项目（Class Size and Pupil Adult Ration［CSPAR］project），第63—64页、第65页、第68页、第71页
CSR 见：减少, 班级规模（reduction, class size）
CVR（语境化增值）（contextualised value added, CVA）
　　最佳和最坏之间的差异程度（extent of difference between best and worst measures of），第10—13页、第14页
　　作为学生成绩评估的限制（limitations as measure of pupil achievement），第9—10页

达马西奥, A.（Damasio A.），第23、25页
资料（data）
　　阻碍学校的挑战（challenges of hindering school）
　　智力评估（quality evaluation），第6—8页
　　获得准确的困难（difficulty of obtaining for accurate）
　　医院评估（hospital evaluation），第5页
资料, 大脑（data, brain）
　　在解释和使用中需要谨慎（need for caution in interpretation and use），第191—192页
Ddat 项目（阅读障碍和运动障碍的治疗）（dyslexia, dyspraxi attention treatment），第186页
去情境化（decontextualisation）
　　学习风格弱点的凸显（salience as weakness of learning style claims），第223—224页
德·蒙田, M.（De Montaigne, M.），第215页、第216页
教育部（Department for Education, DfE），第61页、第247页
调度（deployment）

助教有效调度的影响项目（impact of Effective Deployment of TA project on），第 89 页

助教有效调度的建议（proposals for effective deployment of TAs），第 87—89 页

对助教有效影响的突出因素（salience as element impacting on TA effectiveness），第 86 页

后勤人员的调度与影响项目（Deployment and Impact of Support Staff ［DISS］ project），第 80—83 页、第 84—87 页、第 89 页

非政治化（depoliticisation）
    学习风格弱点的凸显（salience as weakness of learning style claims），第 223—224 页

笛卡尔的错误（Descartes' error）
    历史，相关性和影响力（history, relevance and influence of approach），第 23—25 页

设计，总截面（design, gross sectional）
    用于发现班级规模对学生表现的影响（use in discovering class size effect on performance），第 60—61 页

发展，大脑（development, brain）
    教育神话涉及的科目（educational myths involving subject of），第 184—185 页
    也见：培训，大脑（training, brain）

发展，认知（development, cognitive）
    收缩学习的影响因素（impact as element constricting learning），第 254—256 页
    情绪智力的显著性（salience of emotional intelligence and），第 245—247 页

发展，社会性（development, social）
    助教对学生影响的假设（assumptions about impact of TAs on pupil），第 81—82 页

杜威，J.（Dewey, J.），第 103 页、第 118 页、第 121 页、第 216 页

DfE，教育部（Department for Education），第 61 页、第 247 页

狄更斯，C.（Dickens, C.），第 215 页、第 216 页

数字视频光盘（digital video discs［DVDs］）
    年龄相关的暴露差异及家长控制的需要（age-related exposure differences and need for parent control），第 237—238 页
    控制观看的挑战（challenges for control of viewing of），第 233 页
    儿童暴露增加的关注（concerns over increased exposure by children），第 231—232 页
    工业的历史发展（historical development of industry），第 232—233 页
    对儿童及婴儿认知的影响（impact on child and baby cognition），第 235—237 页
    对语言习得的影响（impact on language acquisition），第 238—239 页
    提高儿童观看的建议（suggestions for enhancing child viewing），第 239—241 页
    教育的利用价值（value of educational utilisation of），第 234—235 页

数字化，媒体（digitisation, media），见：媒体，数字化（media, digitised）

狄龙，J.（Dillon, J.），第 xix 页

纪律，教育的（disciplines, educational）
    构建神经神话桥梁的挑战（building bridges between as challenge to neuromyths），第 189 页

DISS，后勤人员的调度与影响项目（Deployment and Impact of Support Staff project），第 80—83 页、第 84—87 页、第 89 页

多尔项目(Dore programme),第 186 页

陀思妥耶夫斯基,F.(Dostoevsky, F.),第 215 页

唐尼,C.(Downey, C.),第 147 页

邓恩,K.(Dunn, K.),第 218 页、第 221 页、第 223 页

邓恩,R.(Dunn, R.),第 218 页、第 221 页、第 223 页

杜普雷,E.(DuPre, E.),第 150 页

杜尔拉克,J.(Durlak, J.),第 150 页、第 151 页

光盘(DVDs),见:数字视频光盘(digital video discs)

德威克,C.(Dweck, C.),第 202 页

阅读障碍(dyslexia)
    生物学和认知的解释(biological and cognitive explanations),第 269—271 页
    面对的问题(fact of problem of),第 263—264 页
    定义的特色与问题(features of and problem of definition),第 264—269 页
    案例中介入的问题(problem of intervention in cases),第 272—275 页

阅读障碍和运动障碍的治疗项目(dyslexia, dyspraxi attention treatment [ddat]program),第 186 页

阅读障碍友好学校倡议(Dyslexia Friendly Schools initiative),第 275 页

埃克尔斯通,K.(Ecclestone K.),第 146 页、第 216—229 页、第 218 页、第 220 页、第 221 页

EDTA,教学助理有效性调度项目(Effective Deployment of Teaching Assistants project),第 87—88 页、第 89—92 页

教育(education)
    神经科学研究的历史(history of research on neuroscience and),第 181—182 页、第 181 页
    神经神话涉及的主题(neuromyths involving subject of),第 182—188 页
    挑战神经神话的建议(proposals for challenging neuromyths of),第 189—193 页
    神经系统的显著性(salience of neuromyths for system),第 188—189 页
    也见:学习(learning)

教育,正式的(education, formal)
    定义和特色(definition and characteristics),第 130—132 页、第 131 页
    也见:影响(influences),例如:位置,学习(locations, learning)

教育,进步的(education, progressive)
    传统的有效性争论(debates on effectiveness of traditional over),第 104—107 页
    传统教育的差异(differences with traditional education),第 96 页
    传统对立二分法问题(problems of dichotomy of traditional versus),第 97—99 页
    政府与政治家的观点(views of governments and politicians),第 99—104 页

教育,传统的(education, traditional)
    进步主义的有性争论(debates on effectiveness of versus progressivism),第 104—107 页
    进步教育的差异(differences with progressive education),第 96 页
    递进对立的二分法问题(problems of dichotomy of progressive versus),第 97—99 页
    政府与政治家的观点(views of governments and politicians),第 99—

104页

作为对话的教育（亚历山大）（Education As Dialogue [Alexander]），第118页

教学助理有效性调度项目（Effective Deployment of Teaching Assistants project），第87—88页、第89—92页

有效性（effectiveness）

 解释学习成绩对助教的影响（explanations for outcome impacts of TA），第84—87页、第85页

 助教的范围和可能性（extent and possibilities for TA），第89—90页

 关于助教假设的来源和原因（sources and reasons for assumptions about TA），第82—84页

艾略特，T.（Elliott, T.），第123页

艾略特，J.（Elliott, J.），第266页

埃利斯，B.（Ellis, B.），第136页

埃利斯，S.（Ellis, S.），第116页

情绪智力（emotional intelligence，EI）

 作为SEAL建立的框架（as Framework upon which SEAL founded），第144页

 情绪素养比较（comparison with emotional literacy），第251—254页、第252页

 个人主义的定义，重要性和显著性（definition, importance arid salience of individualism），第245—247页

 学校实践的突出的案例（examples of salience from school practice），第247—251页、第249页

情绪智力，戈尔曼（Emotional Intelligence, Goleman），第246页

情商（emotional quotient，EQ）

情绪（emotions）

 助教对学生影响的假设（assumptions about impact of TAs on pupil），第81—82页

 公共活动的显著性（salience in relation to communal activity），第256—259页、第258页、第259页

员工、学校（employees, school）

 改造的目的和风格（purpose and style of remodelling of）

 也见：特殊的（specific），例如：助理，教学；教师与教学（assistants, teaching; teachers and teaching）

英格兰（England）

 政治家关于适合教学风格的观点（politician views of appropriate teaching styles），第99—104页

恩特威斯尔，N.（Entwistle, N.），第218页、第221—222页、第221页、第225—226页

EQ（情商）（emotional quotient），第246—247页

评估（evaluation）

 阻碍学校的挑战（challenges hindering school），第6—8页

 医院准确性的复杂性（complexity of for accuracy of hospital），第3—6页

 也见：措施（measures of），例如：语境化增值（contextualised value added）

 也见：科目评估（ubjects evaluated），例如：性能和质量，学校（performance and quality, school）

艾佛逊，C.（Evertson, C.），第69页

证据（evidence）

 SEAL发展可能性的忽视及缺乏（absence and ignoring of as possibility in SEAL development），第154页

 性智力的可修改性（modifiability of intelligence），第210—212页

 使用计算器的学生成绩（of pupil achievement using calculators），第163—166页、第164页、第165页

 使用电脑的学生成绩（of pupil achievement using computers），第

167—169 页、第 168 页
　　SEAL 项目建立的基础（upon which SEAL programme was based），第 146—147 页、第 147 页
卓越学校，1997（Excellence in schools, 1997），第 43 页
期望，教师（expectations, teacher）
　　能力分组的影响（effects of ability grouping on），第 48—49 页
实验，研究（experimlents, research）
　　班级规模对学生表现影响发现的应用（use in discovering effect of class size on performance），第 62—63 页
解释，教育的（explanation, educational）
　　构建神经神话桥梁的挑战（building bridges between levels of as challenge to neuromyths），第 189—190 页
曝光，屏幕（exposure, screen）
　　年龄相关的差异和家长互动的需要（age-related differences and need for parent interaction），第 237—238 页
　　控制的挑战（challenges for control of），第 233 页
　　对儿童的担忧增加（concerns over increased by children），第 231—232 页
　　对认知的影响（impact on cognition），第 235—237 页
　　对语言习得的影响（impact on language acquisition），第 238—239 页
　　加强儿童的建议（suggestions for enhancing child），第 239—241 页
　　教育的利用价值（value of educational utilisation），第 234—235 页

联邦贸易委员会（美国）（Federal Trade Commission [USA]），第 232 页
　　田野和农村（fields and countryside）
　　使用的障碍（barriers to use of），第 137—139 页
　　学习结果的好处和局限性（benefits and limitations for learning outcomes），第 135—137 页
结果，研究（findings, research）
　　关于学习风格的主题（on subject of learning styles），第 219—229 页、第 220 页、第 221 页
芬恩，J.（Finn, J.），第 62 页、第 68 页
弗林对智力的影响（Flynn effect on intelligence），第 210—211 页
智力的结构，加德纳（Frames of Mind, Gardner），第 204—205 页
情绪智力的框架和类型（frameworks and typologies emotional intelligence），第 144 页
弗雷泽，J.（Fraser, J.），第 256 页
骗子，自我（fraud, self-）
　　SEAL 发展的可能性（as possibility in SEAL development），第 153—154 页
弗瑞林，C.（Frayling, C.），第 24 页
友谊，学生（friendships, pupil）
　　能力分组的影响（effects of ability grouping on），第 49—50 页

加尔，F.（Gall, F.），第 180 页
高尔顿，M.（Galton, M.），第 69 页
加德纳，H.（Gardner, H.），第 199 页、第 204—205 页、第 222 页
吉（Gee），第 199 页
詹格雷科，M.（Giangreco, M.），第 87 页
吉布，N.（Gibb, N.），第 102 页、第 161 页、第 163 页
格拉德韦尔，M.（Gladwell, M.），第202 页
克拉斯，G.（Class, G.），第 61 页、第 67 页
戈尔德，T.（Gold, T.），第 xix 页
戈尔达莱，B.（Goldacre, B.），第 xv 页、第 xvii 页、第 xix 页
戈尔曼，D.（Goleman, D.），第 144 页、第

145 页、第 148 页、第 149 页、第 246 页、第 247 页

古德曼,K.(Goodman, K.),第 272 页

戈斯瓦米,U.(Goswami, U.),第 115 页

戈夫,M.(Gove, M.),第 13 页、第 101 页、第 102 页、第 112 页、第 162 页、第 169 页、第 247 页

政府(governments)

  文化水平的历史(history of concern over literacy levels),第 111—113 页

  学生计算器和计算机使用的看法(views on pupil calculator and computer usage),第 161—162 页

  传统教育和进步教育的看法(views on traditional and progressive education),第 99—104 页

  原音拼合法使用的看法(views on use of synthetic phonics),第 113—115 页、第 117—118 页

格雷,G.(Gray, G.),第 145 页

大奥蒙德儿童医院,(Great Ormond Street Hospital for Children),第 13 页

格林伯格(Greenburg),第 153 页

格雷戈克,A.(Gregorc, A.),第 218 页、第 221 页

格里戈连科,E.(Grigorenko, E.),第 266 页

分组,能力(grouping, ability)

  未来的考虑和结论(considerations and conclusions for future of),第 50—52 页

  对成绩的影响(effects on achievement),第 46—47 页

  班级中特色,优点和缺点(features, strengths and weaknesses of in class),第 44—46 页

  社会经济地位的影响(impact of socio-economic status),第 40—41 页

  理由(rationale for),第 38—39 页

  成绩和表现的关系(relationship with achievement and performance),第 40—41 页

  也见:各方面的影响(aspects influenced),例如:态度,学生;期望,教师;友谊,学生;学习,学生;自我概念;教师和学习(attitudes, pupil; expectations, teacher; friendships, pupil; learning, pupil; self concept; teachers and teaching)

  也见:类型(types),例如:情境,能力,分组,能力(setting, ability; streaming, ability)

哈多报告 1931(Hadow report 1931),第 103 页

霍尔,E.(Hall, E.),第 216—229 页、第 218 页、第 220 页、第 221 页

哈勒姆,S.(Hallam, S.),第 44 页、第 47 页

汉纳谢克,E.(Hanushek, E.),第 58 页

哈格里夫,D.(Hargreaves, D.),第 226 页

哈蒂,J.(Hattie, J.),第 61 页

海耶斯,D.(Hayes, D.),第 146 页

海耶斯,J.(Hayes, J.),第 218 页、第 221 页、第 222 页

健康和安全(health and safety)

  户外学习的障碍(as barrier to use of outdoor learning),第 138 页

希思,S.(Heath, S.),第 119 页

皇家督学(Her Majesty's Inspectorate, HMI),第 100 页

赫恩斯坦,R.(Herrnstein, R.),第 199 页

赫尔曼,W.(Herrmann, W.),第 218 页、第 221—222 页、第 221 页

希波克拉底(Hippocrates),第 179 页

HMI,皇家督学(Her Majesty's Inspectorate),第 100 页

霍金森,P.(Hodkinson, P.),第 132 页

霍夫曼，D.（Hoffman, D.），第 151 页

霍夫曼，M.（Hoffman, M.），第 247—248 页

霍尼，P.（Honey, P.），第 216 页、第 218 页、第 221 页

霍加特，R.（Hoggart, R.），第 119—120 页

医院(hospitals)

评价标准和精度的复杂性（complexity of evaluation criteria and accuracy），第 3—6 页

医院标准化死亡率（Hospitals Standardized Mortality Ratio, HSMR），第 4 页、第 5 页、第 9 页、第 13 页

下议院教育委员会和技能委员会（House of Commons Education and Skills Committee），第 137—138 页

霍华德·琼斯（Howard Jones），第 188—189 页

汉弗莱，N.（Humphrey, N.），第 146 页、第 147 页

无知(ignorance)

阅读障碍知识与治疗问题（as problem for dyslexia knowledge and treatment），第 275 页

ImpaCT$_2$ 研究（ImpaCT$_2$ study），第 168 页

包括(inclusion)

作为教学助理作用的目的（as purpose of TA roles），第 78 页

个人主义(individualism)

情绪智力的显著性（salience of emotional intelligence），第 245—254 页、第 249 页、第 252 页

非正式学习，克罗斯（Informal Learning, Cross），第 130 页

克服扫盲障碍的调查报告 2011 年（Inquiry into Overcoming the Barrier to Literacy report 2011），第 117 页

智力(intelligence)

需要限制的实践活动信念（beliefs about practical activities requiring limited），第 25—26 页

实践性学习信念（beliefs about practical learning requiring），第 26—28 页

改变形象（changing images of），第 31—33 页

类型之间的相关性（correlations between types of），第 207—209 页，第 209 页

需要限制的实践神话（myth that practical activities require limited），第 19—20 页、第 22—23 页

可塑性和可变性的特点（salience of plasticity and modifiability of），第 209—212 页

也见：能力，智力的；情商；智能学习；推理，智力的（ability, intellectual; emotional intelligence; learning intellectual; reasoning, intellectual）

智力,情感的（intelligence, emotional），见：情商（emotional intelligence）

智力,固定的（intelligence, fixed）

概念的特色、优点和缺点（features, strengths and weaknesses of notion），第 200—204 页

智商（intelligence quotient, IQ）

定义和特色（definition and characteristics），第 246—247 页

诊断阅读障碍的使用（use in diagnosing dyslexia），第 267 页

智能,多重的（intelligences, multiple）

能力模型的特点与缺陷（characteristics and flaws as model of ability），第 204—207 页

交互式白板（interactive white boards, IWBs）

数学学习的影响（effect on learning of mathematics），第 170 页

使用的技术（use with technologies），第170页

解释，大脑数据（interpretation, brain data）

  神经神话挑战的警告（caution in as challenge to neuromyths），第191—192页

介入（intervention）

阅读障碍的困难（difficulties in cases of dyslexia），第272—275页

学习风格清单（佛蒙特州）（Inventory of Learning Styles）（Vermont），第218页、第221页、第226页

IQ（intelligence quotien）

  定义和特色（definition and characteristics），第246—247页

  诊断诵读困难的使用（use in diagnosing dyslexia），第265—266页、第267页

艾尔森，J.（Ireson, J.），第44页

艾维，S.（Ivie, S.），第216页

IWBs交互式白板（interactive white boards）

  数学学习的影响（effect on learning of mathematics），第170页

  使用的技术（use with technologies），第170页

杰克逊，C.（Jackson, C.），第218页、第221页、第222页

约翰逊，R.（Johnson, R.），第115页

根据成绩分组的乔普林计划（Joplin plan of grouping by achievement），第43页

约瑟夫，K.（Joseph, K.），第100页

保持跟踪，奥克斯（Keeping Track, Oakes），第38页

肯尼迪，R.（Kennedy, R.），第181页

克林伯格，T.（Klingberg, T.），第187—188页

知识，智力的（knowledge, intellectual）

  接受进步的信念（beliefs on acceptance of progress），第29—30页

  进步顶峰可接受的神话（myth of acceptance as pinnacle of progress），第20—21页

科尔布，D.（Kolb, D.），第215页、第216页、第218页、第221页

克雷斯，G.（Kress, G.），第124页

库奇尔科娃，N.（Kucirkova, N.），第234页

库利克，C-L.（Kulik, C-L.），第42页

库利克，J.（Kulik, J.），第42页

实验室（laboratories）

  构建学校与研究之间的桥梁（building bridges between research by schools and），第190—191页

  需要谨慎地从研究中推论（need for caution in making inferences from research from），第192—193页

语言（language）

  辩论屏幕曝光习得（debates over screen exposure and acquisition of），第238—239页

  作为学习风格要素的重要性（importance as elements of learning styles），第225—226页

  识字观念的重要性（importance in notion of literacy），第120—123页

语言，学习者和学习，巴尔内斯（Language, the Learner and the School, Barnes），第120页

学习（learning）

  培养大脑的教育神话（educational myth that training of brain enhances），第187—188页

  也见：教育；风格；学习（education; styles, learning）

也见：特征(features)，例如：发展，认知的(development, cognitive)

也见：工具(tools)，例如：媒介，数码化(media, digitised)

学习,智力的(learning, intellectual)

 实践学习的信念比要求要低(beliefs about practical learning as less demanding than)，第25—26页

 实践学习信念的要求(beliefs about practical learning requiring)，第26—28页

 涉及生活准备的最好信念(beliefs on life preparation as best involving)，第30页

 信念远离概念进步的信念(beliefs on progress as moving away from concept of)，第29—30页

 仅涉及生活准备的神话(myth of life preparation as solely involving)，第21页

 实践学习的神话比要求要低(myth of practical learning as less demanding than)，第19—20页、第22—23页

 仅走向进步的神话(myth of progress as solely moving towards)，第20—21页

 也见：能力,智力的(ability, intellectual)

 也见：影响因素的现状(elements affecting status)

 例如：笛卡尔方法(Descartes' approach)

学习,实践的(learning, practical)

 智力的信念比要求更多(beliefs about intellectual as more demanding than)，第25—26页

 智力需求信念(beliefs about intelligence requirement for)，第26—28页

 关于成熟的信念(beliefs about sophistication of)，第28—29页

 远离概念进步的信念(beliefs on progress as moving away from concept of)，第29—30页

 智力神话比要求更高(myth of intellectual as more demanding than)，第19—20页、第22—23页

 远离进步的神话(myth of progress as moving away from)，第20—21页

 通过更大的智力投入来改善自尊的神话(myth that esteem of is improved by greater intellectual input)，第22页

 有很少生活经验的神话(myth that life experiences are little served by)，第21页

 也见：职业主义(vocationalism)

 也见：影响因素的现状(elements affecting status)

 例如：笛卡尔方法(Descartes' approach)

学习,学生(learning, pupil)

 能力分组的影响(effects of ability grouping on)，第47—48页

 提高教计算器的使用(use of calculators to enhance)，第166—167页

 提高电脑的使用(use of computers to enhance)，第169—170页

 关于计算器和电脑的观点(views on calculators and computers for)，第161—162页

 也见：结果(outcome)，例如：成绩,学生(achievement, pupil)

 也见：个别的(particular)，例如计算能力(numeracy)

学习和技能开发机构(Learning and Skills Development Agency)，第216—217页

学习风格量表,科尔布(Learning Style Inventory, Kolb)，第215页、第218页、第221页

学习风格问卷,邓恩(Learning Style Questionnaire, Dunn)，第218页、第221页、第223页

学习风格问卷,霍尼和芒福德(Learning

Style Questionnaire, Honey and Murnford),第216页、第218页、第221页

波斯特-16学习风格与教学,2004年(Learning Styles and Pedagogy in Post-16 Learning, 2004),第217页

学习风格剖析器,杰克逊(Learning Styles Profiler, Jackson),第218页、第221页、第222页

伦德拉姆,A.(Lendrum, A.),第147页

莱尔曼,S.(Lerman, S.),第170页

莱弗休姆计算能力研究计划(Leverhulme Numeracy Research Programme),第167页

勒温,T.(Lewin, T.),第232页

生活(life)

  学术学习作为最佳生活准备的信念(beliefs on academic learning as best life preparation),第30页

  神话认为学术学习比实践准备要好的神话(myth that academic learning is better preparation than practical),第21页

林,S.(Linn, S.),第232页

读写能力(literacy)

  原音拼合法的定义,特色和使用(definition, features and use of synthetic phonics),第113—120页

  关注层次的历史(history of concerns over levels of),第111—113页

  意义和快乐的显著性(salience of meaning and pleasure),第120—123页

  也见:问题的预防(problems preventing),例如:阅读障碍(dyslexia)

  也见:方法;类型和结果(methods types and outcomes),例如:方法,进步;批判素养;语音学(approaches, progressive; critical literacy; phonetics)

素养,情感的(literacy, emotional)

  和情商的比较(comparison with emotional intelligence),第251—254页、第252页

  公共活动的显著性(salience in relation to communal activity),第256—259页、第258页、第259页

定位,大脑(localization, brain)

  对多元智能思想的概念的突出(salience of notion in ideas of multiple intelligences),第205—206页

位置,学习(locations, learning)

  与非课堂相关的好处和因素(benefits and factors associated with non-classroom),第133—135页

  也见:特殊的(specific),例如:教室;乡下和田野;博物馆;公园(classrooms; countryside and felds; museums; parks)

位置,学校(locations, school)

  与评估成就有关的显著性(salience in relation to evaluating achievement),第12页

纵向主义(longitudinalism)

  用于发现班级人数对成绩的影响(use in discovering effect of class size on performance),第63—64页

卢,Y.(Lou, Y.),第45页

麦金托什(Mcintosh),第188页

梅杰,J.(Major, J.),第100页

马尔科姆,J.(Malcolm, J.),第132页

曼德勒,J.(Mandler, J.),第234—235页

操作,象征(manipulation, symbol)

  进步顶峰可接受的信念(beliefs on acceptance as pinnacle of progress),第29—30页

  进步顶峰可接受的神话(myth of acceptance as pinnacle of progress),第20—21页

马林,M.(Marrin, M.),第38页

相配假说(matching hypothesis)
　　相关的教学风格(relevance for teaching styles),第226—227页
数学(mathematics)
　　交互式白板对学习的影响(effect of IWBs on learning of),第170页
　　合适教学风格的观点(views of appropriate teaching styles),第99—104页
　　也见:计算能力(numeracy)
马西森,J.(Mathison, J.),第186—187页
马修斯,B.(Matthews B.),第253页
迈尔,J.(Mayer, J.),第246页
意义(meaning)
　　学习识字的重要性(significance in learning of literacy),第120—123页
媒介,数码化(media, digitised)
　　年龄相关的暴露差异及家长控制的需要(age-related exposure differences and need for parent control),第237—238页
　　控制观看的挑战(challenges for control of viewing of),第233页
　　儿童暴露增加的关注(concerns over increased exposure by children),第231—232页
　　工业的历史发展(historical development of industry),第232—233页
　　对认知的影响(impact on cognition),第235—237页
　　对语言习得的影响(impact on language acquisition),第238—239页
　　提高儿童观看的建议(suggestions for enhancing child viewing),第239—241页
　　教育的利用价值(value of educational utilisation of),第234—235页
米克,M.(Meek, M.),第120页、121页

媒体分析,研究(media-analysis, research)
　　班级规模对学生表现影响发现的应用(use in discovering effect of class size on performance),第61—62页
方法论,研究(methodology, research)
　　关于学习风格的主题(on subject of learning styles),第217—219页、第218页
大脑工作,罗斯(Mind at Work, The Rose),第27页
模型(models)
　　学习风格(learning style),第216—229页、第218页、第220页、第221页
现代教育和经典,埃利奥特(Modern Education and the Classics, Eliott),第123页
可修改性和可塑性(modifiability and plasticity)
　　智力的显著性(salience in relation to intelligence),第209—212页
莫尼兹,A.(Moniz, A.),第181页
蒙特梭利,M.(Montessori, M.),第103页
莫里斯,E.(Morris, E.),第79页
莫蒂默,P.(Mortimore, P.),第62页
摩斯利 D.(Moseley, D.),第216—219页、第218页、第220页、第221页
动机风格简介,阿普特(Motivational Style profile, Apter),第218页、第221页
芒福德,A.(Mumford, A.),第216页、第218页、第221页
默里,C.(Murray, C.),第199页
博物馆(museums)
　　无教室学习的有益因素(benefits as element of non-classroom learning),第133—135页
迈尔斯,P.(Myers, P.),第218页、第221—222页、第221页
网址:MyMaths.co.uk,第169页
神话,神经科学(myths, neuroscientific),

见：神经科学的神话（neuromyths）

NAEP 国家教育进步评估调查，美国（National Assessment of Educational Progress survey, USA），第 168 页

国家协议：提高处理工作量的标准 2003 年（National Agreement: Raising Standards in Tackling Workload, 2003），第 79 页

国家教育进步评估调查（National Assessment of Educational Progress survey, NAEP），第 168 页

教育研究基金会（National Foundation For Educational Research, NFER），第 122 页

国家健康和临床研究所（National Institutes of Health and Clinical Excellence），第 150 页

国家文化战略（National Literacy Strategy, NLS），第 114 页

国家计算战略（National Numeracy Strategy），第 163 页

通过自然培育，里德利（Nature Via Nurture, Ridley），第 202 页

纽伯特报告 1921 年（Newbolt report, 1921），第 112 页

神经的神话（neuromyths）

 与神经系统和神经科学共同进化（co-evolution with neuropraxis and neuroscience），第 180—182 页、第 181 页

 普通教育（common educational），第 182—188 页

 挑战教育的需要与建议（need and proposals for challenging educational），第 189—193 页

 教育系统的显著性（salience for educational system），第 188—189 页

神经实践（neuropraxis）

 与神经系统和神经科学共同进化（co-evolution with neuropraxis and neuroscience），第 180—182 页、第 181 页

神经科学（neuroascience）

 与神经系统和神经科学共同进化（co-evolution with neuropraxis and neuroscience），第 180—182 页、第 181 页

《纽约时报》（New York Times），第 232 页、第 233 页

NFER 教育研究基金会（National Foundation For Educational Research, NFER），第 122 页

NLS 国家文化战略（National Literacy Strategy），第 114 页

诺伍德报告 1943 年（Norwood report, 1943），第 112 页

计算能力（numeracy）

 增加使用计算机（computer use to enhance），第 169—170 页

 计算器的影响（influence of calculators on），第 163—166 页、第 164 页、第 165 页

 电脑的影响（influence of computers use on），第 167—169 页、第 168 页

 增加使用计算机（use of calculator to enhance），第 166—167 页

奥克斯，J.（Oakes, J.），第 38 页、第 40 页

奥兹，T.（Oales, T.），第 101—102 页

英国教育标准局（OFSTED），第 122—123 页、第 135—136 页、第 171 页

奥本海默，F.（Oppenheimer, F.），第 133 页

经济合作与发展组织（Organization for Economic Co-operation and Development, OECD），第 11 页、第 164 页

结果，学生（outcomes, pupil）

 助教支持性影响的假设（assumptions supporting impact of TAs），第 80—82 页

索引 251

班级规模对教育的影响（effect of class size upon educational），第60—67页

助教影响的解释（explanations for impact of TAs on），第84—87页、第85页

户外（outdoors）
　使用的障碍（barriers to use of），第137—139页
　学习结果的好处和局限性（benefits and limitations for learning outcomes），第135—137页

异常值，格拉德韦尔（Outliers, Gladwell），第202页

牛津阅读树系列（Oxford Reading Tree），第115页

帕拉维奇尼，D.（Paravicini, D.），第207页

父母（parents）
　需要对儿童和婴儿屏幕曝光的控制（need for control of child and baby screen exposure by），第237—238页

公园（parks）
　使用的障碍（barriers to use of），第137—139页
　学习结果的好处和局限性（benefits and limitations for learning outcomes），第135—137页

帕什拉，H.（Pashlar H.），第226—227页

皮克，K.（Peek, K.），第207页

表现，学术的（performance, academic）
　能力分组的影响（effects of ability grouping on），第42—44页、第46—47页
　能力分组的关系（relationship of ability grouping to），第40—41页

表现和质量，学校（performance and quality, school）
　对学校过于简单化的危险（danger of simplistic views on school），第3页

阻碍评估资料与概念的挑战（data and conceptual challenges hindering evaluation），第6—8页

决定最佳的困难和挑战（difficulty and challenges in deciding best），第8—10页

最佳和最坏之间的差异程度（extent of difference between best and worst），第10—13页

个人、健康和社会教育（PHSE）课程（Personal, Health and Social Education curriculum），第245页

彼得森，E.（Peterson, E.），第225—226页

菲利普斯，M.（Phillips, M.），第124页

语音学，分析（phonetics, analytic）
　原音拼合法比较（comparison with synthetic phonics）

自然拼读法，合成的（phonics, synthetic）
　阅读教学的定义、特点及应用（definition, features and use in teaching reading），第113—120页

PHSE个人、健康和社会教育课程（Personal, Health and Social Education curriculum），第245页

皮亚杰，J.（Piaget, J.），第20页

PIRLS国际阅读素养研究进展（Progress in International Reading Literacy Study），第113页、第122页

PISA国际学生评估项目（Programme for International Student Assessment），第11页、第12—13页、第40—41页、第100页、第102—103页、第164页

可塑性和可修改性（plasticity and modifiability）
　智力的显著性（salience in relation to intelligence），第209—212页

娱乐（pleasure）
　学习识字的重要性（significance in

learning of literacy),第 120—123 页

普鲁明,P.(Plomin. P.),第 201—202 页

普洛登报告 1967 年(Plowden report, 1967),第 78 页、第 103 页

普朗克,S.(Plunkett, S.),第 171 页

政策(policies)

    发展中研究的作用(role of research in development of),第 148 页

    SEAL 的支持出现(supporting emergence of SEAL),第 145—146 页

    也见:政府(governments)

政治家和政治(politicians and politics)

    文化水平的历史(history of concern over literacy levels),第 111—113 页

    学生计算器和计算机使用的看法(views on pupil calculator and computer usage),第 161—162 页

    传统教育和进步教育的看法(views on traditional and progressive education),第 99—104 页

    原音拼合法使用的看法(views on use of synthetic phonics),第 113—115 页、第 117—118 页

准备(preparedness)

    助教有效调度的影响项目(impact of Effective Deployment of TA project on),第 88 页

    对助教有效影响的突出因素(salience as element impacting on TA effectiveness),第 85 页

普华永道(PricewaterhouseCooper, PwC),第 79 页、第 83 页

黄金时段的研究项目(Primetime research project),第 63 页

普林格尔·摩根(WPringle Morgan, W.),第 264 页

过程,教室(processes, classroom)

    班级规模的影响(effective of class size on),第 67—69 页

国际学生评估项目(Programme for International Student Assessment, PISA),第 11 页、第 12—13 页、第 40—41 页、第 100 页、第 102—103 页、第 164 页

进步,学术的(progress, academic)

    能力分组的影响(effects of ability grouping on),第 42—44 页、第 46—47 页

    能力分组的关系(relationship of ability grouping to),第 40—41 页

进步,教育的(progress, educational)

    接受的信念(beliefs on acceptance of progress),第 29—30 页

    推理、知识和符号操纵的神话(myth of reasoning, knowledge and symbol manipulation as),第 20—21 页

国际阅读素养研究进展(Progress in International Reading Literacy Study, PIRLS),第 113 页、第 122 页

进步主义(progressivism)

    传统主义有效性的辩论(debates on effectiveness of traditionalism over),第 104—107 页

    传统方法的差异(differences with traditional approach),第 96 页

    传统主义诗的二分法的问题(problems of dichotomy of traditionalism verses),第 97—99 页

    政府与政治家的观点(views of governments and politicians),第 99—104 页

学生教师比(PTRs),见:比率,学生-教师(ratios, pupil-teacher)

学生(pupils)

    最佳和最坏之间的差异程度(extent of difference between best and worst measures of),第 10—13 页

    也见:成绩,学生;行为,学生;情感;学习,学生;结果,学生;选择,学生;思

索引 253

维，学生（achievement, pupil; behaviours, pupil; emotions; learning, pupil; outcomes, pupil; selection, pupil; thinking, pupil)

学生，年轻(pupils, young)
  作为小班的受益者（as beneficiaries of small class sizes），第 64 页

PwC 普华永道（PricewaterhouseCooper），第 79 页、第 83 页

资格及课程发展署（Qualifications and Curriculum Development Agency, QCDA），第 103 页

质量和表现，学校（quality and performance, school），见：表现和质量，学校（performance and quality, school）

古斯塔·伊本·卢卡（Qusta ibn Luqa），第 180 页

《雨人》（电影）（Rain Man），第 207 页

雷默斯，F.（Ramus, F.），第 275 页

比率，学生-教师（ratios, pupil-teacher)
  教室额外的成年人替代影响（impact of additional classroom adults as alternative），第 66 页
  研究结果的忽视（neglect of study of outcomes and），第 66—67 页
  受益期（period of time of benefit of），第 65 页
  班级规模界定的作用（role in defining class size），第 59—60 页
  年轻的学生为受益人（young pupils as beneficiaries of），第 64 页

减少，班级规模（reduction, class size, CSR）
  教室额外的成年人替代影响（impact of additional classroom adults as alternative），第 66 页
  研究结果的忽视（neglect of study of outcomes and），第 66—67 页
  受益期（period of time of benefit of），第 65 页
  班级规模界定的作用（role in defining class size），第 59—60 页
  年轻的学生为受益人（young pupils as beneficiaries of），第 64 页

阅读（reading）
  原音拼合法的定义，特色和使用（definition, features and use of synthetic phonics），第 113—120 页
  关注层次的历史（history of concerns over levels of），第 111—113 页
  意义和快乐的显著性（salience of meaning and pleasure），第 120—123 页
  也见：问题的预防（problems preventing），例如：阅读障碍（dyslexia）

阅读目的和乐趣（Reading for Purpose and Pleasure, OFSTED），第 123 页

推理，智力的（reasoning, intellectual）
  进步顶峰可接受的信念（beliefs on acceptance as pinnacle of progress），第 29—30 页
  进步顶峰可接受的神话（myth of acceptance as pinnacle of progress），第 20—21 页

减少，班级规模（reduction, class size, CSR）
  教室额外的成年人替代影响（impact of additional classroom adults as alternative），第 66 页
  研究结果的忽视（neglect of study of outcomes and），第 66—67 页
  受益期（period of time of benefit of），第 65 页
  班级规模界定的作用（role in defining class size），第 59—60 页
  年轻的学生为受益人（young pupils as beneficiaries of），第 64 页

关系(relationships)
  情绪智力要素的重要性(importance as element of emotional intelligence),第249—251页
研究(research)
  关于职业教育与知识教育的信念(beliefs about vocational versus intellectual),第25—31页
  教育神经神话的挑战(challenge to educational neoromyths),第190—191页
  班级规模对教育成绩的影响(effect of class size on educational outcomes),第60—64页
  政策制定中作用的例子(example of role in policy development),第148页
  关于班级规模未来的需求(future need for on class size),第70页
  学习风格的方法和结果(methods and findings of learning style),第216—229页、第218页、第220页、第221页
  职业与智力教育的迷思(myths surrounding vocational versus intellectual education),第19—25页
  需要谨慎作出推论(need for caution in making inferences from),第192页
  关于教学助理影响的假设(on assumptions about impact of TAs),第82—84页
  也见:地点(locations),例如:实验室(laboratories)
  也见:特别的(specific),例如:教学助理有效部署项目(Effective Deployment of Teaching Assistants project)
研究,非人类(research, non-human)
  解释和使用中需要谨慎(need for caution in interpretation and use of),第192页
赖斯,M.(Rice, M.),第268页

理查森,W.(Richardson, W.),第135页、第136页
里奇曼,F.(Richman, F.),第xix页
瑞克森,M.(Rickinson, M.),第135页、第136页
赖丁,R.(Riding, R.),第218页、第221页
里德利,M.(Ridley, M.),第202页
里奇(Ritchie),第188页
罗沙,P.(Rochat, P.),第235页
《罗斯报告》(2006年)(Rose report, 2006),第113—114页
《罗斯报告》(2009年)(Rose report, 2009),第268页
《罗斯评论》(2008)(Rose review, 2008),第104页、第113页
罗斯,J.(Rose, J.),第113—114页
罗斯,M.(Rose, M.),第27页
罗森,H.(Rosen, H.),第120页
鲁思文,K.(Ruthven, K.),第169页、第170页

安全和健康(safety and health)
  户外学习的障碍(as barrier to use of outdoor learning),第138页
SAGE研究项目(SAGE research project),第63页
圣卡西,D.(Sakas, D.),第181页
沙洛维,P.(Salovey, P.),第246页
学者症候群(savantism)
  对多元智能思想的概念的突出(salience of notion in ideas of multiple intelligences),第206—207页
脚手架,布鲁纳(scaffolding, Bruner),第121页
学校(schools)
  在研究和实验室之间搭建桥梁(building brides between research by laboratories and),第190—191页

对质量简单危险的看法（danger of simplistic views on quality of），第 3 页

阻碍评估数据与概念的挑战（data and conceptual challenges hindering evaluation），第 6—8 页

评估最佳种类的难点与挑战（difficulty and challenges in evaluating best kinds），第 8—10 页

最佳和最坏之间的差异程度（extent of difference between best and worst），第 10—13 页

劳动力重组的目的和风格（purpose and style of workforce remodelling），第 78—79 页

《学校：取得的成功》（Schools：Achieving Success），第 79 页、第 83 页

科学技术遴选委员会（Science and Technology Select Committee），第 268 页

屏幕，曝光（screens, exposure to），见：曝光，屏幕（exposure, Screen）

SEAL 见：社会和情感方面的学习（Social and Emotional Aspects of Learning）

教育研究中的第二信息技术（Second Information Technology in Education Study, SITES），第 168—169 页

第二国际数学调查（Second International Mathematics Survey, SIMS），第 99 页

挑选，学生（selection, pupil）
    比较成绩的显著性（salience when comparing achievement），第 8 页

在保守风格的自我评定量表，斯腾伯格-瓦格纳（Self-Assessment Inventory on the Conservative Style, Sternberg-Wagner），第 224 页

自我概念（self-concept）
    能力分组的影响（effects of ability grouping on），第 49—50 页

来自学校实践中的社会情感学习插图（social and Emotional Learning illustrations from school practice），第 247—251 页、第 249 页

转化为政策和实践问题（problems of translating into policy and practice），第 151—153 页

SEAL 设计的弱点（weakness of SEAL design for），第 149—151 页

SEN 实践法典（SEN Code of Practice），第 78 页、第 83 页

森尼特，R.（Sennett, R.），第 28 页

情境，能力（setting, ability）
    定义和特征（definition and features），第 39—40 页
    对成绩的影响（impact on achievement），第 43—44 页

夏普森，S.（Shapson, S.），第 68 页

沙尔，M.（Shayer, M.），第 xv 页、第 210—211 页

《我们应该使用学校风格吗》（2004 年）（Should We Be Using Learning Styles?）(2004)，第 216—217 页

舒阿德，H.（Shuard, H.），第 166—167 页

舒克史密斯，J.（Shucksrnith, J.），第 153 页

西蒙斯，B.（Simmons, B.），第 137 页

简单（simplicity）
    学习风格弱点的凸显（salience as weakness of learning style claims），第 223—224 页

SIMS 第二国际数学调查（Second International Mathematics Survey），第 99 页

SITES 教育研究中的第二信息技术（Second Information Technology in Education Study），第 168—169 页

规模，班级（size, class），见：班级，规模（classes, size of）

斯莱文，B.（Slavin, B.），第 42 页、第 43

页、第 45 页、第 61 页

史密斯,F.(Smith, F.),第 272 页

史密斯,G.(Smith, G.),第 135 页

史密斯,M.(Smith, M.),第 67 页

社会和情感方面的学习[SEAL]项目(Social and Emotional Aspects of Learning [SEAL] programme)

 学术和智力基础(academic and intellectual basis for),第 148—149 页

 以政策发展作用研究为例(as example of role of research in policy development),第 148 页

 定义,特征和目的(definition, characteristics and purpose),第 144—145 页、第 145 页

 证据基础与评估(evidence base and evaluation of),第 146—147 页、第 147 页

 政策途径驱动发生(policy approaches driving emergence of),第 145—146 页

 支持思想的毫无根据的本质(unfounded nature of supporting ideas),第 153—155 页

 设计的弱点(weakness of design of),第 149—151 页

斯潘丝报告(1928 年)(Spens report)(1928),第 112 页

员工,学校(staff, school)

 改造的目的和风格(purpose and style of remodelling of),第 78—79 页

 也见:特殊的(specific),例如:助理,教学;教师与教学(assistants, teaching; teachers and teaching)

STAR 项目(STAR project),第 62 页、第 63 页、第 65 页、第 71 页

情况,社会经济(status, socio-economic)

 能力分组的影响(impact of ability grouping on),第 40—41 页

斯腾伯格,R.(Sternberg, R.),第 32 页、第 149 页、第 218 页、第 221 页、第 224 页

促进无根据思想的缝合模型(Stitch model for promotion of unfounded ideas),第 153—155 页

分组,能力(streaming, ability)

 定义和特征(definition and features),第 39—40 页

 对成绩的影响(impact on achievement),第 42—43 页

 学生(students),见:学生(pupils)

研究,纵向的(studies, longitudinal)

 用于发现班级规模对表现影响的发现(use in discovering effect of class size on performance),第 63—64 页

风格描写的人,格雷戈克(Style Delineator, Gregorc),第 218 页、第 221 页

风格,学习(styles, learning)

 研究的方法与研究成果(methodology and findings of research on),第 216—219 页、第 218 页、第 220 页、第 221 页

 角色和使用需要的怀疑(need for scepticism concerning role and use),第 227—229 页

 教学的优势和价值(strengths and value for teaching),第 224—227 页

 主张周围的弱点(weaknesses of claims surrounding),第 222—224 页

森科维奇,G.(Szenkovits, G.),第 275 页

Tas 教学助理(Teaching Assistants)

 影响的假设(assumptions about impact of),第 79—83 页

 对结果影响的解释(explanations for impact on outcomes),第 84—87 页、第 85 页

 有效性的范围和可能性(extent and possibilities for effectiveness of),第

89—90 页
　　使用和作用的历史（history of use and role），第 77—78 页
　　有效调度的建议（proposals for effective deployment），第 87—89 页
　　假设的来源和原因（sources and reasons for assumptions about），第 82—84 页
田中，H.（Tanaka, H.），第 265 页
任务分组的评估与测试（Task Group on Assessment and Testing），第 xvi 页
塔特（Tate），第 185 页
教与学研究项目（Teaching and Learning Research Programme，TLRP），第 135 页
教师和教学假设对教学助理的影响（teachers and teaching assumptions impact of TAs on），第 82 页
班级规模的有效性（effective of class size on），第 67—69 页
能力分组的影响（effects of ability grouping on），第 47—48 页
对学生思维适合的影响（effects of appropriate on pupil thinking），第 211—212 页
助教的安排项目对实践有效性有效（impact of Effective Deployment of TA project on practice of），第 89 页
　　对助教有效影响的突出因素（salience as element impacting on TA effectiveness），第 86—87 页
　　情绪智力的显著性（salience of emotional intelligence in），第 247—251 页、第 249 页
　　也见：地点（locations），例如：教师（classrooms）
　　也见：任教科目（subjects taught），例如：识字，数学（literacy; mathematics）
教学助理（teaching assistants），见：TAs
技术（technologies）
　　计算器使用的达成（and attainment using calculator），第 167—169 页、第 168 页
　　电脑使用的达成（and attainment using camputer），第 167—169 页、第 168 页
　　使用计算器促进学习（use of calculator to enhance learning），第 166—167 页
　　使用电脑促进学习（use of computer to enhance learning），第 169—170 页
　　交互式白板使用的价值（value of use of IWBs），第 170 页
　　电脑和计算器重要性的观点（views on importance of computer and calculator），第 161—162 页
　　也见：个别情况，例如：计算器；电脑；数字视频光盘电视（calculators; computers; digital video discs; televisions）
电视（televisions），见：电视（TVs）
撒切尔，M.（Thatcher, M.），第 xvi 页、第 100 页、第 101 页
思维，学生（thinking, pupil）
　　对适合教学过程的影响（effects of appropriate teaching on process of），第 211—212 页
　　也见：智力（intelligence）
思维方式，斯腾伯格（Thinking Styles, Sternberg），第 221 页
托雷尔，L.（Thorell, L.），第 188 页
TIMSS 国际数学与科学趋势研究项目（Trends in International Mathematics and Science Study），第 102 页、第 103 页、第 163—166 页、第 164 页、第 165 页、第 167—168 页、第 169 页
TLRI 教与学研究项目（Teaching and Learning Research Programme），第 135 页
托格森，J.（Torgesen, J.），第 272 页
图茜，P.（Tosey, P.），第 186—187 页
追踪，能力（tracking, ability）

定义和特征(definition and features),第39—40页

对成绩的影响(impact on achievement),第42—43页

贸易(trades)

对智力水平的信念(beliefs about intellectual level of),第26—28页

传统主义(traditionalism)

关于进步主义的争论(debates on progressivism versus),第104—107页

进步方法的差异(differences with progressive approach),第96页

进步主义与二分法的问题(problems of dichotomy of progressivism versus),第97—99页

政府与政治家的观点(views of governments and politicians),第99—104页

培训,大脑(training, brain)

增强学习的教育神话(educational myths that learning enhanced by),第187—188页

国际数学与科学趋势研究项目(Trends in International Mathematics and Science Study, TIMSS),第102页、第103页、第163—166页、第164页、第165页、第167—168页、第168页、第169页

电视(TVs)

年龄相关的暴露差异及家长控制的需要(age-related exposure differences and need for parent control),第237—238页

控制观看的挑战(challenges for control of viewing of),第233页

儿童暴露增加的关注(concerns over increased exposure by children),第231—232页

工业的历史发展(historical development of industry),第232—233页

对儿童及婴儿认知的影响(impact on child and baby cognition),第235—237页

对语言习得的影响(impact on language acquisition),第238—239页

提高儿童观看的建议(suggestions for enhancing child viewing),第239—241页

教育的利用价值(value of educational utilisation of),第234—235页

类型指示,迈尔斯-布里格斯(Type Indicator, Myers-Briggs),第218页、第221—222页、第221页

类型学和框架(typologies and frameworks)

情商(emotional intelligence),第144页

英国识字协会(United Kingdom Literacy Association),第125页

可变性(variability)

作为决定最佳和最差学校的挑战(as challenge in deciding best and worst schools),第8—10页

学校评估的特色(as feature of school evaluation),第7—8页

最好与最差学校之间的范围(extent of between best and worst schools),第10—13页

患病率是医院准确评估的障碍(prevalence as barrier to accurate hospital evaluation),第5—6页

维尔穆恩特,J.(Vermunt, J.),第218页、第221页、第226页、第227页

观点,电视和DVD(viewing, television and DVD)

年龄相关的差异和家长控制的需要(age-related differences and need for

parent control),第 237—238 页
　控制儿童和婴儿的挑战(challenges for control of child and baby),第 233 页
　对儿童曝光增加的担忧(concerns over increased exposure by children),第 231—232 页
　加强儿童的建议(suggestions for enhancing child),第 239—241 页
　教育的利用价值(value of educational utilisation),第 234—235 页
　也见：各方面的影响(aspects impacted),例如：认知，语言(cognition; language)
职业主义(vocationalism)
　关于所涉及研究的信念(beliefs about studies involving),第 25—31 页
　接受尊重的信念(beliefs on acceptance of esteem of),第 29—30 页
　影响社会态度的例子(example of influence on social attitudes),第 17 页
　所涉及的研究神话(myths surrounding studies involving),第 19—23 页
　感知和实际状态(perceived and actual status of),第 18—19 页
　也见：影响因素的现状(elements affecting status),例如：笛卡尔方法(Descartes' approach)
维果斯基,L.(Vygotsky, L.),第 120—121 页

华特迪士尼公司(Walt Disney Company),第 232 页、第 233 页
沃特豪斯,L.(Waterhouse, L.),第 153—154 页
华生,K.(Watson, K.),第 115 页
韦尔,K.(Weare, K.),第 145 页
韦伯,N.(Webb N.),第 46 页
惠灵顿,J.(Wellington, J.),第 131 页

(2001)、第 79 页
　促进儿童情感和社交能力的工作,韦尔(What Works in Promoting Children's Emotional and Social Competence, Weare),第 145 页
惠特本,J.(Whitburn, J.),第 145 页
怀特,J.(White, J.),第 205 页、第 222 页
白板,交互式,(white boards, interactive, IWBs)
　关于数学学习的影响(effect on learning of mathematics),第 170 页
　技术的应用(use with technologies),第 170 页
更广泛的教育作用(Wider Pedagogical Role, WPR),第 84—85 页、第 85 页、第 87 页、第 88 页
维斯伯格,D.(Wiesberg, D.),第 191 页
威格而斯沃斯,M.(Wigelsworth, M.),第 147 页
威廉,D.(William, D.),第 xxi 页
威廉姆斯,C.(Walliams, C.),第 147 页
威尔特,S.(Wiltshire, S.),第 207 页
劳动力,学校(workforce, school)
　改造的目的和风格(purpose and style of remodelling of)
　也见：特殊的(specific),例如：助理,教学;教师与教学(assistants, teaching; teachers and teaching)
WPR 更广泛的教育作用模型(Wider Pedagogical Role model),第 84—85 页、第 85 页、第 87 页、第 88 页

泽文伯根,R.(Zevenbergen, R.),第 170 页
最近发展区(zone of proximal development, ZPD),第 121 页

(杨光富　张宏菊　译)